Über die Autoren:

Julian Friedmann leitet die berühmte »Blake Friedmann Literary, Film and TV Agency« und arbeitet seit mehr als 25 Jahren mit Autoren zusammen. Er hat Vorlesungen innerhalb des EU-Medienprogramms, an der *National Film and Television School* und an der *HFF München* gehalten. Julian Friedmann saß in der europäischen Jury für die EMMY-Nominierungen und dem *Advisory Committee of the European Film College* und initiierte das EU-Trainingsprogramm PILOTS für Fernsehserienautoren.
Oliver Schütte ist seit 1986 Autor für Film und Fernsehen. Für sein erstes Drehbuch *Koan* erhielt er 1988 den Deutschen Drehbuchpreis. Seit 1990 ist er auch als Dramaturg tätig. Seit 1995 ist er Leiter der Ausbildungsinstitution *Master School Drehbuch* (eine Initiative der *Filmboard Berlin-Brandenburg*). 1997 gründete er mit Dagmar Benke und Jürgen Seidler in Berlin die Development Agentur SCRIPTHOUSE. Er hält im deutschsprachigen Raum die Seminarreihe »Die Kunst des Drehbuchlesens« und unterrichtet an der Filmakademie Baden-Württemberg.
Steffen Weihe ist Medienanwalt, Gründer und Miteigentümer der Agentur *Pegasus* in Berlin, die Regisseure, Autoren und Buchverlage vertritt. Von 1979 bis 1981 arbeitete er als Regieassistent an der Schaubühne am Halleschen Ufer. Nach Aufenthalten in Bremen und London wurde er Justitiar einer Hamburger Film- und TV-Firma. Von 1988 bis 1996 war er im Verlag Felix Bloch Erben verantwortlich für Drehbuchautoren sowie deutsche und internationale Lizenzrechte. Steffen Weihe unterhält seit Jahren enge Kontakte zu Film- und Buch-Agenturen in den USA, London und Paris.

Julian Friedmann

Unternehmen Drehbuch

Drehbücher schreiben, präsentieren, verkaufen

Überarbeitet und ergänzt
für den deutschen Markt von
Oliver Schütte
und Steffen Weihe

BASTEI-LÜBBE-TASCHENBUCH
Band 94002

Die Reihe
Buch & Medien
wird herausgegeben von
Béatrice Ottersbach

Deutsche Erstveröffentlichung
© 1995 by Julian Friedmann
Die Originalausgabe erschien 1995 unter dem Titel
HOW TO MAKE MONEY SCRIPTWRITING
bei Boxtree Ltd., London
© für die deutschsprachige Ausgabe 1999
by Bastei-Verlag Gustav H. Lübbe GmbH & Co.,
Bergisch Gladbach
Printed in Germany, Februar 1999
Einbandgestaltung: Dieter Ziegenfeuter, Dortmund
Satz: Kremerdruck GmbH, Lindlar
Druck und Bindung: Clausen & Bosse, Leck
ISBN 3-404-94002-4

Sie finden uns im Internet unter
http://www.luebbe.de

Der Preis dieses Bandes versteht sich einschließlich
der gesetzlichen Mehrwertsteuer.

Inhaltsverzeichnis

Vorwort zur deutschen Ausgabe 9

Einleitung 11

1 **Was zur Autorentätigkeit gehört** 19
   Frühe Entscheidungen 19
   Zugänglichkeit: Geben Sie ihnen, was sie wollen 22
   Kritik und Änderungen 27

2 **Kreativität** 31
   Den Ursprung Ihrer Ideen begreifen 31
   Der kreative Prozeß 35

3 **Der Autor als Geschäftsmann** 55
   Kreative Kontakte 57
   Prioritäten 58
   Ihre Haltung und Ihre Karriere 60
   Seien Sie gut vorbereitet 62
   Das Honorar 64
   Zusammenarbeit und Änderungen 66

4 **Treatments schreiben, die ankommen** 69
   Die Treatment-Falle 70
   Die Form 71
   Professionelles Verhalten 73
   Wie man ein Treatment oder ein Exposé schreibt 76
   Schlußbemerkung 83

5	**Szenario**	85
	Der Aufbau	86
	Der szenarische Verlauf	88
	Und vergessen Sie nicht …	89
6	**Märkte**	91
	Ein Interessenkonflikt	92
	Der amerikanische Markt	93
	Der europäische Markt	103
	Der Markt in Deutschland	105
	Fazit	107
7	**Das Leben ist ein Pitch**	109
	Der prägnante Pitch	111
	Grundlegende Richtlinien des Pitching	114
	Ein letztes Wort	121
8	**Kritik und Änderungen**	123
	Werden Sie die Kontrolle über Ihr Drehbuch verlieren?	127
9	**Drehbuchanalysen**	131
	Vertrauen gewinnen	132
10	**Psychologie und Physiologie der Gefühle beim Publikum**	143
	Das Publikum	144
	Eine Welt der Identifikation schaffen	146
	Die Funktionsweise des Gehirns	148
11	**Quoten- und Zuschauerforschung**	157
	Zuschaueranalyse	159
	Marktanteile	164
	Fazit	165
12	**Agenten**	167
	Wie man einen findet, zusammenarbeitet oder sich trennt	167

Warum einen Agenten haben 167
Wie man einen Agenten findet 174
Wie man einen Agenten einsetzt 182
Agent in eigener Sache 187
Der Autoren/Agentur-Vertrag 190
Wie Sie sich von ihrem Agenten trennen 191
Andere Arten von Agenten 195
Fazit 198

13 Geschäftliche Besprechungen – Meetings 199
Vor der Besprechung 200
Mitten drin 201
Fragen stellen 203
Der Umgang mit Einschüchterungsmethoden 203

14 Verhandlungen 205
Grundwissen 207
Mit Produzenten verhandeln 225
Fazit 235
Mit Regisseuren verhandeln 236

15 Verträge 237
Realistisch verhandeln 237

16 Wie Sie Ihre Arbeit schützen 245
Urheberrecht 249
Vertragsbruch 253
Weitere urheberrechtliche Aspekte 254
Was Sie tun und was Sie lassen sollten 257
Fazit 259

17 Finanziell überleben 261

18 Recherche 263

Anhang 279
Vereinbarung über eine eingeschränkte Option 279
Optionsvertrag auf Basis eines Exposés 281

Optionsvereinbarung über den Abschluß
eines Verfilmungsvertrages 282
Nettoerlöse des Produzenten 291
Autorenvertrag über eine Serie 293
Allgemeine Bedingungen zum Autorenvertrag 296

Vorwort zur deutschen Ausgabe

Noch vor fünfzehn Jahren erntete der Drehbuchautor ein mitleidiges Lächeln, wenn er sich als solcher in der Branche zu erkennen gab. Drehbuchautor zu sein, ohne gleichzeitig auch Regie zu führen, war mehr oder weniger ein exotischer Beruf. Regisseure schrieben ihre Drehbücher selbst – ob freiwillig oder mangels guter Drehbücher, kann im nachhinein kaum noch beurteilt werden. Es gab nur einige wenige, die regelmäßig für die öffentlich-rechtlichen Sender schrieben, und die Drehbuchentwicklung war so weit davon entfernt, professionell zu sein, wie ein Eskimo vom Wasserski.

Heutzutage ist alles anders. Der Eskimo hat sich (um beim Bild zu bleiben) die Skier angeschnallt und prescht über das Wasser. Noch kann er keine akrobatischen Tricks, aber das kann noch kommen.

Die audiovisuelle Branche ist der Markt der Zukunft. Die ständig wachsende Produktion deutscher Serien und TV-Movies wird in den nächsten Jahren einen großen Bedarf an Drehbuchautoren schaffen. Dadurch ist in den letzten Jahren das Bewußtsein für die Arbeit des Drehbuchautors und vor allem für die große Bedeutung des Drehbuches innerhalb des Produktions- und Vermarktungsprozesses von Filmen wieder größer geworden.

Wer heute in einen Buchladen geht und dort in den Regalen unter dem Stichwort »Film« nachschaut, wird einige Abhandlungen über das Schreiben von Drehbüchern entdecken. Von Syd Field bis Christopher Vogler kann der Interessierte sich über die verschiedenen Methoden des Drehbuchschreibens informieren. Die große Nachfrage nach diesen Werken zeigt, daß in Deutschland ein Informationsbedarf über diesen

Beruf besteht. Nicht nur, was die Dramaturgie, sondern auch, was die Vermarktung von Drehbüchern betrifft.

Julian Friedmanns Buch ist seit seinem ersten Erscheinen 1995 zu einem Standardwerk geworden. Es gibt Drehbuchautoren vielfältige Hinweise, wie die Arbeit professionell ausgeübt werden kann. Wir haben sein Buch, das sich hauptsächlich auf den englischsprachigen Markt bezieht, auf die Branche in Deutschland übertragen, ohne dabei den angelsächsischen Blick Friedmanns zu vernachlässigen. So bietet »Unternehmen Drehbuch« deutschsprachigen Drehbuchautoren und denen, die es werden wollen, die Möglichkeit, die geschäftliche Seite des Berufs kennenzulernen. Für Anfänger bietet Friedmann einen Überblick über die dramaturgischen Aspekte bis hin zur Frage, wie Verhandlungen geführt werden sollten. Für erfahrene Autoren hält der international renommierte Agent entscheidende Hinweise zur Gestaltung der professionellen Karriere als Drehbuchautor bereit.

Oliver Schütte
Steffen Weihe

Einleitung

Brauchen wir wirklich ein weiteres Buch über das Schreiben von Drehbüchern? Sollten Autoren nicht lieber ermutigt werden, Drehbücher zu schreiben oder zumindest zu lesen, anstatt sich über die Kunst des Drehbuchschreibens belehren zu lassen oder Seminare zu besuchen? Kann man jemandem wirklich das Schreiben beibringen?

Viele Autoren, welcher Art ihre persönliche Motivation zu schreiben auch sein mag, scheinen sich mehr für das Schreiben und das »Leben als Autor« an sich zu interessieren als für das Einmaleins dieses Berufes. Ich habe jedoch die Erfahrung gemacht, daß Autoren, die das Schreiben professionell betreiben und damit ernsthaft Geld verdienen möchten, im Gegensatz zu jenen, die hierin nur eine Möglichkeit sehen, Persönliches mitzuteilen, erfolgreicher sind, und zwar, weil sie ihre schriftstellerische Laufbahn geschäftsmäßiger angehen. Für sie ist es nicht das wichtigste, Persönliches loszuwerden – für sie zählt vor allem der Erfolg.

In diesem Buch geht es nicht darum, schreiben zu lernen. Darüber gibt es viele Abhandlungen und auch einige wirklich sehr empfehlenswerte. Aber in diesem Buch soll es darum gehen, wie man mit Schreiben Geld verdient, und von diesem Aspekt aus wird das Thema auch behandelt. Einer der alten Studiobosse Hollywoods hat einmal gesagt: »Ich habe 80 Prozent meiner Zeit darauf verwandt, Filme zu produzieren, und 20 Prozent darauf, Geschäfte zu machen. Heute verbringe ich 20 Prozent meiner Zeit mit Filmemachen und 80 Prozent mit Geschäften.« Geschäfte sind ein ebenso großer Bestandteil ihres Berufs, wie eine gute Geschichte gekonnt zu erzählen. Eins der Ziele dieses Buches ist es, Autoren zu helfen, größere

Kontrolle über ihre Laufbahn zu erlangen und hierdurch vorteilhaftere Verträge abzuschließen.

Ich hoffe, daß es mir gelingt, Autoren darin zu bestärken, mehr Zeit auf Verhandlungen zu verwenden. Genau genommen hoffe ich, daß dieses Buch zu mehr Vertragsabschlüssen führt, auf deren Erfüllung sie dann Zeit verwenden müssen! Erfolg allein am Geld zu messen ist ein angenehmer, aber auch zweifelhafter Prozeß. Größerer finanzieller Erfolg hat allerdings den Vorteil, daß sich in größerem Umfang Gelegenheit zur freien Themenwahl bietet.

Ich habe in den vergangenen dreißig Jahren mit Schriftstellern unterschiedlicher Fähigkeiten zusammengearbeitet, als Lektor, Herausgeber und Agent. Davor waren meine Erfahrungen auf diesem Gebiet weniger professioneller Natur – meine Mutter und einige ihrer Freunde waren Autoren. Als Kind betrachtete ich Autoren als ganz gewöhnliche, wenn auch zuweilen recht neurotische Erwachsene. Als Erwachsener erkannte ich dann, daß sie sich im Grunde nicht sehr von meinen Nichtautoren-Freunden unterschieden.

Seit fünfzehn Jahren vertrete ich Autoren in meiner Funktion als Agent. Ich hoffe, daß vor allem die Erfahrungen dieser Jahre Autoren und jenen, die mit ihnen zusammenarbeiten möchten, von Nutzen sein werden. Und da es eine grundlegende Aufgabe meines Berufes ist, die Interessen der Autoren zu schützen, werde ich weitgehend die Position des Autors hinsichtlich seiner geschäftlichen Verhandlungen mit Produzenten, Sendern und Agenten einnehmen.

Schreiben beinhaltet Talent und handwerkliches Können, Kultur und Kommerz. Ich denke, daß man nicht vernünftig über Inhalte sprechen kann, ohne die Form miteinzubeziehen. Was den Zweck dieses Buches betrifft, gehe ich davon aus, daß jeder, der ein Drehbuch, einen Roman oder eine Kurzgeschichte schreibt, dies in der Absicht tut, sein Werk verfilmt oder gedruckt zu sehen. Und daß ein Autor oder eine Autorin für seine/ihre Arbeit bezahlt werden will. Alles, was aus reinem Spaß an der Freude verfaßt wird, wie Gedichte und Tagebücher, die nicht zur Veröffentlichung bestimmt sind, fällt nicht in den Themenbereich dieses Buches.

Es heißt: »Zeit, die auf Erkundung verwandt wird, ist selten verschwendet.« Dies trifft noch mehr auf die Sparte des Schreibens zu als auf Spionage oder Kriegführung. Auf jeden veröffentlichten Roman kommen buchstäblich Zehntausende, die nie das Licht der Welt erblicken. Die meisten von ihnen haben nie eine Chance bekommen, weil sie einfach zu früh geschrieben wurden. Wie Truman Capote einst über einen Roman von Jack Kerouac sagte: »Das ist nicht Schreiben; das ist Tippen!« Ich hoffe, daß dieses Buch jenen Autoren, die ihr Einkommen sowie auch die Qualität dessen, was sie schreiben, steigern möchten, hilfreich sein wird bei der Erkundung der Wege, die dorthin führen.

Qualität und Kommerz schließen einander keineswegs aus. Tatsächlich gehen sie gewöhnlich Hand in Hand. Ich finde nicht, daß populäre Kultur, ob es sich um eine Daily-Soap oder einen Kitschroman handelt, weniger wertvoll ist als ein Fernsehklassiker oder ein hochgeistiges literarisches Werk. Ich mag die australischen Daily-Soaps im englischen Fernsehen, da sie meist brillant entworfen und ausgeführt sind, ein breites Publikum erreichen und ihren Produzenten Gewinn bringen. Anders ausgedrückt, sie sind vermutlich genau das, was ihre Macher bezweckt haben. Letztendlich wird für das Publikum geschrieben und nicht für den Autor.

Darum möchte ich auch die Werturteile vermeiden, welche die Diskussionen über Film, Fernsehen und Bücher prägen. Zu wenige Autoren schenken ihrem Publikum genügend Aufmerksamkeit, und das führt dazu, daß zu viele Projekte ihr Ziel verfehlen.

Einer der Schlüssel zur Lösung dieses Problems besteht darin, sich als Autor über die eigene Motivation im klaren zu sein. Im allgemeinen setzt sich diese Motivation aus einer komplexen Mischung verschiedener Beweggründe zusammen, vom Geldverdienen und Verarbeiten persönlicher psychologischer Probleme über die Überwindung der Ängste und Herausforderungen des Schreibens an sich bis hin zum Egotrip des Kreativseins. Wenn Sie sich nicht darüber im klaren sind, warum Sie schreiben, werden Sie wohl auch nicht verstehen, warum Sie so schreiben, wie Sie es tun. Oder warum Sie ausgerechnet das schreiben, was Sie gerade schreiben.

Dieses Wissen beeinflußt Ihre Erfolgschancen grundlegend. Sie müssen nicht nur die Schreibprojekte finden, in denen Sie gut sind, Sie müssen auch die Akzeptanz des Marktes anstreben, und hier kommt das richtige Timing ins Spiel.

Woran erkennen Sie, daß Sie das richtige Projekt für sich selbst und den Markt gewählt haben? Wen können Sie fragen? Ein guter Redakteur oder Agent könnte diesbezüglich hilfreich sein, ganz einfach, weil er im Laufe der Jahre Hunderte von Drehbüchern und Manuskripten gelesen und sich mit Tausenden von Bestsellerlisten, Einspielergebnissen an Kinokassen und Prädikatseinstufungen befaßt hat. Diese Leute entwickeln einen Instinkt dafür, was Erfolg haben wird, ahnen gewöhnlich voraus, was ein Renner werden wird – dem gerade aktuellen Erfolgsthema schon weit voraus.

Da die Entwicklung und Produktion von Filmen, Fernsehprogrammen und Büchern ein langwieriger Prozeß ist, hat man, wenn man auf einen fahrenden Zug aufspringt, den richtigen Zeitpunkt bereits verpaßt. Sie müssen schon beim Start dabei sein.

Natürlich können auch Sie selbst einen Trend setzen, dem dann andere folgen. Dies ist der Heilige Gral, der zahlreiche Autoren antreibt – der erste sein, der Begründer eines neuen Trends. In unserer Agentur vergeht keine Woche, in der uns nicht Treatments angeboten werden mit dem Vermerk »... so etwas ist noch nicht dagewesen ...« Meist aus gutem Grund.

Wenn man im Agenturgeschäft tätig ist, ist es eine große Genugtuung, ein erstes, ohne Auftrag geschriebenes Drehbuch zu verkaufen und verfilmt zu sehen oder zu erreichen, daß ein erster Roman veröffentlicht wird. Aber der erhoffte warme Regen des Erfolgs darf Agenten nicht von einer realistischen Einschätzung der Wahrscheinlichkeit, einen Treffer zu landen, abhalten.

»Warum ist es so schwierig, einen Vertrag zu bekommen?« ist die häufigste Frage angehender Autoren bei Seminaren, Vorlesungen und Workshops. Abwandlungen dieser Frage sind unter anderen »Warum dauert es so lange, bis man eine

Antwort bekommt?« und »Warum sagt mir niemand, warum das Drehbuch oder Manuskript abgelehnt wurde?«

Die Wahrheit ist simpel. Die große Mehrheit von Drehbüchern und Manuskripten, die Agenten, Produzenten, Sendern, Redakteuren und Verlegern vorgelegt werden, sind einfach nicht gut genug. Würden sie verfilmt oder veröffentlicht, würden sie demjenigen, der Geld in sie investiert hat, nur Verluste einbringen.

Daß die meisten Autoren dies ignorieren, ist einer der Hauptgründe für ausbleibenden Erfolg. Mangelndes Talent ein zweiter. Es ist nicht leicht für Autoren, sich Kenntnisse auf dem Sektor zu verschaffen, auf dem sie beschlossen haben, ihr Glück zu versuchen. Gemeinhin ist man darauf angewiesen, aus Erfahrung zu lernen. Diese Kenntnis der Branche ist am wichtigsten für Autoren, deren Werke noch nie verfilmt oder veröffentlicht wurden. Die meisten Drehbücher und Manuskripte, die angeboten werden, heben sich nicht von der Masse ab.

Die meisten Autoren reichen zu Beginn ihrer Laufbahn ohne Auftrag geschriebene Drehbücher ein.

Da die meisten dieser Drehbücher schlichtweg nicht realisierbar sind, sind sie kaum dazu angetan, das Interesse von Redakteuren, Produzenten oder Agenten zu wecken. Viele Agenturen in Großbritannien bekommen über hundert Drehbücher in der Woche zugesandt. Es erfordert schon viel Zeit, die Begleitschreiben zu lesen, ganz zu schweigen vom Verfassen einer konstruktiven Antwort zu jedem Drehbuch und Manuskript. Hieraus resultiert, daß viele Ablehnungsschreiben lange auf sich warten lassen und wenig hilfreich sind. Wir werden nicht dafür bezahlt, daß wir Material von potentiellen Autoren lesen und auswerten. Das tun wir für unsere Klienten.

Uns interessiert, ob ein Autor in der Lage ist, sich an Vorgaben zu halten, genauso wie die Frage, ob er originell ist und fähig, Figuren zu erfinden und eine Struktur zu entwickeln, die nicht auf einem bereits bestehenden Modell basiert. Das mag viel verlangt sein, aber die Konkurrenz ist groß. Wenn wir auf ein Drehbuch stoßen, das uns neugierig macht, zu

Tränen rührt oder unseren Puls beschleunigt, werden wir uns gewöhnlich entsprechend für den Autoren einsetzen. Vorausgesetzt, wir haben genügend Zeit.

Es gibt keine festen Regeln, wie man eine Autorenkarriere am besten angehen sollte. Indem ich die »Politik« hervorhebe, die die Arbeit als Autor beinhaltet, hoffe ich deutlich zu machen, wie wichtig persönliche Kontakte in diesem Geschäft sind. Schreiben sollte sich nicht darauf beschränken, Worte auf Papier zu bringen und zu verschicken.

Autoren sollten aktiv werden, vor allem im Hinblick auf die drohende Isolation durch die schriftstellerische Tätigkeit. Sie sollten sich nicht nur Autorengruppen anschließen, sondern auch in bezug auf die beruflichen Beziehungen, die Autoren zu Agenten, Redakteuren, Produzenten, Verlegern, Vermarktungs- und Marketingstrategen, Werbeprofis und anderen herstellen müssen, eine sehr aktive Rolle spielen.

Kreativität und Talent mögen Qualitäten sein, die man hat oder nicht hat. Aber man kann auch durch Fleiß sehr viel erreichen, indem man aus der Kreativität, die man besitzt, das Beste macht. Ein Verständnis der verschiedenen Stufen der Entwicklung von geschriebenem Material, Kenntnisse vom »wahren Business« des Films und Fernsehens, davon, wie ein Publikum und Zielgruppen ermittelt werden und wie man Agenten einsetzt, werden Ihnen und Ihren Ideen sehr hilfreich sein.

Erst wenn Kreativität und schriftstellerisches Können, die Psychologie des Publikums und die Märkte – alles, was vor der Auftragserteilung berücksichtigt werden muß – positiv bewertet wurden, ist das Buch vertragsreif. Wenn Sie etwas geschrieben haben, ein Interessent gefunden ist und der Vertragsabschluß bevorsteht, müssen Sie verhandeln. Vorbedingungen festzulegen, damit der Vertrag schneller und vorteilhafter abgeschlossen werden kann, mag nichts mit der Kreativität des Autors zu tun haben, aber um so mehr mit den Fähigkeiten des einzelnen, an seiner schriftstellerischen Arbeit zu verdienen.

Neben einigen allgemeinen Verhandlungsprinzipien (die auch auf das alltägliche Leben zutreffen) gibt es noch eine

Reihe anderer überaus nützlicher Kenntnisse in Sachen Vertragsrecht. Der Schutz ihrer Ideen und Drehbücher liegt den meisten Autoren sehr am Herzen, und so wird dieses Thema in einem speziellen Kapitel behandelt.

Das Buch schließt mit einigen kurzen Anmerkungen zu Recherchen, da es da draußen eine Fülle unschätzbarer Informationen gibt, die leicht zugänglich sind, wenn man nur weiß, wo man suchen muß. Zu wissen, wem man sein Werk anvertrauen sollte und wie man Fachzeitschriften, Verkaufszahlen und Beurteilungen liest, kann den entscheidenden Unterschied zwischen Erfolg und Mißerfolg ausmachen.

Es gibt da draußen immer Geld, das auf interessante Projekte wartet. Es gibt Filmproduktionen, Sender und Förderer, die alle über beträchtliche Summen verfügen, die sie in Filme und Fernsehsendungen investieren wollen, die jedoch nicht genügend Projekte finden, die über ausreichende Qualität verfügen.

Indem Sie darauf achten, daß Ihre Arbeit verfilmbar ist und Sie sie den richtigen Leuten vorlegen, erhöhen Sie Ihre Chancen auf einen Abschluß beträchtlich. Und mit zunehmenden Branchenkenntnissen können Sie Sorge tragen, daß die Konditionen auch für Sie interessant sind. Je besser wir über die Branche informiert sind, desto produktiver werden wir sein und um so stärker wird die Industrie werden. Trotz der scheinbaren Konkurrenz zwischen den einzelnen Autoren kommt es uns allen zugute, wenn die Industrie boomt. Die größte Konkurrenz droht aus anderen Ländern, vor allem den Vereinigten Staaten. Ich denke, wir müssen die Amerikaner in ihrem eigenen Spiel schlagen. Wenn sie Geschichten solcher Art erzählen können, daß Menschen auf der ganzen Welt in ihre Filme strömen und in Scharen ihre Fernsehserien verfolgen, dann müssen wir durchschauen können, wie sie das erreichen. Das Publikum zu respektieren ist der erste Schritt dorthin.

Die meisten Kino- und Fernsehfilme sieht man sich ausschließlich der Unterhaltung wegen an. Leider gehen die meisten Drehbücher und Manuskripte, die wir in unserer Agentur vorgelegt bekommen, an diesem Grundsatz vorbei. Ziel dieses Buches ist es, einige Alternativen zu besserem Schreiben und erfolgreicheren Vertragsabschlüssen aufzuzeigen.

Die Chancen auf einen Zufallserfolg sind gering. Sie können und müssen Ihr eigenes Glück schmieden. Der erste Schritt besteht darin, daß Sie die Initiative ergreifen und größere Kontrolle über Ihren erwählten Beruf erlangen.

Was zur Autorentätigkeit gehört

In diesem Buch wird notwendigerweise häufig die Rede sein von den – positiven wie negativen – Spannungen zwischen Kunst und Handwerk.

Jeder Mensch hat Entscheidungen zu fällen. Auch Schreiben bedeutet vor allem, zu wählen: ein Wort nach dem anderen, einen Charakterzug anstelle eines anderen. Die Entscheidungen, die Sie als Autor treffen, können entweder vom Instinkt oder auch von Erfahrung und Wissen geleitet sein. Ist ersteres »Kunst« und letzteres »Handwerk«? Dieser Punkt wird auf Autoren- und Produzententreffen in ganz Europa immer wieder diskutiert. Die Amerikaner würde dies wohl eher befremden. Wenngleich Debatten über das Schreiben für Autoren im allgemeinen zweifellos wertvoll sind, gibt es in dieser Frage doch grundsätzlich keinen Königsweg. Schreiben ist zweifellos weder allein der Kunst noch allein dem Handwerk zuzurechnen.

Wichtig ist, daß Autoren neuen Ideen, neuen Techniken und auch Kritik offen gegenüberstehen. Auch ist es für sie wichtig zu wissen, warum sie einer bestimmten Geschichte, einem bestimmten Charakter oder sogar einem bestimmten Wort den Vorzug geben.

Frühe Entscheidungen

Man trifft bereits die ersten Entscheidungen, wenn man sich mit einer bestimmten Idee oder Geschichte befaßt, über die man schreiben möchte. Basiert die Story auf Tatsachen, können Sie sie als Dokumentarfilm oder »Doku-Drama« präsentieren. Wenn Sie sich für letzteres entscheiden, setzen Sie dann auf ein Interesse und eine Neugier des Zuschauers, die sich darauf gründen, daß er um die Authentizität der Geschichte weiß?

Auch was das Format betrifft, gilt es, Entscheidungen zu fällen. In einem Kinofilm dürfen Sie mehr Gewalt und Sex verarbeiten als in einem Fernsehfilm, und noch mehr können Sie sich in einem Roman herausnehmen. Oder aber Sie wählen einen subtileren Weg und konzentrieren sich mehr auf Emotionen und Figuren. Beides ist realisierbar. Diese Entscheidung zieht jedoch gleich die nächste nach sich: welche Figur sollen Sie als Protagonisten wählen, durch dessen Augen das Publikum den Film verfolgen wird?

Viele Manuskripte und Drehbücher werfen die Frage auf: »Wer ist die Hauptfigur?« Die Antwort ist nämlich keineswegs immer offensichtlich. Wenn die Hauptfigur uns in ihre emotionalen Hochs und Tiefs einbezieht, vermittelt dies dem Leser oder Zuschauer das Gefühl, dabeizusein. Wie Sie die Emotionen Ihres Publikums anregen, hängt von weiteren Entscheidungen ab, die Sie treffen.

Lassen Sie mich ein Beispiel anführen. Ein Jugendlicher begeht Selbstmord. Die Polizei läßt uns (die Zuschauer) wissen, daß der Junge Monate zuvor von zu Hause ausgezogen ist und nur noch sporadisch Kontakt zu seinen Eltern hatte. Dann sehen wir die Mutter des Jungen in Begleitung von Polizeibeamten den Tatort betreten, um den Toten zu identifizieren. Es ist unwahrscheinlich, daß wir die Gefühle der Mutter nachempfinden. Im Handlungsverlauf fehlt etwas.

Der emotionsgeladenste Moment ist der, in dem sie vom Tod ihres Sohnes erfährt. Diesem Schlüsselmoment müssen wir beiwohnen. Wir sollten sie in ihrem Alltagsleben beobachten, bis zu diesem schicksalhaften Augenblick, der ihr Leben entscheidend verändern wird. (Im Dramaturgenjargon bezeichnet man dies als »Anstoß«, also das Ereignis, das eine Routine unterbricht.) Wir müssen zugegen sein, wenn die Mutter die Nachricht zum ersten Mal hört. Wir müssen mit dem Polizisten mitfühlen, der Überbringer der traurigen Nachricht ist. Und wir müssen sehen, wie die Mutter reagiert.

Dann können wir den Faden der Geschichte bis zu dem Moment unterbrechen, da man das Leichentuch zurückschlägt, um ihr den Toten zu zeigen. Wir brauchen sie auf ihrer Fahrt zur Wohnung ihres Sohnes nicht zu begleiten. In den meisten europäischen Filmen würde diese Szene gezeigt werden, aber das Tempo sollte durch entsprechenden Schnitt beschleunigt werden. Später werden wir auf diesen Aspekt im Zusammenhang mit den Unterschieden zwischen europäischen und amerikanischen Filmen noch einmal zurückkommen.

Wie stark der Zuschauer emotional reagiert, wieviel »Luft zum Atmen« Sie ihm zwischen den einzelnen Szenen lassen (einige Variationen sind notwendig, um die Spannung noch zu erhöhen), hängt von den Entscheidungen ab, die Sie treffen. Gehen Sie nicht davon aus, daß Ihre erste Wahl unbedingt auch die beste ist. Stellen Sie Ihre Entscheidungen in Frage, zwingen Sie sich, Alternativen und ihre Konsequenzen zu überdenken. Jede Wahl könnte die falsche sein.

Es spricht auch vieles dafür, eine Geschichte von der Schlußszene aus rückwärts aufzurollen. Dies wird sich vermutlich als erfolgreicher erweisen, als ohne diesen Rückblick direkt am Anfang zu beginnen. Autoren sind natürlich versucht, gleich am Anfang zu beginnen und nicht vom Ende aus zurückzuschauen. Haben Sie sich erst für eine Geschichte und die Charaktere entschieden, sollten Sie jedoch ihre Fäden unbedingt noch weiter zurück aufrollen als bis zum Anfang der Story.

Anders ausgedrückt, wenn Sie den Schluß kennen, arbeiten Sie recht detailliert aus, was Ihre wichtigsten Figuren vor Beginn der Geschichte erlebt haben. Diese Übung zwingt Sie, ihre Motivationen absolut logisch zu durchdenken. Die Art, wie Sie Ihre Protagonisten und ihre Situation darstellen, kann Ihnen später sehr zum Vorteil gereichen. Viele schlechte Passagen – überflüssige Szenen, verworrene Charakterisierungen, irreführende Situationen und unglaubwürdige Motivationen – begründen sich darin, daß die Autoren sich nicht eingehend genug mit ihren Figuren auseinandergesetzt haben.

Wenn Sie einen groben Entwurf erstellt haben, blicken Sie vom Schluß zurück. Führt der Aufbau der Geschichte unausweichlich und mit genügend Umwegen, Fehlschlüssen und Überraschungen zu einem zufriedenstellenden Ende? Seien Sie selbst Ihr erbittertster Kritiker. Gehen Sie mit Ihrer Geschichte und Ihren Figuren ins Gericht, als hätte ein anderer das Drehbuch geschrieben. Achten Sie sorgfältig darauf, daß die Motivation jeder Figur in jeder Hinsicht logisch und nachvollziehbar ist.

Wenn Sie über etwas schreiben, das Sie selbst miterlebt haben, achten Sie darauf, daß Ihre Wortwahl sich nicht darauf beschränkt, die Bilder aus Ihrem Gedächtnis in Worte zu fassen. Dies könnte zu einem Reportagestil führen. Sie müssen sich stets vor Augen halten, daß jeder, der das Drehbuch liest (bevor es verfilmt wird, muß es gelesen werden), nicht selbst Zeuge des Ereignisses oder Zwischenfalls war, so daß Sie die ganze komplexe Welt des Ereignisses für den Leser auferstehen lassen müssen – und nicht nur den Teil davon, der genügt, um Ihnen selbst das Geschehen ins Gedächtnis zu rufen.

Die Entscheidungen, die Sie fällen, werden darüber bestimmen, ob Ihr Drehbuch erfolgreich sein wird oder nicht. Aber auch äußere Faktoren werden hierbei eine Rolle spielen, und die Art, wie Sie die Beziehung zu Ihren Lesern handhaben, kann Ihnen helfen, bei jenen Menschen, mit denen Sie konkret zusammenarbeiten werden, mehr zu erreichen.

Zugänglichkeit:
Geben Sie ihnen, was sie wollen

Was erwarten Agenten, Redakteure, Produzenten und Regisseure von Ihnen (und voneinander), und wie können Sie von ihnen das bekommen, was Sie wollen?

»Eine gute Schreibe« ist das, was man in diesem Geschäft

von Ihnen erwartet. Aber was ist »eine gute Schreibe«? Abgesehen von der Tatsache, daß wir sie anstreben (oder anstreben, sie zu finden, wenn wir kein Autor sind, aber in dieser Branche arbeiten), ist es schwer festzulegen, was sie genau ist. Es gibt zwar einige objektive Kriterien (beispielsweise korrekte Grammatik), aber auch viele subjektive Faktoren spielen eine große Rolle.

Ich denke, daß sich Schreiben nach der anvisierten Zielgruppe richten sollte und daß das Hauptmerkmal guten Schreibens seine Zugänglichkeit ist.

Sie müssen eine genaue Vorstellung von Ihrem Publikum haben sowie von seiner Reaktion auf das, was Sie schreiben.

Wenn Sie sich über Ihre eigenen psychologischen Strukturen nicht im klaren sind, werden Sie wohl kaum verstehen, warum Sie so schreiben, wie Sie es tun, oder warum Sie zu speziellen Themen oder Genres tendieren. Wenn Sie nur für sich selbst schreiben, könnte es Ihnen schwer fallen, bei anderen die Reaktion hervorzurufen, die Ihnen vorschwebt.

Oft scheitern ansonsten talentierte Autoren daran, daß sie sich nicht genügend in ihr Publikum hineinversetzen können. Wenn Sie in der Kindheit Schwierigkeiten mit Ihren Eltern hatten und versuchen, dieses Problem in Ihrem Werk aufzuarbeiten, wird es für jemanden, der eine gute Beziehung zu seinen Eltern hatte und hat, schwierig sein, Ihnen zu folgen, sofern Sie die Situation nicht sehr schlüssig darstellen.

Damit eine Geschichte oder eine Figur zugänglich ist, muß das Publikum sie verstehen, sich mit ihr identifizieren können. Zugänglichkeit bedeutet, daß das Publikum sich im Kino, vor dem Fernseher, beim Lesen eines Buches oder Gedichtbandes oder auch beim Hören eines Musikstückes gut unterhält. Mit anderen Worten, man muß seinen Erwartungen entsprechen. Um dies zu erreichen, müssen Sie sich mit den Erwartungen des Publikums auseinandersetzen. Woher sollen die Menschen wissen, was es ist, das sie zu sehen oder zu lesen bekommen?

Ein Blick auf das Marketingprofil eines Films oder des Programms einer bestimmten Produktionsfirma wird Ihnen verraten, was das Publikum im Vorfeld erwartet.

Natürlich kann es zu einer Fehleinschätzung kommen, als Resultat übertriebener Begeisterung seitens der Produzenten oder der Leute, die sie engagieren, um das Produkt zu promoten und zu vermarkten. Werbung, Trailer, Mund-zu-Mund-Propaganda sowie Anzeigen in Zeitungen und Zeitschriften bestimmen das Profil. Ein enttäuschtes Publikum sorgt für schlechte Mund-zu-Mund-Propaganda.

Was sind die Vermarktungsansätze Ihrer Idee? Warten Sie nicht, bis das Drehbuch fertig ist, bevor Sie sich mit den Marketingaspekten befassen. Und sagen Sie nicht: »Aber ich bin doch nur der Autor; soll sich jemand anders mit Marketingaspekten befassen!« Verfassen Sie mehrere kurze Werbetexte zu Ihrem Drehbuch. Das ist nicht leicht, wird jedoch Ihren Blick für das, was Sie schreiben, schärfen, und auf diese Weise wird schnell deutlich, ob Sie den Kern Ihrer Geschichte in ein bis zwei Zeilen zusammenfassen können. Diese Übung könnte ans Licht bringen, daß Sie Ihr eigentliches Thema noch gar nicht klar definiert haben!

Wenn Sie etwas von Filmvermarktung verstehen, wird das Ihre Erfolgschancen deutlich erhöhen. Wenn Sie darauf beharren – eine weitverbreitete Meinung –, daß Sie den Kontext, in dem Ihre Arbeit vermarktet werden wird, nicht zu verstehen brauchen, werden Sie wahrscheinlich in die Reihen der Abertausenden von Autoren eingehen, deren Drehbuch – selbst wenn es per Auftrag geschrieben ist – in die Kategorie »Nur Tippen, kein Schreiben« fällt.

Im Rahmen dieses Buches hoffe ich, Ihnen klarzumachen, warum Sie bei Ihrer Arbeit stets Zugänglichkeit, das Publikum und bewußte Eigenbeurteilung berücksichtigen sollten.

Zeit ist ein Schlüsselfaktor

Wenn man genauer untersucht, warum so wenige Drehbücher wirklich interessant sind und warum so viele schlechte und erfolglose Kino- oder Fernsehfilme gedreht werden, stößt man schon bald auf einige Antworten. Nur sehr wenige Drehbücher haben ihre Autoren auch nur sechs Monate konzentrierte, vollste Aufmerksamkeit gekostet. Und dabei erwarten Agenten und Produzenten, die sie überarbeiten oder kaufen, daß sie komplex, kraftvoll, spannend, klar und fesselnd genug sind, Millionen von Menschen anzusprechen.

Autoren, Agenten, Produzenten – und Redakteure – wissen ihrerseits, daß das Drehbuch (auch wenn man ihm nicht genügend Zeit gelassen hat zu wachsen) zuerst einmal Regisseur, Schauspieler, Kameramann, Marketingprofis, Vertriebsfirma, Werbeagentur und noch den einen oder anderen Förderer begeistern muß. Aber die Ausarbeitung zu einem wirklich guten, ausgereiften Drehbuch wird oft außer acht gelassen.

Realität ist, daß die meisten Drehbücher nicht zugänglich genug sind, weil Autoren, Agenten, Redakteure und Produzenten zu selbstgefällig sind, zu wenig Ehrgeiz besitzen und es viel zu eilig haben. Wenn ein guter Script-Doctor umfangreiche Änderungen einbringt, stößt er manchmal auf Ablehnung seitens des Produzenten, dem die Originalfassung gut gefallen hat und dem es widerstrebt, Zeit und Geld darauf zu verwenden, etwas zu flicken, das in seinen Augen in Ordnung ist. Oft gibt es große Spannungen zwischen Autor, Script-Doctor und Produzent. Wie die Kräfte gelagert sind, wird von den Persönlichkeiten, Abhängigkeiten und Eigeninitiative bestimmt.

An dieser Stelle sollte hervorgehoben werden, wie wichtig es ist, daß der Autor die Initiative ergreift, um sich selbst genügend Zeit zu verschaffen, seine Arbeit gründlich zu tun. Hierfür müssen Sie darauf bestehen, daß in der Terminplanung einige Zeit für Änderungen berücksichtigt wird. Machen Sie dies von vorneherein deutlich; Sie erhöhen damit die Chance, die Änderungen selbst vornehmen zu können, ganz zu schweigen von nachfolgenden Aufträgen.

Sofern Sie nicht ein Drehbuch abliefern, das bereits von Anfang bis Ende durchdacht und zugänglich ist – für jeden, der es liest, klar verständlich –, stehen die Chancen, daß Sie alleiniger Autor bleiben, wenn das Drehbuch verfilmt wird, eher schlecht. Dasselbe Problem ergibt sich, wenn Sie ein Drehbuch im Auftrag schreiben, aber vorab ein Treatment abliefern müssen. Sie schreiben also das Treatment und werden gefeuert, weil die Idee nicht gefällt oder als unzugänglich eingestuft wird. Sie kommen gar nicht erst dazu, das Drehbuch zu schreiben, obwohl gerade hier Ihre Stärke liegt. Mit dem Verfassen von Treatments befasse ich mich in einem späteren Kapitel noch ausführlicher.

Weitere wichtige Punkte, die berücksichtigt werden müssen

Es gibt eine Reihe allgemeingültiger wichtiger Punkte, die man sich beim Schreiben vor Augen halten muß. Es hilft, wenn die Leute, mit denen Sie unmittelbar in Kontakt stehen, mit Ihnen auf einer Wellenlänge sind. Ist das nicht der Fall, sind Probleme vorprogrammiert. Es ist nicht unbedingt Sache des Autors, diese Beziehungen zu regeln, aber mit Passivität erreicht man gewöhnlich nicht mehr, als zuzulassen, daß ein anderer seinen Willen durchsetzt.

Beispielsweise ist Fakt, daß viele Zuschauer eine kurze Aufmerksamkeitsspanne haben. Wie lang sind die Szenen in Ihrem Drehbuch? Szenen in amerikanischen Kinofilmen sind in der Regel halb so lang wie in europäischen Drehbüchern. Soll der Autor die Länge der einzelnen Szenen berücksichtigen oder hiervon unberührt drauflosschreiben, damit der Redakteur dann später die schlechte Nachricht überbringt, daß das Drehbuch zu lang sei, die einzelnen Szenen zu langatmig seien und die liebevoll zusammengesetzten Dialoge gekürzt werden müssen? Und haben Sie, der Autor, neben den Dialogen auch das berücksichtigt, was der Zuschauer später nicht nur zu hören, sondern auch zu sehen bekommt?

Autoren kontrollieren beim Schreiben zwei verschiedene Kommunikationsebenen zu ihrem Publikum: das, was es sieht, und das, was es hört. Es ist sehr ungewöhnlich, wenn ein europäisches Drehbuch als visuell eingestuft wird. Ebenso selten ist ein europäischer Film auf breiter Ebene auf internationalen Märkten erfolgreich.

Warum ist es so wichtig, visuell zu schreiben? Die Antwort ist ebenso simpel wie wichtig: Menschen neigen dazu, nicht das zu glauben, was sie hören, sondern das, was sie sehen. Es versteht sich von selbst, daß jemand, der die Originalsprache eines Films nicht versteht, diesem besser wird folgen können, wenn die Geschichte visuell erzählt wird und weniger dialoglastig ist. Aber wie so viele Selbstverständlichkeiten scheint auch diese schwieriger umzusetzen zu sein, als man meinen sollte, wenn man sieht, wieviele dialoglastige Drehbücher der Branche in Europa angeboten werden.

Denken Sie immer an die Zuschauer. Was erwartet das Publikum von der Geschichte, die Sie ihm vorsetzen? Handelt es sich um einen Kinofilm, dann muß es etwas sein, das dem Zuschauer nicht im Fernsehen geboten wird. Das heißt große Leinwand, große Gefühle und/oder viel Action. Kinogänger wollen auch etwas empfinden. Sie möchten nicht nur dasitzen, Popcorn knabbern und unbeteiligt die Emotionen anderer verfolgen.

Wenn Sie sich zuerst einmal fragen, was ein Film einem Publikum bringen soll (oder ein Buch dem Leser), sollte die Bedeutung des Manipulierens, des gezielten Planens und Dirigierens, des Zusteuerns auf spannende Höhepunkte und der vielen anderen Techniken, die man aus Büchern über das Schreiben von Drehbüchern oder in Kursen zum Thema Kreatives Schreiben lernt, sehr bald klar sein.

Ein Publikum ist niemals monolithisch. Jeder, der Ihren Film sieht oder Ihr Buch liest, ist intellektuell, emotional, kulturell und sozial anders geprägt. Sie sollten aber trotzdem jedem einzelnen die größtmögliche Gelegenheit geben, sich mit Ihren Figuren zu identifizieren.

Kritik und Änderungen

Ihre Haltung gegenüber Kritik und Änderungen kann einen entscheidenden Einfluß auf Ihren Erfolg als Autor haben. Drehbuchanalysen, Kritik und Änderungen sind untrennbar miteinander verbunden. Änderungen sollten so normal und alltäglich sein, daß sie als selbstverständlich betrachtet werden. Statt dessen werden sie häufig vermieden, und das Resultat schadet nicht nur der beruflichen Laufbahn des Autors, sondern auch der des Produzenten, obgleich Produzenten selten angemessen dafür kritisiert werden, daß sie mit einem unfertigen Skript in Produktion gehen. Der Analyse von Drehbüchern ist ein ganzes Kapitel gewidmet.[1] Nur sehr wenige Autoren sind realistisch und emotional stark genug, dem Produzenten mitzuteilen, daß das fertige Drehbuch nicht gut genug oder ausgereift ist, vor allem, wenn der Produzent sich begeistert zu dem Skript geäußert hat und die Zeit drängt.

Autoren sollten von Anfang an zur Kritik ermutigen. Es ist nicht leicht, Kritik offen zu begegnen, aber es hilft, wenn man ein gewisses Selbstbewußtsein an den Tag legt. Mir ist bewußt, daß Kritik einen Autor verletzen und verunsichern kann. Kritik ist schwierig und unangenehm, mit Kritik umzugehen sollte nicht zur Achillesferse der Autoren werden.

Manchmal können Autoren Art und Umfang der Kritik, die an sie herangetragen wird, bestimmen. Haben Sie Ihren Agenten, den Dramaturgen oder den Produzenten selbst zur Kritik aufgefordert, halten Sie die Fäden in der Hand.

Ein weiterer Reibungspunkt zwischen Autoren und jenen Leuten, mit denen sie eng zusammenarbeiten, ist mit der Einschätzung der Zuschauerzahlen verbunden sowie mit den Schwierigkeiten, für ein großes Publikum zu schreiben. Sowohl etablierten als auch unerfahrenen Autoren widerstrebt es zuweilen, für ein breites Publikum zu schreiben, als wäre ihre Kunst für einen solchen Populismus zu schade.

Wenn man den Erfolg eines Programms nach den Zuschauerzahlen bemißt, kann dies zu der irrigen Annahme führen, das Massenpublikum sei unintelligent, anspruchslos und habe eine sehr kurze Konzentrationsspanne. Es ist leicht, diesem Trugschluß zu erliegen – und es ist elitär. Werbefachleute erliegen diesem Irrtum nicht: Ihre Konzepte sind sorgfältig darauf abgestimmt, ein spezielles Produkt an eine bestimmte Zielgruppe zu verkaufen. Eitle Mutmaßungen und das Bedürfnis, als »Künstler« angesehen zu werden, kommen hier nicht zum Tragen. Wenn es schon sehr schwierig ist, objektiv über das zu urteilen, was andere geschrieben haben, ist es nahezu unmöglich, dem gegenüber objektiv zu sein, was aus der eigenen Feder stammt. Erwarten Sie nicht von einem Regisseur mit starker Persönlichkeit und Position, daß er Ihr Drehbuch kritiklos annimmt. Es ist durchaus möglich, daß er das Drehbuch verbessert, wenngleich diese Einschätzung auch subjektiv sein kann.

Zu den Fertigkeiten eines Autors gehört auch die Auseinandersetzung mit Druck von innen und außen. Kompromisse sind oft unvermeidlich. Jene, die die Sache gleich richtig angehen, ebnen den Weg für konstruktive Kritik und angemessene Ratschläge, anstatt negative und unangebrachte Kritik zu ernten.

Jede der Schlüsselpersonen, mit denen Sie Kontakt haben werden – Agent, Redakteur, Produzent und Regisseur – hat ihren eigenen Terminplan. Auch hat jede dieser Personen ihre eigene Karriere und ihre ganz persönlichen Ziele vor Augen. Möglicherweise steht jeder von ihnen unter noch größerem Druck als Sie, etwas anzubieten, das ihm zum Durchbruch verhilft. Oder aber sie sind selbstgefällig, wollen kein Risiko eingehen und sind nicht gewillt, viel Zeit in Ihr Drehbuch zu investieren.

Versuchen Sie, hierfür Verständnis aufzubringen, versetzen Sie sich in ihre Lage (was nicht unbedingt bedeutet, sich ihrer Meinung anzuschließen). Zu verstehen, was eine andere Person mit Verhandlungen zu erreichen versucht (und alle diese Beziehungen beinhalten zuweilen Verhandlungen), ist der erste Schritt dahin, seinen eigenen Willen durchzusetzen, vorausgesetzt, dies ist überhaupt möglich und erscheint auch anderen vernünftig.

Es gibt Autoren, die sich nicht ins Abseits drängen lassen. Sie verschaffen sich über Kontakte zu anderen Autoren und Verbänden und durch reinen Professionalismus eine gewisse Position. Die Position des allmächtigen Autor-Produzenten in amerikanischen Endlosserien wird wohl kaum ein europäischer Autor erreichen, aber er sollte sie zumindest anstreben.

---

[1] Dem Lektorieren bzw. der Textarbeit ist ein eigenes Kapitel (9) gewidmet, da sie so grundlegend für den Entwicklungsprozeß sind. Eine Untersuchung dieser Entwicklung wurde von dem Medienjournalisten Angus Finney verfaßt: *Development Feature Films in Europe: A Practical Guide* (herausgegeben von Blueprint für die Media Business School, Herbst 1995)

Kreativität

Den Ursprung Ihrer Ideen begreifen

Kreativität bedeutet, daß Sie Ihre Phantasie dazu anregen, sich Ihnen in einer von Ihnen selbst bestimmten Art und Weise zu offenbaren, so daß Sie gezielt aus ihr schöpfen können. Kreativität bedeutet, Ihre Träume und Phantasien in ganz bestimmte Worte zu kleiden. Darum werden Autoren auch ermutigt zu visualisieren, zu phantasieren. Träumen gehört für einen Autor zum Schaffensprozeß.

Sie müssen in der Lage sein, sich in jede einzelne Ihrer Figuren hineinzuversetzen. Vielen Autoren gelingt dies nicht in zufriedenstellendem Maße. Sie sind in der Lage, in einige der Rollen zu schlüpfen, tun sich jedoch mit anderen schwer. Manche Männer können sich nicht in Frauen hineinversetzen und umgekehrt. Autoren müssen ihr Ego und ihr Ichgefühl unterdrücken, sich in die Persönlichkeit ihrer Figuren hineinfühlen und -denken und aus der entsprechenden Perspektive schreiben. Das ist ein Trick, der durch eine rege Phantasie ermöglicht wird.

Ein fertiger Film ist das Ergebnis einer langen Reihe solcher Tricks, die buchstäblich von Hunderten von Leuten vollzogen werden müssen. Für das Publikum ist das Ergebnis ein fließendes, natürliches Ganzes. Aber es nimmt seinen Ausgang beim Drehbuch, und der Autor verdient sein Geld damit.

Denken Sie immer an den wichtigen Unterschied zwischen Realität und Wahrheit einerseits und Glaubwürdigkeit andererseits. In Erstlingsromanen und -drehbüchern findet man häufig eine leicht übertriebene Version der Realität, gewöhnlich autobiographischer Natur. Das funktioniert nur selten.

Wenn Sie über die wirkliche Welt schreiben wollen, so wie sie Ihnen selbst erscheint, halten Sie sich an Dokumentarfilme. Ist jedoch das, was Sie schreiben, als Drama oder Roman gedacht, werden Zuschauer oder Leser bestimmte Erwartungen haben. Teilweise werden sie darin bestehen, tiefergehende Wahrheiten über sich selbst und die Welt, in der sie leben, zu finden. Erfolgreiche Kreativität kann das Unwirkliche plausibel erscheinen lassen.

Einige Ideen oder Themen sind ein Produkt ihrer Zeit und reflektieren Veränderungen innerhalb der Gesellschaft. Andere wiederum können selbst die Gesellschaft verändern. Einer der Beweggründe, die Autoren dazu treiben, sich Tag für Tag von neuem mit dem leeren Papier zu konfrontieren, ist die Befriedigung, die sie aus der Herausforderung schöpfen, die Gesellschaft zu verändern. Eine Herausforderung, die aus der Kreativität erwächst, aus dem Leben als Autor.

Indem er diese Position einnimmt, setzt der Autor sich der großen Gefahr aus, nur für sich selbst zu schreiben. Es ist nicht leicht vorherzusagen, wie andere Leute auf das reagieren werden, was man schreibt. Wenn Sie lernen, Ihr Publikum zu verstehen, wird das Ihre Kreativität positiv beeinflussen und Ihnen beim Schreiben helfen. Mittel und Wege, dieses Verständnis zu erlangen, sind in einem späteren Kapitel beschrieben. Kreativ zu sein ist kein künstlerischer Freibrief für zügellose Anarchie. Wie ich bereits sagte, ist Zugänglichkeit von allergrößter Wichtigkeit, wenn Sie erfolgreich sein wollen.

Nicht, daß aus diesem individualistischen »Autorismus« nicht einige hervorragende literarische Werke hervorgegangen wären. In einer kulturell reichen Gesellschaft sollten Künstler dazu ermutigt werden zu experimentieren, neue Wege zu gehen – ohne dabei zu verhungern. Aber ich möchte Ihr Augenmerk auf etwas Banaleres, Vorhersehbareres lenken. Können Sie Ihren Erfolg dadurch beeinflussen, daß Sie ein bestimmtes Thema einem anderen vorziehen? Wie können Sie vorab erkennen, was funktionieren wird und was nicht? Projekte scheitern häufig, weil die Grundidee, die die Autoren gewählt haben, entweder nicht gut ist oder sich nicht für den speziellen Autor eignet oder aber weil das Timing für die Idee schlecht gewählt ist.

Hat eine schlechte Idee in den Händen eines guten Autors eine größere Erfolgschance als eine gute Idee in den Händen eines schlechten Autors? Das hängt davon ab, wie gut oder schlecht Autor und Idee sind. Autoren müssen lange Zeit mit ihrer Ideenwahl leben. Oft greifen sie eine Idee auf und fangen an zu schreiben, lange bevor erkennbar ist, daß es die richtige Entscheidung war.

Manche Ideen und Themen scheinen beim Publikum und somit auch bei der Filmindustrie dauerhaft anzukommen. Betrachten wir zwei altbekannte und beliebte Genres genauer, den Thriller und den Horrorfilm. Kern beider Genres ist die »Bedrohung«. Der Journalist John Lyttle[1] hat erkannt, daß die Bedrohung in der Vergangenheit von außen kam – sie kam aus der Ferne (oft von einem anderen Planeten) und ergriff von den Protagonisten Besitz. In den vergangenen Jahren, vielleicht unter dem Einfluß überaus erfolgreicher Massenmarkt-Autoren wie Stephen King, ist die Bedrohung nähergerückt. Sie lauert gleich nebenan oder sogar innerhalb des eigenen Heims oder der eigenen Familie. Und fast immer fängt es ganz harmlos an:

> »Es könnte dieser One-Night-Stand sein *(Eine verhängnisvolle Affäre)*. Es könnte der Hausgast in *Fremde Schatten* sein. Was ist mit dem neuen Kindermädchen in *Die Hand an der Wiege* oder dem gerade aus dem Gefängnis entlassenen Ex-Mandanten in *Kap der Angst*? Es könnte sogar der nette, gutaussehende Cop in *Fatale Begierde* sein oder die freundliche Mitbewohnerin in *Belvedere räumt auf* oder in *Weiblich, ledig, jung sucht ...* oder sogar der respektable Anwalt in *Der Klient*.«

Lyttle fährt in seiner Untersuchung fort und stellt fest, daß die Opfer zumeist Weiße sind und der Mittelklasse angehören. Es sind »nette« Leute, manipulativen und grausamen Schicksalsschlägen ausgesetzt.

»… es ist nicht die amerikanische Familie, die versagt, sondern die amerikanische Familie wird im Stich gelassen. In einem Film nach dem anderen wird das Rechtssystem angeprangert. Die Polizei kann weder Michael Douglas noch Matthew Modine (der bedroht, angeschossen und eingesperrt wird) helfen, noch Nick Nolte in *Kap der Angst* (ein Anwalt, der sich in seiner eigenen Schlinge verfängt). Alle Opfer nehmen letztendlich das Gesetz selbst in die Hand. Und alle Filme enden mit Blutvergießen, wobei die Gerechtigkeit siegt.«

Fremde Wesen aus dem All, Riesenameisen und Killerbienen sprachen in den Filmen der fünfziger und sechziger Jahre unsere tiefverwurzeltsten Ängste an. Eheliche Gewalt und Filme wie *Kramer gegen Kramer* und *Eine verhängnisvolle Affäre* schöpften wahrscheinlich ebenfalls aus einer aktuellen gesellschaftlichen Brisanz. Aber niemand zwingt die Menschen, sich Thriller oder Horrorfilme anzusehen. Die Leute tun es, weil sie das wollen. Und sie tun es, wie Hitchcock sehr wohl wußte, weil sie in der Sicherheit eines dunklen Kinos Angst und Schrecken ausgesetzt sein wollen. Erfolgreiche Autoren spielen mit den Ängsten, Hoffnungen und Träumen, die die meisten Menschen teilen. Wir alle wissen, was es heißt, sich bedroht zu fühlen. Wir alle wissen, wie es ist, zu lachen oder zu weinen. Wenn Sie Drehbücher schreiben, die ein Publikum berühren, erhöhen Sie damit Ihre Chancen, daß Ihr Skript verfilmt wird. Gehen Sie nicht davon aus, daß Sie selbst der typische Zuschauer sind. Und denken Sie daran, daß Sie beim Zuschauer das Gefühl wecken müssen, das Geschehen hier und jetzt mitzuerleben.

In einem Roman oder einer Kurzgeschichte spürt man meist, daß das Erzählte sich in der Vergangenheit abgespielt hat. In einem Kino- oder Fernsehfilm entwickelt sich die Geschichte erst, und das, was unser Interesse an den Hauptfiguren weckt, ist ein Gefühl von Empathie oder Sympathie sowie eine Art von Vorgefühl, Antizipation.

Pascal Lonhay, einer der besten Scriptconsultants Europas definiert Antizipation wie folgt:

»Antizipation zwingt den Zuschauer zu Mutmaßungen, weil den Figuren die Freiheit gegeben wurde, auf völlig unvoraussagbare Weise zu agieren. Antizipation eröffnet Alternativen, während Vorhersehbarkeit vom Zuschauer verlangt, einfach zu glauben und ohne Alternative hinzunehmen.«

Das ist es, was E.M. Foster meinte, als er sagte: »Überrascht mich mit dem Plausiblen.« Genau das tut ein gutes Drehbuch.

Später werden wir uns noch näher mit dem Publikum befassen, von demographischen, psychologischen und physiologischen Gesichtspunkten aus. Nur indem er diese Perspektiven vereint, kann ein Autor die Wahrscheinlichkeit erhöhen, daß der Zuschauer das denkt und fühlt, was er in einem bestimmten Moment denken und fühlen soll.

Der kreative Prozeß

Was beinhaltet nun der Prozeß des Kreativseins, des Selektierens, worüber man wie schreiben soll? Die Fähigkeit, ein Publikum zu fesseln – gleich, mit welchem Thema –, ist bis zu einem gewissen Grad davon abhängig, inwieweit der Autor sein Publikum versteht. Und ein Weg, dieses Verständnis zu erlangen, ist der, sich selbst bewußt als Zuschauer zu beobachten.

William Goldman, der Autor von Drehbüchern zu Filmen wie beispielsweise *Die Unbestechlichen* und *Der Marathon Mann* sowie der Autor des Buches *Adventures in the Screen Trade* (bestimmt das amüsanteste, wenn nicht sogar das beste Buch, das über das Schreiben von Drehbüchern fürs Kino verfaßt wurde; dt. Ausgabe: *Das Hollywood-Geschäft*), ermutigt Autoren, sich einen Film mehrmals in Folge anzusehen.

Beim ersten Mal sind Sie ein gewöhnlicher Kinozuschauer, zahlen für Ihren Sitzplatz und das Popcorn, um sich in eine andere Welt versetzen zu lassen. Am Ende des Films, wenn der Vorhang fällt, sollten Sie Goldman zufolge sitzen bleiben und sich den Film gleich noch mal ansehen. Diesmal achten Sie darauf, wie das Publikum auf den Film reagiert. Bei der dritten Vorstellung konzentrieren Sie sich ausschließlich auf die ganze Palette menschlicher Emotionen, die sich auf den Gesichtern spiegeln, vielleicht bei den einen mehr als bei den anderen. Diese emotionale Stimulation ist es, wofür die Kinobesucher bezahlt haben.

Als Autor im Publikum haben Sie Ihre Gefühle vielleicht nicht so offen gezeigt, vielleicht weil Sie sich darauf konzentriert haben, wie der Film geschrieben wurde. Es gibt eine Form von Arroganz, die viele Menschen innerhalb der Filmindustrie befällt. Es ist leicht, sich dem eigenen Publikum gegenüber überlegen zu fühlen – und es ist gefährlich. Das ist einer der Gründe, weshalb so viele Drehbücher scheitern: Die Autoren haben den Draht zu ihrem Publikum verloren.

Den »Draht« herzustellen setzt einige Kenntnisse der Mechanismen menschlicher Emotionen voraus (siehe auch das Kapitel über Psychologie und Physiologie von Gefühlen) sowie des kreativen Prozesses, der das Schreiben bestimmt. Wenn Sie beim emotionalen Höhepunkt eines Filmes weinen, lernen Sie, ganz intuitiv zu erkennen, was aller Wahrscheinlichkeit nach bei einem Publikum ankommt. Wenn Sie erst Ihre Instinkte für Figuren und Handlungen entwickelt haben, verfügen Sie über eine reiche Ader, aus der Sie schöpfen können.

Ich denke, der wichtigste Punkt ist der, eine emotionale Reaktion zu erzielen. Wenn Sie den Zuschauer darüber hinaus noch intellektuell ansprechen, um so besser. Zuschauer können auf verschiedenen Ebenen reagieren, wenn sie sich im Kino oder Fernsehen einen Film ansehen.

Die Planung

Seien Sie sich also Ihrer Beziehung zu Ihrem Publikum bewußt. Wie beabsichtigen Sie, das Publikum auf den drei Ebenen – Bauch, Herz und Kopf – zu erreichen? (Diese drei Ebenen werden von Jon Boorstin in seinem originellen Buch *The*

Hollywood Eye als viszerale Ebene, emotionale Ebene und intellektuelle Ebene bezeichnet.) Wenn Sie den ersten Entwurf geschrieben haben, blättern Sie zurück und prüfen Sie jede einzelne Szene hinsichtlich dieser Ebenen. Und mehr noch: prüfen Sie, wie Sie die Szenen geschrieben haben:

a) Was haben Sie sich einfallen lassen, um das Auge zu fesseln?
b) Was haben Sie getan, um das Ohr zu interessieren?

Liegt der Schwerpunkt beim Gehör, ändern Sie die Szenen und bringen Sie mehr visuelle Reize ins Spiel.

Denken Sie auch daran, daß die Musik im Film möglicherweise wichtiger sein wird als Ihre Dialoge. Musik, heißt es, geht direkt in den Bauch, ohne Umweg über den Intellekt. Anthony Storrs Buch *Music and the Mind* stellt zweifelsfrei unter Beweis, daß Musik eine überaus wichtige Form der Kommunikation ist. Und doch, wo rangiert sie in der Kreativitätspalette des Autors? Wo spielt sie eine tragende Rolle in Büchern über das Drehbuchschreiben oder in Seminaren über das Drehbuchschreiben?

Generell bin ich dafür, daß man Bücher liest und Seminare besucht. Praktisch jeder Kurs für kreatives Schreiben lehrt gewisse Grundsätze und Anforderungen, die für eine Geschichte unabdingbar sind. Michael Hauge faßt sie folgendermaßen zusammen:

- Eine zentrale Figur muß im Mittelpunkt der Geschichte stehen.
- Das Publikum muß mit dieser Figur fühlen und sich mit ihr identifizieren (ist das nicht der Fall, wird der Autor den Zuschauer auf emotionaler Ebene nicht erreichen).
- Die zentrale Hautpfigur muß etwas aufweisen, das visuell vermittelt wird (es reicht nicht, daß die Figur ein besserer Mensch sein will – es muß deutlich sichtbar sein), und er muß beinahe gescheitert sein. Ohne Konflikte können keine Emotionen hervorgerufen werden.
- Die Hauptfigur muß zu anderen interessanten Figuren in

Beziehung stehen. Der Bösewicht muß nicht nur gefährlich, sondern auch gewinnend sein.
- Zwischen den Nebenfiguren muß es ebenfalls Probleme geben, die in die Hauptstory mit einfließen, so daß im Schlußakt alle Stränge gemeinsam aufgelöst werden können.

Ich bin sicher, das alles ist Ihnen nicht neu, aber Sie wären überrascht, wie oft diese grundlegendsten Elemente in Drehbüchern fehlen, sogar in solchen von erfahrenen Autoren.

Glaubwürdigkeit

Autoren müssen sich also all diese Faktoren vor Augen halten. Zusätzlich zur Ausarbeitung der Handlung, der Entwicklung komplexer und interessanter Figuren sowie spritziger und überraschender Dialoge sollte ein Autor versuchen, originell zu sein. Das ist nicht leicht. In unserem Büro hängt ein Cartoon an der Wand. Ein Autor sagt zu seinem Dramaturgen: »Sie finden, das ist schwer verständlich? Versuchen Sie doch mal, es zu schreiben!«[2]

Ohne Talent ist es schwierig, dafür zu sorgen, daß ein Kino- oder Fernsehfilm beim Publikum ankommt, daß die Emotionen angesprochen werden. Dabei ist zu beachten, daß es zwischen der Geschichte an sich und der Art, wie Sie sie erzählen, einen Unterschied gibt. Nach »Zugänglichkeit« ist »Glaubwürdigkeit« eine der wichtigsten anzustrebenden Eigenschaften. Welchen Film, welches Stück oder welchen Roman Sie auch schreiben, produzieren oder als Regisseur umsetzen, Sie müssen dafür sorgen, daß das Publikum oder die Leser an die Welt glauben, die Sie erschaffen. (Es ist nicht so wichtig, daß Sie selbst daran glauben. Aber Ihr Publikum zu überzeugen ist die größte Herausforderung an ihre Kreativität.) Aristoteles sagte einmal über Dramen: »Eine plausible Unmöglichkeit ist einer unplausiblen Möglichkeit vorzuziehen.« Er sprach nicht von Wahrheit, sondern von Glaubwürdigkeit.

Genre gegen Originalität

Diskussionen über Kreativität drehen sich häufig um die Tatsache, daß wirklich originelle Filme recht selten und dünn gesät sind. Ein Genrefilm wird oft nach dem Ausmaß seiner Abweichungen vom Genre beurteilt. Kann man also sagen, daß Kreativität von Originalität abhängig ist?

Wir sind also wieder bei der Frage angelangt, ob ein Film Kunst oder Handwerk ist, Kultur oder Kommerz. Ein erfolgreiches Buch innerhalb eines bestimmten Genres erfordert eine Mischung aus Disziplin, Phantasie und Nachahmung. Es mag nicht sonderlich originell sein, aber wenn es Erfolg hat, ist es vermutlich qualitativ hochwertig.

Innerhalb eines bestimmten Genres zu schreiben bedeutet, die Regeln dieses speziellen Genres zu beachten. Und es bedeutet, sich bewußt zu machen, daß die Fans dieses Genres – das zahlende Publikum – das Genre möglicherweise besser kennen als Sie selbst und es ihnen auch mehr bedeutet als Ihnen. Bringen Sie eigene Ideen und Änderungen ein, aber nur dann, wenn Sie genau wissen, was Sie tun und warum Sie es tun.

T.S. Elliot hat einmal gesagt: »Es ist unklug, die Regeln zu brechen, es sei denn, man weiß, wie man sie befolgt.« Abgedroschen, aber wahr.

Die meisten Fernsehserien gehören einem Genre an: dem Drama. Sie sind vielleicht einfacher zu schreiben, weil es detaillierte Richtlinien gibt. Beispielsweise existieren die Figuren bereits, ebenso wie die Locations und die Welt, in der Geschichte spielt. Wenn Sie jedoch nichts hinzufügen, wird Ihr Skript flach sein und kaum einen weiteren Auftrag nach sich ziehen. Sie müssen sich also vornehmen, etwas Neues einzubringen. Darüber hinaus sind auch die Egos anderer Menschen in die »Bibel« einer Serie verwickelt und in die Vorgaben, die Sie vielleicht mit auf den Weg bekommen haben. Nehmen Sie keine Änderungen nur um des Änderns willen vor. Machen Sie nur dann Änderungsvorschläge, wenn diese Ihre Arbeit aufwerten. Und sprechen Sie jede Abweichung mit Ihrem Redakteur ab. Das Konzept des Genres beinhaltet die

Möglichkeit von Abweichungen. Wir wissen, daß das Publikum mehr von derselben Ware haben will, und es ist sehr verlockend, auf einen großen Erfolg ein gleichwertiges Produkt folgen zu lassen. Hieraus ergibt sich auch der anhaltende Trend Hollywoods, Fortsetzungen zu produzieren. Wenn Sie eine zweite Dose Cola kaufen, möchten Sie keine Limonade. Sie erwarten exakt denselben Geschmack wie beim ersten Mal.

Wenn Sie wissen, wer Ihr Publikum ist, wissen Sie, was es erwartet. Und dann wissen Sie auch, wie Sie die Zuschauer überraschen können. Bei Fernsehserien kann das Publikum sehr ungnädig reagieren, wenn in geliebten Sitcoms oder Daily-Soaps zu große Änderungen vorgenommen werden. Als Murphy Brown in der gleichnamigen amerikanischen Sitcom ein Baby bekam, sanken die Einschaltquoten drastisch. Das Publikum wollte Murphy zickig, witzig und hart – alles andere als mütterliche Attribute.

Francis Ford Coppola hat das Bedürfnis nach Wiederholung sich gleichender Erfahrungen folgendermaßen beschrieben: »Die Menschen sind eigen, was Filme betrifft. Sie wollen nicht mit ungewohnten Situationen konfrontiert werden. Es ist wie bei einem kleinen Kind, das sagt: ›Erzähl mir noch mal die Geschichte von den drei Bären‹.«

Es ist nicht leicht, in einem etablierten Genre etwas wirklich Gutes zu schaffen. Vermutlich ist es ebenso schwierig, wie sich etwas wirklich Originelles auszudenken. Zweifellos ist es leichter, Genre-Bücher zu beurteilen, weil hier eher der objektive Vergleich möglich ist. Wenn Sie sich dafür entscheiden, Drehbücher für spezielle Genres zu schreiben, gehen Sie nicht überheblich mit den existierenden oder vorgegebenen Serien bzw. Geschichten um. Etablierte Autoren, die sich herablassen, einige Folgen einer Daily-Soap zu schreiben, liefern meist dürftige Drehbücher ab.

Und das führt mich zurück zum Problem elitärer Autoren. Denken Sie nicht, daß Sie, weil Sie schöpferisch tätig sind, Ihrem Publikum überlegen sind. Die Gefahr des kreativen Egotrips ist allgegenwärtig. Sie brauchen Ihr Ego, weil es Ihnen hilft, sich immer wieder der leeren Seite zu stellen, schlechte und harte Zeiten zu überstehen und Ablehnung –

oder die Egos von Produzenten und Regisseuren zu verkraften.

Die Wahl Ihres Themas und der Umgang mit den Charakteren

Welche Rolle sollte also Ihr Ego bei der Wahl des Materials oder der Handlung spielen? Sollten Sie nur über Dinge schreiben, über die Sie Bescheid wissen? Das hat auf den ersten Blick große Vorteile, beispielsweise weniger umfangreiche Recherchen. Auch wird es leichter sein, Authentizität zu erreichen. Aber verlieren Sie nicht die Notwendigkeit aus den Augen, ein großes Publikum von Ihren Figuren und Ihren Geschichte zu überzeugen, auch wenn diese fiktiven Elemente auf realen Erlebnissen beruhen.

Bevor Sie beschließen, über etwas Bestimmtes zu schreiben, oder während Sie Ihre Inspirationsquellen durchforsten, stellen Sie sich folgende zwei Fragen: Warum schreibe ich? Für wen schreibe ich?

Dies sind vielleicht die wichtigsten Fragen, die ein Autor sich überhaupt stellen kann. Es ist leichter, die Antwort darauf zu kennen, als ihr gerecht zu werden. Frank Daniel, einer der renommiertesten Lehrer in der Kunst des Drehbuchschreibens, stellte einem Kurs, an dem ich selbst teilgenommen habe, eine ähnliche Frage: »Wenn ein Publikum in einem dunklen Kino sitzt und auf die Leinwand schaut, was sieht es da?« Die Antwort, die ganz logisch schien, nachdem er sie selbst gegeben hatte, lautete, daß der Zuschauer sich selbst sehe.

Manchmal, wenn ich an einem Problem in einem Drehbuch arbeite, finde ich es nützlich, es mit Hilfe des Modells des »ewigen Dreiecks« zu analysieren:

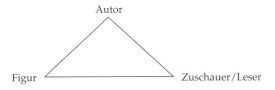

Die engste Beziehung sollte der Autor zu seinem Zuschauer oder Leser unterhalten. Wenn wir dieses Modell zugrunde legen, stellen wir fest, daß vieles, woran es bei Drehbüchern und Manuskripten, die wir vorgelegt bekommen, hapert, darauf zurückzuführen ist, daß die Autoren sich mehr auf die Beziehung zu ihren Figuren konzentrieren. Aber es reicht nicht, wenn Figuren nur für den Autor stimmig sind. Die Figuren sind nur ein Vehikel, um das Publikum zu erreichen. Damit dies gelingt, muß das Skript das Publikum berühren. Um Ihr Publikum in Angst und Schrecken zu versetzen, werden Sie vermutlich eine oder mehrere Ihrer Figuren in Angst und Schrecken versetzen müssen. Aber das ist nicht das ultimative Ziel. Es mag offensichtlich erscheinen, aber es ist vermutlich die am meisten verbreitete Ursache falscher Figurenmotivation. Und am häufigsten tritt dieser Fehler bei unerfahrenen Autoren auf.

Ihre Persönlichkeit, Ihre Selbsteinschätzung spielen eine große Rolle bei Ihrer Schreibweise, vielleicht sogar bei Ihrer Themenwahl. Wenn Sie sich nicht über Ihre eigenen Stärken und Schwächen, Ängste und Phobien im klaren sind, woher sollen Sie dann wissen, ob Sie nicht etwas für sich selbst aufarbeiten, anstatt es Ihrem Publikum zu ermöglichen, an der Erfahrung teilzuhaben? Autoren müssen in der Lage sein, ihr Werk aus der Distanz zu betrachten.

Professionelle Leser, Agenten eingeschlossen, sollten in der Lage sein, objektiv zu urteilen und »repräsentativ« zu reagieren, auch wenn Geschichte und Skript ihrem persönlichen Geschmack oder Interesse ganz und gar nicht entsprechen. Wie kann man, nachdem man sich für eine Idee entschieden hat und nicht weiß, ob sie einem breiten Publikum gefallen wird, diese dahingehend entwickeln, daß sie genügend Tiefe bekommt, den Leser oder Zuschauer zu fesseln? Wenn Sie Ihre Geschichte grob entwerfen, konzentrieren Sie sich auf das Thema und die Schlüsselfiguren, und fragen Sie sich, welchen Hintergrund[3] Sie sich für diese Figuren ausdenken wollen. Wenn das getan ist, fragen Sie sich, wieviel von der Hintergrundgeschichte Sie enthüllen müssen, damit Ihre Figuren nicht nur plausibel, sondern darüber hinaus interessant erscheinen. Enthüllen Sie zuwenig, werden die Figuren oberflächlich erscheinen; enthüllen Sie zuviel, leidet der Fluß der Handlung. Die Tiefe gut dargestellter Figuren kann sich sehr positiv auf das Lese- oder Seherlebnis auswirken, wenn sie das Tempo der Handlung nicht bremst.

Originalität

Klassiker oder erfolgreiche Filme zu studieren und aus ihrer Struktur und dem Handwerk, das hinter ihrer Verwirklichung steht, zu lernen kann ein Weg sein, ein Thema oder ein Sujet für ein Drehbuch zu finden (oder zu verwerfen). Wenn Sie sich zu sehr von einem erfolgreichen Film beeinflussen lassen, kann es Sie aber auch in Ihrem Bestreben, originell zu sein, behindern. Trotzdem: Kenntnis der Filmindustrie heißt, daß Sie wenigstens darüber im Bilde sind, was bereits umgesetzt wurde. Das bedeutet, daß Sie in der Lage sind, zu erkennen, ob das, woran Sie arbeiten, wirklich außergewöhnlich ist – es reicht nämlich nicht, wenn das Material nur Ihnen originell vorkommt.

Eine verhängnisvolle Affäre, oder genauer der Schluß, war vorhersehbar, aber für das Publikum weltweit (und auch für mich) darum nicht weniger befriedigend. Wenn es darum geht, ein Sujet zu wählen, gibt es nicht viel, was nicht bereits ausprobiert worden wäre. Auch wenn Sie bisher nicht über eine bestimmte Story, Idee oder auch über einen speziellen Aufbau einer Geschichte gestolpert sind, ist die Wahrscheinlichkeit groß, daß schon jemand anders irgendwann den gleichen Einfall hatte. Verlassen Sie sich also nicht zu sehr auf die Euphorie, in die Sie verfallen, wenn Sie glauben, das Rad neu erfunden zu haben.

Das eigentliche Problem ist nicht nur, daß Sie sich vielleicht zu sehr darauf verlassen, daß die scheinbare Originalität das Buch trägt, sondern daß Sie der Art, wie Sie die Geschichte erzählen, nicht genügend Aufmerksamkeit schenken. Es spielt keine Rolle, wenn eine Geschichte nicht sonderlich originell ist, wenn es Ihnen nur gelingt, sie so zu erzählen, daß sie die Phantasie von Millionen anregt.

Die Suche nach etwas, das anders ist, führt oft dazu, daß das Einmaleins des Geschichtenerzählens vernachlässigt wird. Drehbücher, die uns mit den begleitenden Worten geschickt werden: »Ich habe mir etwas einfallen lassen, daß völlig anders ist als alles, was es derzeit gibt ...«, sind meist schwach und ruhen sich auf den Lorbeeren der Andersartigkeit aus – wobei sie tatsächlich oft gar nicht so anders sind.

Es ist unwahrscheinlich, daß rückblickend viele Autoren als wirklich originell eingestuft werden. Dies soll keine Kritik an jenen sein, die nicht originell sind. Tatsächlich besteht nur ein geringer oder gar kein Unterschied zwischen dem, was originelle Autoren verdienen und dem, was die anderen verdienen, da sich die meisten erfolgreichen Filme und Bücher nicht unbedingt durch außergewöhnliche Originalität auszeichnen. Denken Sie an das Festhalten der Industrie an Fortsetzungen, die von den Entscheidungsträgern der großen Studios als sichere Projekte eingestuft werden. Tatsächlich ist das Gewicht, das originellen Stoffen beigemessen wird, solcher Art, daß das Studiosystem nicht nur um die verhältnismäßige Unerreichbarkeit der Originalität weiß, sondern darüber hinaus eine neue Form der Drehbuchentwicklung geschaffen hat – die Neuverfilmung von ausländischen Filmen. Dies geschieht auch außerhalb der USA.

Es wird zudem viel Geld in die Neuverfilmung von Fernsehserien gesteckt. England hat erfolgreich mehrere Serien in die Staaten verkauft. Aus *Till Death Us Do Part* wurde *All in the Family* (aus Alf Garnett wurde Archie Bunker).

Aus *Upstairs Downstairs* wurde das nun in Boston angesiedelte *Bacon Hill*. Der britische Klassiker *Steptoe and Son* wurde in die amerikanische Serie *Sandford and Son* umgewandelt. Aus der amerikanischen Serie *Who's the Boss?* wurde in England *The Upper Hand*, und aus den *Golden Girls* wurde die britische Serie *Brighton Belles*.

Hier in Deutschland, aber auch in Holland und anderen Ländern, wird die Neuverfilmung bestehender Serien ebenfalls in großem Umfang betrieben. Sender betrachten dies als eine sichere und verhältnismäßig preiswerte Alternative zur

Eigenentwicklung. Eine Serie wie *Gute Zeiten, Schlechte Zeiten* ist beispielsweise eine Adaptation des australischen Formats *Good Times, Bad Times*. Die Produzenten auf dem Kontinent behaupten, daß einer der Gründe für die Neuverfilmung bestehender Serien der sei, daß sie einfach nicht über genügend erfahrene Autoren verfügten, um völlig neue Serien zu kreieren. Das bedeutet, daß Hunderte von Sendestunden im Fernsehen von fremden TV-Formaten eingenommen werden, die auch einheimische Autoren hätten schaffen können. Einige von ihnen werden für die Adaptation der Originaldrehbücher eingesetzt – was sich sogar als sinnvolle Übung erweisen kann. Aber die Gelegenheit zu bekommen, eine Folge für eine bereits bestehende Serie zu schreiben, ist nicht das gleiche, wie eine völlig neue Serie aus der Taufe zu heben.

In manchen Fällen verzichtet der Produzent auf Dutzende von im Ausland eingekauften Drehbüchern, weil Handlung und Figuren eine völlig neue Richtung genommen haben. Tatsächlich endet dies oft damit, daß er eigene Folgen schreiben läßt.

Autoren verdienen im allgemeinen nicht viel, wenn ihre Drehbücher im Rahmen einer Neuverfilmung verkauft werden. Das ist einer der Gründe, weshalb ein Autor versuchen sollte, bei einer eigenen Idee die Adaptationsrechte zu behalten oder sich zumindest einen respektablen Anteil an den Einkünften aus dem Verkauf der Idee zu sichern.

Es ist schwierig, konkrete Zahlen zu nennen, was die Summen betrifft, die Sender zahlen. Bezüglich dieser geheimnisvollen Summen sind alle sehr verschwiegen. Doch es ist möglich, bei Neuverfilmungsverträgen eine »Staffelung« zu vereinbaren, so daß, wenn die neue Version erfolgreich ist, der Einkäufer für spätere Folgen einen größeren Betrag zahlt.

Die kleine Anzahl neuer Serien, die Erfolg haben und sich länger als eine Saison halten, macht es unwahrscheinlich, daß neue Autoren die Chance bekommen, sich eigene originelle Ideen für Dauerserien auszudenken.

Form und Inhalt

Was kann ein Autor also tun, um Trends zu erkennen und seine Chancen zu erhöhen, ein Thema zu finden, das das Interesse eines breiten Publikums wecken wird? Vorab sollte man sich vor Augen halten, daß die Form ebenso wichtig ist wie der Inhalt. Stellen Sie sich dann die Frage, ob Ihr Sujet aktuell ist.

Was sind derzeit aktuelle Themen? Auf die Gefahr hin, wenig originell zu wirken, könnten dazu Umwelt und Ökologie, der »Neue Mann«, Political Correctness, Aids und virtuelle Realität gehören, um nur ein paar der augenfälligsten zu nennen. Jedesmal wenn in Zeitungen oder Zeitschriften Themen wie diese behandelt werden, sollten Sie diese Artikel als potentielle Inspiration für eine Geschichte betrachten. Doch das werden außer Ihnen, fürchte ich, noch Tausende andere tun. Aber nachdem Sie sich entschieden haben, ein aktuelles oder weniger aktuelles Thema zu behandeln, und Ihre Hauptfiguren umrissen haben, wie können Sie diese in einer Art und Weise umsetzen, die beim Publikum ankommt?

Wenn Sie keine Form finden, das Thema interessant darzustellen, vergessen Sie es. Es reicht nicht, eine Idee zu haben, auch dann nicht, wenn sie wirklich gut ist. Ideen sind wertlos, solange niemand da ist, sie zu realisieren. Wenn wir unaufgefordert Drehbücher oder Manuskripte zugeschickt bekommen, die eine großartige Idee beinhalten, aber entsetzlich geschrieben sind, schicken wir sie postwendend zurück. Viel eher wecken lausige Ideen, die jedoch meisterhaft umgesetzt sind, unsere Aufmerksamkeit. Wahres schriftstellerisches Talent ist selten, die Bereitschaft, sich als Autor zu versuchen, weniger. Mit anderen Worten, man kann nicht beurteilen, wie gut ein Drehbuch sein wird, wenn nur die Idee erläutert wird. Autoren fragen ständig, was andere von dieser oder jener Idee halten. »Ich habe eine großartige Idee für einen Film« gehört zu den Standardaussagen, die wir immer wieder zu hören bekommen.

Wenn es sich um einen Klienten handelt, dessen Arbeit und Fähigkeiten mir vertraut sind, kann ich vielleicht einschätzen, ob es ein gutes Drehbuch wird oder nicht. Aber sogar dann ist es schwierig. Manche Ideen scheinen gut zu einem bestimmten Autor zu passen, und dann ist das fertige Produkt doch eine Enttäuschung, während eine Idee, die so gar nicht zu einem anderen zu passen scheint, sich als wunderbares Drehbuch entpuppt.

Eine emotionale Reaktion erzielen

Wie ich bereits sagte, zahlt ein Publikum für Erlebnisse, die sich außerhalb seines eigenen unmittelbaren Lebens abspielen. Der Wunsch, dem Alltag zu entfliehen, ist einer der Gründe, Voyeurismus ein anderer. Wenn Sie Ihr Publikum nicht verstehen, wird Ihre kreative Energie vermutlich ins Leere gehen, da sie keinen korrekten Fokus hat.

Hitchcock war unermüdlich in seinem Bestreben, das Publikum zu manipulieren. Und er ging darin überaus kreativ vor. Er schuf für Millionen von Menschen die Möglichkeit, Gefühle zu erleben – meist Angst –, für die sie bereit waren zu bezahlen.

Furcht ist nicht die einzige Emotion, die man nachempfinden kann. Auch positive, erhebende, inspirierende, bereichernde Eigenschaften werden erfolgreichen Filmen zugeordnet, so wie häufig auch der optimistische Ausblick zum Schluß, der typisch ist für amerikanische Filme. Emotionen werden so perfekt dargestellt, weil sich herausgestellt hat, daß es Geld bringt, starke Gefühle zu wecken. Und dies sollte nicht negativ bewertet werden.

Allgemein heißt es, daß Hollywood den Beweis für den Wunsch des Publikums nach einem Happy-End erbracht habe. Aber stimmt das wirklich? Nicht immer. Für den Psychothriller *Eine verhängnisvolle Affäre* wurden drei verschiedene Schlußsequenzen getestet. In jener, die schließlich verwendet wurde, hat der untreue Ehemann seine Lektion gelernt, ohne den Preis für seine Untreue bezahlen zu müssen. Statt dessen muß die alleinstehende Frau ihr Leben lassen. Die meisten Zuschauer schienen diesen Schluß zu befürworten, obgleich die Produzentin Sherry Lansing ursprünglich einen Film drehen wollte, in dem der Mann nicht ungeschoren davonkommt. Sogar der Sender, der den Fernsehfilm über das Massaker auf David Koreshs Sektengelände in Waco, Texas, realisiert hat, legte Wert auf einen optimistischen Ausblick. Es scheint schlicht so zu sein, daß die Zuschauer der deprimierenden Rezession und der Gewalt auf den Straßen entfliehen wollten. Happy-Ends sind also offensichtlich tatsächlich das, was der Zuschauer in den meisten Fällen wünscht – zumindest im Augenblick.

Im Grunde ist die Wahrheit jedoch etwas komplizierter. Was die Zuschauer wirklich wollen, sind emotionale Erlebnisse, und die Liste sehr erfolgreicher Filme (und Fernsehserien – beispielsweise *Roseanne*, *Cheers* oder *Thirtysomething*) ohne Happy-End ist lang. Neuere Filme wie beispielsweise *Titanic* steuern kein offensichtliches Happy-End an, und wenn man sich die besten Filme der vergangenen 30 oder 40 Jahre ansieht, ist das auch bei zahlreichen Klassikern nicht der Fall. *Vom Winde verweht, Flüchtige Begegnung, Casablanca, Bonnie und Clyde, Zwei Banditen, Wenn es Nacht wird in Manhattan* sind nur einige Beispiele.

Wenn wir ins Kino gehen oder fernsehen, tun wir das unter anderem auch, um uns selbst und unser Leben zu erforschen: »Was wäre, wenn?«, »Wie würde ich in dieser Situation empfinden?«

Auch eine bestimmte Erwartung ist ein unverzichtbarer Bestandteil der Zuschauerhaltung. Ian Katz wies in einem Artikel im *Guardian*[4] darauf hin, daß die Handlung in amerikanischen Filmen bis zu einem gewissen Grad vorhersehbar ist.

> »Man weiß genau, was man zu erwarten hat. Auch ist der Sommer die Jahreszeit der ›Wohlfühlfilme‹. Im Sommer 1993 drückten Millionen von Menschen die Daumen, daß Meg Ryan und Tom Hanks nach ihrer anfänglich platonischen Beziehung in *Schlaflos in Seattle* doch noch zusammenkommen würden. In diesem Sommer (1994) stand erneut Hanks im Mittelpunkt, diesmal in *Forrest Gump*. Die Moral dieser Filme ist die gleiche: lie-

ben und netten Menschen widerfährt früher oder später Gutes.«

Katz schloß aus seinen Beobachtungen, daß der Erfolg dieser Filme »eine tiefgreifende Sehnsucht nach simplen, erbaulichen Parabeln in einer komplexen, moralisch verwirrenden Welt widerspiegelt. [...] Ihr Reiz ist [...] jedoch weniger kompliziert: beide Filme sind komisch, zum Brüllen komisch.«

Das gleiche kann man auch von dem britischen Hit *Vier Hochzeiten und ein Todesfall* sagen. Man könnte den Film im Hinblick auf seine Aussage zu Treue und Liebe in den Neunzigern analysieren. Aber tatsächlich ist es ein sehr witziges Drehbuch, das angeblich siebzehnmal umgeschrieben wurde, ehe es als geeignet betrachtet wurde, verfilmt zu werden.

Manipulation der Zuschauer

Obgleich sie es oft genug falsch anpacken, wissen Studiobosse sehr genau, was sie wollen – Hintern auf Kinositzen. Ein hervorragendes Drehbuch – etwas sehr Seltenes – vermag eine perfekte Dosis Sehnsucht zu wecken. Aber es ist leichter und weniger riskant, sich an ein Standard-Happy-End zu halten. Immerhin sind die wahren Bosse in Hollywood nicht die Studiobosse, sondern die Aktieninhaber.

Die Kreativität in diesem Geschäft dreht sich darum, die Realität neu zu erschaffen; sie durch die eigene Weltsicht zu verwischen oder neu zusammenzusetzen, das Handwerk anzuwenden, um den Zuschauer soweit zu bringen, daß er die neue Version der Realität akzeptiert. Aber das Publikum wird nicht zu einer neuen Einsicht gelangen, wenn man es nicht manipuliert, wenn man nicht Informationen einfügt, deren Bedeutung nicht gleich offensichtlich ist, die vielleicht sogar anfangs völlig unbemerkt bleibt. Erst später wird dem Zuschauer dämmern, daß Schwarz tatsächlich Weiß ist, und diese Erkenntnis wird dazu führen, daß er Befriedigung schöpft aus dem, was Sie geschrieben haben. Indem er gut schreibt, erfüllt der Autor seinen Teil des Vertrages.

Gutes Schreiben allein führt jedoch nicht immer zum Verkauf. Wenn der Leser des Drehbuches nur angeregt wird, entspricht das Skript nicht ganz dem, was er braucht, springt jedoch der Funke über, mag sich die Arbeit gelohnt haben. Hieraus kann sich ein Auftrag ergeben. Die Standardklage von Redakteuren, professionellen Lesern und Produzenten lautet dahingehend, daß sie nie genug gutes Material finden können.

Sie müssen versuchen zu erreichen, daß jedes Skript oder Treatment auf zwei Ebenen für Sie arbeitet. Es repräsentiert die Geschichte, die Sie erzählen, und es repräsentiert Sie selbst als Geschichtenerzähler. Agenten in den Vereinigten Staaten reichen vermutlich mehr *Calling Card*-Skripts ein als sonst etwas. Hierbei handelt es sich um Drehbücher, die möglicherweise nie verfilmt werden, aber die Fähigkeiten eines Autors innerhalb der Struktur eines bekannten Formats aufzeigen. Damit eine Arbeit einen Produzenten beeindruckt, der jede Woche ein Dutzend oder gar 20 neue Autoren prüft, muß sie schon sehr gut sein. Darum sollten Sie auch nie zufrieden sein mit dem, was Sie geleistet haben. Sie sollten immer danach streben, Ihre Arbeit weiter zu verbessern.

Schöpfen Sie Hoffnung aus der großen Nachfrage an guten Drehbüchern. Interpretieren Sie nicht jede Ablehnung als Beweis dafür, daß nur Sie selbst es besser wissen als andere. Wenn einer bestimmten Person nicht gefällt, was Sie geschrieben haben, akzeptieren Sie dies als Fakt. Versuchen Sie, daraus zu lernen. Möglich, daß sich die betreffende Person geirrt hat. Wenden Sie sich an den nächsten Ansprechpartner und, noch wichtiger, wenden Sie sich Ihrer nächsten Arbeit zu. Wenn zwei oder mehrere Leser die gleiche negative Reaktion an den Tag legen, ist die Wahrscheinlichkeit groß, daß die Ablehnung begründet ist.

Steigern Sie Ihre Kreativität

Es gibt viele Aspekte der Professionalität als kreativer Autor, die Sie lernen und verbessern können. Wenn Sie in der Lage sind, eine Idee zu entwickeln und zu artikulieren, sagt dies noch nicht viel darüber aus, ob Sie schreiben können. Darum ist die richtige Strategie auch so wichtig.

Zudem müssen Sie wissen, wie das System funktioniert und wer für Sie wichtig und auch erreichbar ist. Wenn Sie eine Idee für eine Geschichte haben, aber im Filmgeschäft niemanden kennen, können Sie nicht viel mit dieser Idee oder einem Blindversuch erreichen. Hier macht es sich bezahlt, wenn man Kontakte knüpft und sich Gelegenheit verschafft, Leute aus dem Geschäft kennenzulernen. Auch werden Sie den Unterschied zwischen der Art, wie Geschichten erzählt werden, und den Geschichten selbst erkennen. Die besten Geschichten und Ideen stammen oft von Leuten, die selbst nicht schreiben können. Solche Leute geben manchmal hervorragende Produzenten oder Redakteure ab.

Steven Spielberg ist unzweifelhaft sehr kreativ, obgleich *Duell*, *Der weiße Hai*, *Unheimliche Begegnung der Dritten Art*, *E.T. – Der Außerirdische* oder sogar *Jurassic Park* nicht eben vor Originalität strotzen. Die Geschichten selbst sind erprobt und vorab getestet.

Spielbergs Kreativität liegt in der Art, wie er die Geschichten erzählt, und in dem Ausmaß, in dem er sie zugänglich macht, so daß sie weltweit Millionen von Menschen gefallen. Sein Ziel ist es, genügend Zuschauern ein beeindruckendes Erlebnis zu verschaffen. Autoren müssen in der Lage sein, dies für jeden einzelnen Zuschauer zu erreichen.

Autor und Script-Doctor Pascal Lonhay hat diesen Prozeß wie folgt beschrieben: Die Geschichte sollte den Zuschauer so durch ein Ereignis führen, daß er es mitempfinden kann, als wäre er dabei, ein Zeuge oder in die Handlung selbst verstrickt.

Wenn man Kreativität so definiert, ist es nicht verwunderlich, daß es schwierig ist, darin gut zu sein. Damit ein Publikum reagiert, bis hin zu physiologischen Reaktionen, bedarf es großer Sensibilität und Vorstellungskraft.

Die Wahrheit ist, daß die meisten Drehbücher nicht sehr gut sind. James Parl schrieb in einem Zeitungsartikel mit dem Titel *False Starts*[5], daß der Untergang der britischen Filmindustrie auf schlechte Drehbücher zurückzuführen sei.

Er listet eine Reihe erfolgloser britischer Filme auf und beschreibt sie wie folgt:

»Die Macher solcher Filme scheinen sich nicht die entscheidende Frage gestellt zu haben: Werden wir die Figuren mögen und das, was sie erleben, mitempfinden? Immer und immer wieder werden die Schlüsselpersonen der Geschichte so nachlässig präsentiert und ihre emotionale Seite so oberflächlich behandelt, daß das Publikum sich unmöglich in sie hineinfühlen kann. Die Autoren zu vieler neuer britischer Filme scheinen ihren Protagonisten nicht sehr nahezustehen und an dem Irrglauben festzuhalten, daß die cleveren intellektuellen Verbindungen, die sie zwischen den Szenen knüpfen oder die Botschaft, die sie zu verkünden glauben, einem Publikum irgend etwas bedeuten werden.«

Das Problem wurzelt teilweise in dem Umstand, daß der Film, was die Macht auf dem Set betrifft, traditionell immer eher das Medium des Regisseurs war als das des Autors. Hollywood scheint inzwischen ein wenig geneigter, anzuerkennen, daß ein gutes Drehbuch der Schlüssel zum Erfolg ist (eher als der Drehbuchautor), und einige ohne Auftrag geschriebene Drehbücher haben schwindelerregende Summen von drei bis vier Millionen Dollar eingebracht (Joe Eszterhas' *Basic Instinct* und Shane Blacks *Tödliche Weihnachten*).

Ein weiteres Problem der Kreativität liegt darin, daß der Schaffensprozeß so verführerisch ist. Das Gefühl, kreativ zu sein, hat etwas sehr Befriedigendes. Das machts es um so leichter, in Selbstgefälligkeit zu verfallen, und um so schwerer, Objektivität zu wahren. Wie soll man gnadenlos ändern oder kürzen, wenn jedes Wort, das man zu Papier gebracht hat, einen so befriedigt?

Wenn Sie nicht objektiv sein können und niemanden haben, der an Ihrer Stelle Ihr Werk objektiv begutachtet, könnte Ihre Kreativität mehr auf Einbildung beruhen, als Ihnen lieb ist. Und was ist, wenn Sie all Ihre Fähigkeiten in das Drehbuch gesteckt haben und es immer noch nicht gut genug ist?

Zeitlicher Abstand kann dahingehend helfen, daß er Distanz zwischen dem Autor und seinem Werk schafft. Feedback ist jedoch gewöhnlich die beste Methode für Autoren, weiterzukommen. Und genau an diesem Punkt kann die Art, wie Sie selbst mit sich ins Gericht gehen und andere zu Kritik ermutigen, entscheidend sein. Manchmal sagen wir zu Klienten: »Das Drehbuch ist *phantastisch*. Was Sie da bewerkstelligt haben, ist eine *riesige* Verbesserung im Vergleich zur vorherigen Fassung.« Aber was bedeutet dieses Lob wirklich? Es heißt nicht unbedingt, daß das Drehbuch jetzt wirklich gut ist, aber vorher war es vielleicht schlecht. Ganz sicher bedeutet diese Aussage nicht, daß es nicht mehr steigerungsfähig wäre. Möglicherweise ist das Drehbuch jetzt das Beste, was dieser spezielle Autor leisten kann.

Wodurch also ist es möglich, diesen Autor zu befähigen, es noch besser zu machen? Wenn ich fünf verschiedene Fassungen mit einem Autor durchgegangen bin, kann ich ihm wahrscheinlich auch nicht mehr weiterhelfen. Jetzt müssen wir vielleicht nach einem Produzenten suchen, einem weiteren Leser oder professionellen Script-Consultant. Es gibt Produzenten, denen wir vertrauen, auf deren Urteil wir hören, aber wird der Autor offen sein für noch mehr Ratschläge und Änderungen? Und wie soll man wissen, ob weitere Änderungen nicht Ton oder Textur des Skripts schaden, auch wenn sie die Handlung verfeinern?

Es gibt eine Weisheit, die lautet: »Schreiben ist etwas, das jeder, der kein Autor ist, für leicht hält.« Gutes Schreiben erfordert viel mehr, als nur die richtigen Worte zu Papier zu bringen. Sich darüber im klaren zu sein, gehört zu den Dingen, die einen professionellen Autor von einem Amateur unterscheiden.

---

[1] John Lyttle, in: *The Independent*, 12. November 1992.
[2] *The Guardian*, »Ars Brevis«-Cartoon.
[3] Figuren-Hintergrund ist der geschichtliche Hintergrund einer Figur vor Beginn der Handlung des Drehbuchs oder Romans. Ohne Kenntnis der geschichtlichen Hintergründe der Figuren ist es äußerst schwierig, dreidimensionale Figuren zu schaffen.
[4] *The Guardian*, 8. August 1994.
[5] James Park, *Sight & Sound*, Zeitschrift des BFI, Sommer 1990.

Der Autor als Geschäftsmann

Gewöhnlich betrachten erfolgreiche Autoren das, was sie tun, als Geschäft. Schreiben ist ein Beruf. Leider schreiben viele Leute aus anderen Gründen: aus Leidenschaft und Spaß, als Herausforderung, eine neue Welt zu erschaffen; aus dem Bedürfnis heraus, sich mitzuteilen, oder aus Eitelkeit; aufgrund einer politischen Überzeugung oder des Bestrebens, das schnelle Geld zu machen. Fangen wir also damit an, daß wir die einzelnen Motivationen genauer betrachten – nicht die Motivation Ihrer Figuren, das lernt man in Drehbuchseminaren. Ich meine die Motivation des Autors.

Autoren müssen sich eine sehr grundlegende Frage stellen: Warum schreibe ich dieses oder jenes? Autoren sollten wissen, was sie am Schreiben so fasziniert, warum sie willens sind, mit Tausenden anderer Autoren in Konkurrenz zu treten. Ich weiß nicht, wie viele Drehbücher in Europa im Umlauf sind, aber Schätzungen zufolge sind es in Hollywood stets um die 50.000.

Manche Autoren schreiben aus Spaß an der Freude. Andere behaupten, aus einem menschlichen oder literarischen Bedürfnis heraus zu schreiben, weil sie etwas mitzuteilen haben. Sie verspüren den unwiderstehlichen Drang, Worte zu Papier zu bringen. Manche dieser Leute geben wunderbare, fleißige und leidenschaftliche Autoren ab. Aber es besteht auch die Gefahr einer kurzsichtigen Besessenheit, die nirgendwohin führt. Kennen Sie den Ausdruck »*Kill Your Darlings*«? Gewöhnlich handelt es sich bei besagtem »Darling« um eine Szene oder Textzeile in einem Drehbuch, die einem Autor besonders am Herzen liegt und die er sich schlichtweg weigert zu streichen. Dies ist manchmal das Resultat kurzsichtiger Besessenheit.

Drehbuchschreiben wird oft als Sprungbrett für etwas anderes gesehen, vornehmlich zum Stuhl des Regisseurs. Man denkt sich, wenn man in der Lage ist, in den Köpfen der Leser einen Film entstehen zu lassen, müßte man auch prädestiniert sein, diesen Film auf die Leinwand zu bringen. Aber zu schreiben, wenn man im Grunde Regie führen möchte, erscheint mir etwas sonderbar. Als Regieneuling mag es ein vernünftiger Anfang sein, aber es wird vom schriftstellerischen Standpunkt aus kaum die besten Resultate bringen. Wenn Sie so versessen darauf sind, Regie zu führen, warum suchen Sie sich dann hierfür nicht ein Drehbuch, das von einem besseren Autor als Ihnen selbst stammt? Warum etwas selbst tun, wenn Sie jemanden finden können, der es besser kann als Sie? Wenn die Antwort lautet, daß Sie kein besseres Buch für eine Regie gefunden haben, dann glaube ich, daß Sie sich nicht gründlich genug umgesehen haben. Wenn Sie kein Drehbuch finden können, das Sie sich leisten können, haben Sie sich vermutlich nicht genug Mühe gegeben. Wenn man sich einer Sache wirklich verschrieben hat, läßt sich in den meisten Fällen auch erfolgreich darüber verhandeln.

Wenn das, was Sie geschrieben haben, aber gut genug ist für einen Regisseur, der besser ist als Sie selbst, sollten Sie Ihr Drehbuch vielleicht lieber verkaufen. Früher oder später werden Sie Gelegenheit bekommen, als Regisseur zu arbeiten, vorausgesetzt, daß Sie das entsprechende Talent haben, wirklich gut schreiben können und entschlossen genug sind. Aber wenn Ihr Drehbuch niemanden sonst interessiert, sollten Sie sich überlegen, ob es sich lohnt, Ihre Energie darauf zu vergeuden, das Geld für seine Umsetzung aufzubringen. Vielleicht haben Sie keine andere Wahl. Aber alles in allem ist das kein guter Anfang. Möglich, daß Ihre Vision nur Ihrer Zeit voraus ist und außer Ihnen niemand erkennt, was Sie selbst deutlich sehen; dann müssen Sie es allein durchboxen. Ich respektiere diese Haltung, auch wenn ich nicht immer Begeisterung für das entsprechende Werk aufbringen kann.

Für viele Erstlingsregisseure und -produzenten mag dies der einzige Weg sein, Fuß zu fassen. Aber riskieren Sie nicht, Ihren Ruf zu schädigen. Denken Sie darüber nach, wie andere

Sie sehen. Wenn Sie sich einen guten Namen als Autor machen, werden Sie bei Produzenten, Redakteuren und Agenten ins Gespräch kommen. Man wird auf Sie zukommen, und das wird es Ihnen erleichtern, Produzenten dazu zu bewegen, das unter Vertrag zu nehmen oder in Auftrag zu geben, was Sie schreiben möchten.

Kreative Kontakte

Ihr Ruf setzt sich aus mehr zusammen als aus der Summe dessen, was Sie schreiben. Es kommt auch darauf an, wie Sie mit anderen Mitgliedern des Teams zusammenarbeiten. Ich spreche nicht von Co-Autoren. Das ist etwas völlig anderes. Ich spreche von den Leuten, denen Sie am nächsten stehen sollten: demjenigen, der das Drehbuch überarbeitet oder analysiert, dem Produzenten oder Regisseur und Ihrem Agenten. Die Art, wie Sie den Menschen in Ihrem Team ermöglichen, das zu realisieren, was sie möchten – und brauchen –, wird darüber entscheiden, mit welchen Augen diese Leute Sie sehen.

Ich möchte das diesen kreativen Beziehungen innewohnende Konfliktpotential nicht herunterspielen; es ist naturgemäß sehr groß. Einige Konflikte sollte man durch die ausgehandelten und unterzeichneten Verträge vermeiden können, während sich andere durch Ihre Geschicklichkeit beim Manövrieren, Verhandeln und Taktieren umgehen lassen. Daß Sie erreichen, was Sie wollen, ist sehr viel wahrscheinlicher, wenn Sie die »Vorkonditionen« sorgfältig auflisten, sprich, daß Sie ein ernsthafter, professioneller Autor sind, umgänglich, ein Kenner der Branche, dem die Interessen des Projekts und des Teams am Herzen liegen.

Wenn sehr kontroverse Ansichten darüber bestehen, wie das Drehbuch geschrieben sein sollte, hängt das Ergebnis von den jeweiligen Umständen ab sowie von den Machtverhältnissen innerhalb des Teams. Versuchen Sie immer, den Konflikt mit den Augen des anderen zu sehen, bevor Sie die Messer wetzen. Wenn Sie, nachdem Sie die anderen angehört haben, immer noch der Ansicht sind, im Recht zu sein, wenn es den anderen im Team nicht gelingt, Sie zum Umdenken zu bewegen, dann suchen Sie einen konstruktiven Weg, Ihren Willen durchzusetzen. Erfolg zu haben setzt ein gutes Urteilsvermögen voraus – was gewöhnlich mit der Erfahrung kommt.

Prioritäten

Neben Mangel an Talent ist der häufigste Grund, weshalb Drehbücher abgelehnt werden, die Wahl des Themas und der Hauptfigur. Oft heißt es, Autoren sollten nur über Dinge schreiben, von denen sie etwas verstehen. Die Realität sieht jedoch so aus, daß das Leben der meisten Autoren einfach nicht aufregend genug ist. Haben Sie persönlich sehr interessante Erfahrungen gemacht, ist das sicher hilfreich. Wenn man jedoch die Einkommensquellen der meisten Autoren zu Beginn ihrer Karriere betrachtet, kommen diese Einkünfte nicht von den Ideen, für die sie sich wirklich begeistern. Und doch waren es vielleicht in erster Linie gerade diese Ideen oder Drehbücher, die ihnen die ersten Aufträge verschafft haben. Sie sollten also besser zweigleisig vorgehen. Den Großteil ihres Einkommens verdienen Autoren gewöhnlich mit dem Schreiben und Bearbeiten von Drehbüchern, deren Handlung vorgegeben ist.

Autoren müssen flexibel sein, es sei denn, sie haben einen sehr prägnanten eigenen Stil. Und sie brauchen Durchhaltevermögen oder eine andere Einnahmequelle. Dann können sie weitermachen, bis jemand sich anhört, was sie zu sagen haben, und sein Interesse groß genug ist, es auch umzusetzen. Junge Autoren mit einer Passion fürs Kino müssen ihrer Passion folgen, aber die Disziplin, die mit dem Schreiben von Dailys oder anderen Serien einhergeht, kommt dem Schreiben selbst ebenso zugute wie dem Bankkonto. Schreiben als Beruf gründet sich gewöhnlich nicht auf ein einziges Werk.

In diesem Zusammenhang treten auch die Fragen der kurzfristigen oder langfristigen Planung auf. Mit diesem Problem sehen sich die meisten Autoren irgendwann konfrontiert. Es kann ein angenehmes Problem sein, wenn man zwei Aufträge hat und sich überlegen muß, wie man beide annehmen kann, auch wenn man wohl kaum zwei Bücher zugleich pünktlich abliefern kann. Jedoch sind die meisten Autoren aus finanziellen Gründen gezwungen, sich auf kurzfristige Projekte zu konzentrieren, und so kann man durchaus davon abhängig werden, Serienfolgen zu schreiben, vor allem, wenn man gut genug ist, regelmäßig engagiert zu werden. So kann es passieren, daß Ihre ursprünglichen Ideen in der Schublade liegenbleiben.

Nur Sie selbst können über Ihre Prioritäten entscheiden. Aber Sie sollten Ihre Entscheidungen in Kenntnis der Fakten und der Branche treffen. Freunde aus der Branche, Autorenkollegen, Ihr Agent und andere können Ihnen helfen, die Möglichkeiten mit Ihnen durchzusprechen.

Die Sache nüchtern anzugehen ist wirklich vernünftig. Beispielsweise:

1 Wägen Sie die Prioritäten ab. Liegt Ihnen wirklich etwas daran, dieses Projekt zu realisieren? Oder brauchen Sie vielleicht das Geld? Werden Sie abliefern können? Wenn Sie zuviel zu tun haben, werden Sie dann in der Lage sein, rechtzeitig einen akzeptablen Entwurf vorzulegen?
2 Teilen Sie sich Ihre Zeit so ein, daß Sie immer mehr als einen Auftrag annehmen können. Versuchen Sie immer, für den Notfall etwas zusätzliche Zeit einzuplanen – planen Sie nicht zu knapp. Wenn absehbar ist, daß Sie den vorgegebenen Termin nicht einhalten können, teilen Sie dies Ihren Vertragspartnern möglichst frühzeitig mit. Ermitteln Sie realistisch *deren* Deadline: Können Sie ihr entsprechen? Wenn Sie wissen, daß dies nicht möglich ist, geben Sie ihnen jede Gelegenheit, sich jemand anderen zu suchen, der das gewünschte Drehbuch pünktlich fertigstellen kann. Das kann sogar dann nötig sein, wenn der erste Entwurf von Ihnen ist. Im allgemeinen findet sich eine Kompro-

mißlösung. Aber in einigen Fällen ist es hierfür zu spät, und zu vieles hängt davon ab, daß das Drehbuch zu einem bestimmten Termin fertig ist. Seien Sie also großzügig; es ist schlicht ein Zeichen von Professionalität, wenn Sie das Produktionsteam nicht hängenlassen. Das wird Ihrem Ruf nur zum Vorteil gereichen.

3 Halten Sie Ihren Agenten, wenn Sie einen haben, immer auf dem laufenden.
4 Sie müssen wissen, in welcher Form Sie Ihr Drehbuch zu präsentieren haben. Wenn Sie die anerkannten Formate für das Seitenlayout nicht kennen, schlagen Sie in einem der zahlreichen Bücher über Drehbuchschreiben nach. Und schaffen Sie sich bitte einen vernünftigen Drucker für ihren PC oder Mac an. Das Schriftbild von billigen Druckern liest sich extrem schlecht und kann unter Umständen dazu führen, daß professionelle Leser Ihr Werk vorab schon besonders kritisch beäugen – sofern sie es überhaupt lesen.
5 Wie ist Ihre Einstellung? Sie haben beispielsweise ein ganz besonderes Drehbuch geschrieben, in das Sie ganz verliebt sind. Sie wollen, daß Ihr Agent es anbietet und der Produzent, dem Sie es gezeigt haben, es kauft. Aber haben Sie die Idee vorab mit Ihrem Agenten oder Produzenten besprochen? In deren Augen könnte die Idee lausig sein, wodurch Sie Ablehnung riskieren und Streitigkeiten wegen eines möglicherweise schlechten Skripts, das auf einer ebenso schlechten Idee beruht. Seien Sie professionell und bitten Sie schon frühzeitig um konstruktive Kritik. Es ist nicht Ihr Kind. Vergessen Sie nicht: »Es ist nur Getipptes!«

Ein Autor, der Monate damit verbringt, etwas zu schreiben und diese Unwägbarkeiten ignoriert, verhält sich unprofessionell.

Ihre Haltung und Ihre Karriere

Wenn ich über die Notwendigkeit spreche, Ihre Rolle als professioneller Drehbuchautor in der Branche als Ganzes zu begreifen und Ihre Position darin zu verbessern, ist Ihnen hoffentlich klar, daß dies wenig mit der Kunst des Drehbuchschreibens an sich zu tun hat, aber um so mehr mit Ihrer Karriere!

Man muß sich immer vor Augen halten, daß Autoren ständig im Wettbewerb stehen, nicht nur untereinander, sondern auch mit Tausenden anderen Autoren, denen sie niemals begegnen werden, deren Namen und Karrieren sie nicht kennen, in Orten und Städten, die sie vielleicht nie sehen werden. Gerade in Deutschland stehen Sie zusätzlich in Konkurrenz zu unzähligen Autoren in England und den USA. Man sagt, daß heute etwa ein Fünftel der Manuskripte, die in Deutschland verfilmt werden (insbesondere in der Serienproduktion) von den Hügeln Hollywoods stammen. Es gibt keinen Grund, weshalb Sie sich krummschuften sollten, um erfolgreich zu sein, wenn Sie nur aus Spaß an der Freude schreiben. Wenn Sie lediglich Amateur sein wollen, ist das vollkommen in Ordnung. Wenn Sie es jedoch zu etwas bringen und als Autor – oder jemand, der mit Autoren zusammenarbeitet – ernst genommen werden wollen, ist es hilfreich, die Branche zu kennen, in der Sie Fuß fassen wollen, beispielsweise die Verträge, die Sie unterschreiben, die Steuern, die zu zahlen sind, ja sogar die Funktionen des Computers, den Sie verwenden. Wenn Sie die Branche, in der Sie arbeiten, nicht verstehen, und sei es nur ansatzweise, befinden Sie sich eindeutig im Nachteil.

Agenten bevorzugen logischerweise Autoren mit professionellem Geschäftsgebaren. Leider gibt es viele Agenten, Redakteure und Produzenten, die sich keine große Mühe geben, Drehbücher sorgfältig zu lesen. Ernsthafte Autoren aber ziehen es vor, mit Produzenten oder Redakteuren zusammenzuarbeiten, die ebenfalls informiert und professionell sind.

Und doch ist jeder Autor anders. Es gibt auch solche, die es einfach nicht schaffen, sich in irgendeiner Form zu organisieren. Handelt es sich um wahre Künstler, sieht man darüber hinweg. Aber Bequemlichkeit oder Faulheit ist eine zu weitverbreitete Ursache für Mißerfolge. Und sogenannte Originalität ist häufig nur eine Ausrede für Faulheit.

Seien Sie gut vorbereitet

Zu wenige Autoren lesen regelmäßig Fachzeitschriften aus dem Bereich Film und Fernsehen. Dabei ist das die leichteste und kostengünstigste Art herauszufinden, wer was macht und an wen man Material oder Ideen schicken sollte. Fachzeitschriften sind das kostbarste Gut, das ein Autor für Geld kaufen kann. Sich über Personalwechsel zu informieren geht am besten, indem man regelmäßig die Fachpresse liest. Allein zu wissen, daß jemand im Begriff ist, seinen Posten zu wechseln, kann schon sehr nützlich sein. An ihrem »alten« Arbeitsplatz werden die Betreffenden keine Entscheidungen mehr fällen, während sie vermutlich an ihrem neuen Arbeitsplatz neues Material sehen wollen. Trotzdem neigen die Leute dazu, bei einem Jobwechsel ihre Lieblingsautoren mitzunehmen.

Aber die Fachpresse liefert nicht nur interessante Informationen über berufliche Veränderungen, sondern auch über neue Marktlücken und Trends, Einschaltquoten, Besucherzahlen und so weiter. Über das alles sollten Sie informiert sein. Ferner gibt es Verlagerungen der Marktposition und Zusammenschlüsse von Medienkonzernen und einzelnen Film- oder TV-Firmen. Schließlich ergeben sich ständig neue technische Entwicklungen, sei es im Bereich von Kabel- und Satellitenfernsehen oder von interaktiven Medien.

Sie mögen sich fragen, warum Sie über all das Bescheid wissen sollen. Aber wie sonst wollen Sie mit den anderen Mitspielern kommunizieren als dadurch, daß Sie ihre Sprache sprechen? Sie brauchen nicht viel zu wissen, gerade soviel, daß Sie bluffen können. Ansonsten wird sich jedes Gespräch um das Wetter drehen müssen – oder um Ihr Ego, Ihre Arbeit und Ihre Interessen. Tatsache aber ist, daß Ihr Gegenüber vermutlich an seiner eigenen Arbeit, seinen eigenen Interessen und seinem eigenen Ego viel eher interessiert ist.

Wenn Sie Gelegenheit haben, einen wichtigen Produzenten oder Redakteur kennenzulernen, sollten Sie diese Chance nutzen. Wenn Sie nicht mehr tun, als Ihre Ideen vorzubringen, verpassen Sie eine unschätzbare Gelegenheit, sich Informationen zu verschaffen. Ihnen geht es um Insider-Informationen und Tips, wie Sie Ihre Chancen verbessern können, ein Drehbuch zu verkaufen oder einen Job zu bekommen. Sie müssen also in der Lage sein, über Dinge zu sprechen, die Ihr Gegenüber interessiert. Er ist ebenso erfolgsorientiert wie Sie selbst. Und möglicherweise sind Sie für ihn der Schlüssel zu diesem Erfolg. Finden Sie also heraus, was Ihrem Gesprächspartner zufolge nicht in diesem, sondern im nächsten Jahr laufen wird. Es bringt nichts, blind darauf zu hoffen, daß der Trend des kommenden Jahres ausgerechnet mit dem übereinstimmt, woran Sie ein halbes Jahr gearbeitet haben.

Wenn Sie ernsthaft Ihre Themenauswahl begrenzen wollen, um Ihre Erfolgschancen zu erhöhen, hilft es außerdem, die Leute im Verkauf zu kennen, die Leute an der Basis. Ich selbst besuche Film- und Fernsehmärkte und Buchmessen, um die Verkaufsleiter kennenzulernen. Sie sind zwar selbst nicht für den Einkauf zuständig, aber von ihnen erfahre ich Dinge, die Redakteure und Produzenten mir verschweigen oder derer sie sich nicht bewußt sind. Auf der Berlinale, in Hof, auf dem Filmfest in München oder den anderen Filmfestivals im deutschsprachigen und internationalen Raum gibt es reichlich nützliche Informationen, die man sich für den Preis eines Getränks oder eines Essens verschaffen kann. Wenn Sie sich zu große Sorgen machen wegen der Kosten dieses Essens, schätzen Sie vermutlich den Wert Ihrer Zeit falsch ein. Bewerten Sie Ihre Zeit als Geschäftsmann/frau; verglichen mit den tatsächlichen Kosten für das Schreiben eines Drehbuchs über einen Zeitraum von sechs Monaten oder eines Romans, auf den Sie ein ganzes Jahr verwenden, ist eine Reise nach Berlin, München, Hof oder Cannes nur eine geringfügige Investition. Ebenso wie die Kosten für eine Drehbuchanalyse.

Das bedeutet nicht, daß Sie nach Cannes oder Berlin reisen müssen, um ein Profi zu sein. Unprofessionell ist es allerdings, die Fachpresse nicht zu lesen. Wenn Sie sich kein Abonnement leisten können, nutzen Sie die öffentlichen Büchereien oder Universitätsbibliotheken. Die Film- und TV-Branche befindet sich ständig im Wandel, und Sie müssen wissen, was los ist, um die Entwicklungen für sich zu nutzen. Die wirklich cleveren Autoren sind jene, die die Entwicklungen der nahen Zukunft voraussehen und Stoffe schreiben, die richtungsweisend sind.

Wirklich gute Drehbücher, beispielsweise die Fernsehfilme *Der Sandmann* oder *Der große Bellheim* haben neue Maßstäbe gesetzt, aus der plötzlichen Erkenntnis heraus, daß es innerhalb dieses Genres ein qualitätsorientiertes Publikum gibt. Und die unvermeidlichen qualitativ minderwertigeren Klone folgten.

Allerdings genießen Autoren häufig nicht das Prestige berühmter Schauspieler oder Regisseure. Sie arbeiten meist isoliert zu Hause und bleiben im Hintergrund. Selbst in Programmankündigungen wird ihr Name fast nie genannt. Lassen Sie sich durch diese etwas schwierigere Ausgangsposition nicht entmutigen – sie enthält auch unzählige Chancen für Sie. Seien Sie trotzdem offensiv und kontaktfreudig!

Das Honorar

An welcher Stelle rangieren Autoren vom finanziellen Standpunkt aus gesehen in der Branche? Wie hoch sollte das Honorar eines Autors sein?

In Deutschland gibt es zwar keine offiziellen Mindesthonorare wie in den USA, doch seit vielen Jahren hat im TV- und Hörspielbereich die sogenannte »Regelsammlung« (eine Vereinbarung der öffentlich-rechtlichen Sender mit den Bühnenverlegern) einen Honorarrahmen abgesteckt, der so etwas wie Mindest- oder Standardhonorare festlegt. Danach erhält ein Autor für ein Drehbuch, das abendfüllend – also etwa 90 Minuten lang – ist, ein Honorar, das etwa zwischen 40.000 und 50.000 Mark liegt. Es stehen ihm für eine zweite und für jede weitere Verwertung entsprechende Wiederholungshonorare zu, die im allgemeinen bei 100 Prozent liegen. Immer häufiger werden in Deutschland, vornehmlich mit den privaten Sendern, aber zunehmend auch mit den öffentlich-rechtlichen Sendern, Buy-Out-Verträge abgeschlossen. Hier gibt der Autor sämtliche Rechte ab (obwohl man sich nicht unbedingt darauf einlassen sollte, wirklich *alle* Rechte abzugeben) und erhält kein Wiederholungshonorar. Die Vergütungen liegen erfahrungsgemäß zwischen 70.000 und 140.000 Mark. Die Honorarsituation im Spielfilmbereich ist erheblich komplizierter und unübersichtlicher. Buchhonorare können hier – je nach Renommee des Autors und Bedeutung des Projekts – zwischen 50.000 Mark und dem fünf- bis siebenfachen liegen. Über den Daumen gepeilt – immer noch eine gute Faustregel –, sollte der Anteil des Budgets, der auf das Skript und die damit verbundenen Rechte verwandt wird, etwa zwei bis vier Prozent betragen. Ist der Autor sehr bekannt oder steht die Romanvorlage auf der Bestsellerliste, können drei bis dreieinhalb Prozent gezahlt werden, während ein unbekannter Drehbuchautor, der noch nicht viel vorzuweisen hat, vielleicht nur zwei Prozent bekommt.

Sie sollten wissen, daß Drehbuchautoren anders bezahlt werden als Romanschriftsteller. Vielleicht überrascht es Sie zu erfahren, daß man mit Romanen in England gewöhnlich mehr Geld verdienen kann als mit Drehbüchern. Zum einen liegt es daran, daß jährlich weit mehr Romane veröffentlicht werden als Filme oder auch Serienfolgen. Zum anderen können Sie einen Roman vor allem als angelsächsischer Autor mehrfach verkaufen, sofern Sie nicht einem Verleger sämtliche Auslandsrechte abgetreten haben und Ihnen somit ein vertraglich festgelegter Prozentsatz der Auslandseinkünfte zusteht. Sind die weltweiten Rechte an Ihren Verleger abgetreten worden, dann werden diese Einkünfte aus dem Neuverkauf Ihres Buches in den verschiedenen Ländern mit Ihrem Vorschuß vom Verleger aufgerechnet und dann (je nach Vertragsbedingungen) jährlich oder halbjährlich an Sie ausgezahlt.

Sie müssen ein ganz schön dickes Fell haben, um als Autor in diesem Geschäft zu überleben. Wahrscheinlich müssen Sie dickfelliger sein als in jedem anderen Beruf – außer dem des Schauspielers oder des Agenten. Obwohl Produzenten und Regisseure nicht ohne Autoren auskommen können, sind sie stets bereit, den einen oder anderen fallenzulassen, wenn sie der Ansicht sind, daß der Zeitpunkt hierfür gekommen ist. Jeder Autor, von dem ein Drehbuch verfilmt wurde, hat dies entweder am eigenen Leib erfahren oder weiß von solchen Fällen. Ist das Drehbuch erst einmal verkauft, übernimmt der Produzent, die Produktionsgesellschaft oder der Regisseur das Ruder, und es ist nicht länger der Film des Autors.

Zusammenarbeit und Änderungen

Lynda Myles, die *Die Commitments* produziert hat, sagte einmal: »Wenn man nicht weiß, was Zusammenarbeit bedeutet, hat es keinen Zweck, Drehbuchautor werden zu wollen. Denn so etwas wie einen Autorenfilm gibt es nicht, vor allem, da jeder Regisseur, der sein Geld wert ist, ein Drehbuch nach seinen eigenen Vorstellungen prägen wird.«[1]

William Boyd, der das erste Drehbuch für Richard Attenboroughs Film *Chaplin* geschrieben hat, sagte: »Wenn man einen Film für ein Hollywood-Studio schreibt, muß man damit rechnen, daß irgend jemand das Drehbuch umschreibt. Das ist eine Art Automatismus der Studioleiter: im Zweifelsfall einen neuen Autor engagieren. Niemand würde nur im Traum daran denken, zu einem Regisseur zu sagen, Sie sind brillant, was Autojagdsszenen betrifft, aber Ihre Liebesszenen sind miserabel, dafür suchen wir uns also jemand anders. Aber in Hollywood zögert man nicht, einen Script-Doctor zu Rate zu ziehen ...«[2]

Und bei einem solchen Script-Doctor handelt es sich in der Regel um einen anderen Autor, der das Buch umschreibt. Ich denke, daß in den meisten Fällen der ursprüngliche Autor die Änderungen durchführen sollte. Ich glaube aber auch, daß nur sehr wenige Produzenten oder Regisseure tatsächlich in der Lage sind, einen Autor so zu instruieren, daß dieser aufgrund dieser Richtlinien genau die Änderungen vornehmen kann oder will, die nötig sind, das Niveau des Drehbuchs anzuheben.

Unerfahrene Scriptdoctoren streichen häufig die besten

Szenen, nur weil sie ihre eigenen Ideen durchsetzen wollen. Anstatt jeden in der Branche darauf zu eichen, Drehbücher richtig zu lesen, stellen sich die Entscheidungsträger mit dem Automatismus, von dem William Boyd spricht, ein Zeugnis ihres eigenen Versagens aus.

Natürlich sind Autoren nicht immer in der Lage, gute Drehbücher zu schreiben. Und ein Autor, der ein Skript abliefert, das nicht gut genug ist, das zu verbessern jedoch seine Fähigkeiten übersteigt, muß letztlich ausgewechselt werden. Autoren müssen bereit sein, die Realitäten der Branche zu akzeptieren, und dazu gehören alle Probleme, die mit der Verfilmung eines Drehbuches zusammenhängen. Sind sie dazu nicht in der Lage, sollten sie für ein anderes Medium schreiben.

Wenn aber Ihre Passion das Drehbuchschreiben ist, dann versuchen Sie, Ihre Chancen zu verbessern. Lernen Sie den richtigen Umgang mit den Leuten in der Branche. Gehen Sie wirklich professionell an die Dinge heran, und arbeiten Sie an Ihren Beziehungen genauso, wie Sie an Ihren Figuren arbeiten. Akzeptieren Sie, daß Sie Drehbücher schreiben, für die man Sie zwar bezahlen wird, die aber möglicherweise nie realisiert werden. Sie müssen lernen, das zu überleben, was man in Hollywood als »*Development Hell*«, also die Hölle der Drehbuchentwicklung bezeichnet.

Wenn Sie das Talent und den Fleiß besitzen, können Sie beträchtliche Summen Geldes verdienen. Zudem bringt es Ihnen die Befriedigung ein, die damit einhergeht, daß Ihre Arbeit, die häufig sehr persönlich und intim ist, auch von anderer Seite geschätzt wird. Idealerweise wollen Sie beides, da Wertschätzung allein weder die Hypothek bezahlt noch die Ausbildung Ihrer Kinder ermöglicht. Ich gehe also davon aus, daß Sie tatsächlich geschäftsmäßiger und professioneller arbeiten und Geld verdienen wollen. Wenn nicht, nun ... warum lesen Sie dann dieses Buch?

---

[1] James Park, *Sight & Sound*, Sommer 1990.
[2] James Park, *ibid*.

Treatments schreiben, die ankommen

Der beste Weg, etwas zu verkaufen, ist, dem Käufer die Entscheidung leicht zu machen. Eine fertiges Drehbuch zu kaufen bedeutet für einen Produzenten nur ein geringes Risiko, und daher mag es einem Autor, der den Durchbruch schaffen will, verlockend erscheinen, ein Drehbuch ohne Auftrag zu schreiben. Ein fertiges Drehbuch kann dem Produzenten oder dem Sender die Entscheidung natürlich erleichtern.

Doch es ist nicht immer einfach und durchführbar, ohne finanzielle Unterstützung ein ganzes Buch zu schreiben. Wie ebnen Sie dennoch Produzenten und Sendern den Weg zur Entscheidung, Ihr Drehbuch zu kaufen? Wie ebnen Sie sich selbst den Weg dahin, es gut zu schreiben? Die Antwort auf diese Fragen ist, ein gutes Treatment zu verfassen. Dies ist nicht nur insofern nützlich, weil Sie sich auf der Grundlage eines Treatments einen Drehbuchauftrag sichern können, sondern auch, weil Sie, wenn Sie die Geschichte sorgfältig ausgearbeitet haben, bevor Sie mit dem eigentlichen Schreiben anfangen, möglicherweise ein besseres Drehbuch verfassen werden.

Ein Treatment ist außerdem der beste Weg, etwas über Ihr Projekt zu erfahren, bevor Sie es pitchen (über die Bedeutung dieses Begriffes später mehr). Oder Sie befinden sich in der Situation, pitchen zu müssen, um erst ein Treatment für dieses Projekt schreiben zu dürfen. Und die Ablieferung eines überzeugenden Treatments ist dann der einzige Weg, den Drehbuchauftrag zu bekommen.

Diese beiden Fähigkeiten – das Verfassen von Treatments und Pitchen – sind eng miteinander verbunden. Sie können in beliebiger Reihenfolge auftreten. Beide können entscheidend sein für einen Drehbuchauftrag. Die meisten Autoren scheinen eine Abneigung gegen das Ausarbeiten von Treatments zu hegen. Das mag daran liegen, daß sie glauben, darin schlecht zu sein. Aber darüber hinaus hat es auch etwas mit der Gefahr der »Treatment-Falle« zu tun. Wenn Autoren den Auftrag erhalten, ein Drehbuch zu schreiben, vorab aber ein Treatment abliefern sollen, stolpern sie häufig bereits über diese erste Hürde.

Die Treatment-Falle

Die meisten Produzenten, die eine Buchadaptation wünschen oder dem Autor eine Art Handlungsstrang liefern, wollen sehen, wie der Autor die Geschichte umsetzen möchte. Dazu benötigt der Produzent ein Treatment, und solange er mit diesem Stadium der Skriptentwicklung nicht zufrieden ist, wird er nicht willens sein, weiteres Geld in das Drehbuch zu investieren. Der Produzent hat Sie womöglich aufgrund vorangegangener Drehbücher von Ihnen ausgewählt. Mit anderen Worten, nicht Ihre Fähigkeit, Treatments zu verfassen, hat Ihnen den Auftrag eingebracht, sondern Ihr Talent im Schreiben von Drehbüchern. Aber wenn Sie jetzt nicht in der Lage sind, ein gutes Treatment zu verfassen, bekommen Sie vielleicht nie die Chance, das Drehbuch zu schreiben.

Ein Teil des Problems liegt darin, daß es für ein Treatment meist an Zeit und Geld mangelt. Autoren bekommen für das Treatment gewöhnlich 10 bis 20 Prozent des gesamten Drehbuchhonorars. Wenn Sie sich selbst und Ihrem Treatment gerecht werden wollen, nimmt es bedeutend länger als 20 Prozent der Zeit in Anspruch, die Sie für das ganze Drehbuch brauchen. Das Treatment kann bis zu 60 oder 70 Prozent des gesamten Arbeitsaufwandes kosten.

Treatments müssen manipulative Verkaufsdokumente sein, und jeder Autor sollte in der Lage sein, diese zu erstellen. Wir haben einige Kunden, die im Schreiben von Treatments so hervorragend sind, daß sie diese sogar im Auftrag für andere schreiben. Ironischerweise sind diese »anderen« hauptsächlich Produzenten, die versuchen, Geld aufzubringen, um die eigentlichen Drehbücher dann wiederum von anderen Autoren schreiben zu lassen.

Die Form

In Deutschland gibt es zwei sehr unterschiedliche Formen der Präsentation eine Drehbuchprojekts, das Treatment und das Exposé. Das Exposé umfaßt nicht mehr als fünf bis sieben Seiten und gibt einen ersten Einblick in die Handlung und die Figuren. Es werden nicht alle Teile der Haupthandlung wirklich ausgeführt, und auch nicht alle Nebenhandlungen und -figuren. Das Treatment hingegen umfaßt in der Regel zehn bis 20 Seiten. Wenn Sie einen Auftrag erhalten oder einen Vertrag unterschrieben haben, spielt es keine Rolle, wie lang ihr Treatment ist, aber die Lektüre eines Verkaufsdokumentes von 40 bis 60 Seiten – in Prosa – erfordert mehr Zeit als die eines fertigen Drehbuchs, und nur wenige Produzenten oder Redakteure werden von solcher Langatmigkeit beeindruckt sein.

Es gibt mehr als eine Form, ein Treatment zu schreiben. Wie können Sie also sicher sein, daß Ihr Treatment den Vorstellungen des Produzenten, mit dem Sie es gerade zu tun haben, entspricht? Da hilft nur eins: Sie müssen mit dem Produzenten reden, und zwar möglichst ausführlich. Im folgenden finden Sie eine Liste der Dinge, die Sie wissen oder erfragen sollten. Die Liste ist nicht vollständig, und die Reihenfolge der einzelnen aufgeführten Punkte ist willkürlich:

1 Wie sieht der Werdegang des Produzenten aus; was sind seine Stärken und Schwächen?
2 Wer ist der Regisseur oder wird aller Wahrscheinlichkeit nach der Regisseur sein? (Wenn Sie keine klare Antwort hierauf bekommen, bitten Sie um eine Liste der Regisseure, die dem Produzenten vorschweben.)

3 Wie hoch ist das Budget veranschlagt? (Das sollten Sie wissen, bevor Sie anfangen zu schreiben, auch wenn Sie noch nicht so viel von Budgets verstehen und Ihnen die Summe nicht viel sagen wird.)
4 Sind neben dem Produzenten noch andere an der Skriptentwicklung oder Produktion beteiligt, und wenn ja, wer sind die Investoren, und was erhoffen Sie sich von dem Film? Wenn es Co-Produzenten gibt, wie sehen deren Vorstellungen aus? (Wenn es sich um ausländische Investoren handelt, könnten ihre Vorstellungen sich grundlegend von den unsrigen unterscheiden.)
5 Hat der Produzent bereits eine Idee, was die Besetzung angeht? Auch wenn die Besetzung meist erst zu einem späteren Zeitpunkt feststeht, ist es nützlich, schon eine ungefähre Vorstellung davon zu haben, wer die verschiedenen Rollen spielen könnte. Es kann helfen, den Figuren eine Identität zu verleihen.
6 Wen sieht der Produzent als Zielgruppe für den Kino- oder Fernsehfilm, und wenn letzteres der Fall ist, zu welcher Sendezeit wird der Film voraussichtlich ausgestrahlt werden? (Wenn Sie keine Ahnung haben, zu welcher Sendezeit der Film gezeigt werden soll, wie sollen Sie dann eine Vorstellung von Ihrem Publikum haben?)
7 Mit welchen anderen Kino- oder Fernsehfilmen kann der Produzent den geplanten Film vergleichen? Hier muß man sich kurzfassen, beispielsweise im Stil von »Eine Mischung aus *Das Messer* und *Basic Instinct*, nur weniger aufwendig«. Dies verrät Ihnen gewöhnlich mehr über die Erwartungen des Produzenten als über den Film, den Sie schreiben möchten, aber es kann ein wichtiger Hinweis darauf sein, welche Art von Treatment dem Produzenten gefallen wird.
8 Wenn es sich bei dem Projekt um eine Adaptation handelt, fragen Sie, auf welche Handlungsstränge des Buches, welche Figuren und Beziehungen Sie sich konzentrieren und welche Sie weglassen sollen. (Wenn diese Frage mit einem ausdruckslosen Blick quittiert wird und die Antwort lautet: »Sie werden dafür bezahlt, das zu entscheiden«, fragen Sie den Produzenten, was ihm an dem Buch besonders gefal-

len hat oder warum er glaubt, daß es einen guten Film abgeben würde). Wenn Sie selbst das Buch nicht für verfilmbar halten, lege ich Ihnen nahe, daß Sie die schwierige, aber wichtige Fähigkeit erlernen, nein zu sagen. Ein schlechter Film wird Ihrer Karriere nicht förderlich sein. Wenn Sie das Geld wirklich dringend brauchen, versuchen Sie, einen guten Film aus dem Stoff zu machen, auch wenn die Chancen schlecht stehen, daß es Ihnen gelingt.

9 Abschließend sollten Sie noch einmal klarstellen, welche die Hauptfigur ist, auch wenn dies offensichtlich erscheint. Es ist überaus wichtig, zu wissen, von wessen Standpunkt aus die Geschichte erzählt wird. Sind Sie sich in diesem Punkt mit dem Produzenten uneins, diskutieren Sie diese entscheidende Frage, bis Sie zu einer Einigung gelangt sind. Scheuen Sie sich nicht davor. Denken Sie immer an das Mantra:

- wessen Geschichte ist es?
- was wollen die Figuren?
- und wie bekommen sie es?

Wenn Sie auf diese drei Fragen eindeutige Antworten haben, kann Ihr Zugang zu Ihrem Treatment oder Drehbuch nicht so sehr falsch sein.

Manchmal liefert der Produzent dem Autor eine sehr klare Vorstellung dessen, was er will. Das ist an sich gut; das Problem ist nur, daß Ihnen das weniger Freiheit läßt. Mit anderen Worten: Sie könnten gefeuert werden, wenn Sie nicht mehr oder weniger exakt das abliefern, was verlangt wurde.

Professionelles Verhalten

Die Grundfragen zu klären wird Ihnen ebenso helfen wie dem Produzenten. Setzen Sie sich mit dem Produzenten zusammen und lassen Sie sich reichlich Zeit (vielleicht bei einem gemeinsamen Essen), um diese Punkte auszudiskutieren. Dann schicken Sie dem Produzenten einen Brief, in dem sie alle Punkte auflisten, über die Sie sich verständigt haben. Da Sie bei solchen Gesprächen immer einen Notizblock und etwas zu schreiben bei sich haben sollten, dürfte der Brief nicht schwierig aufzusetzen sein. Indem Sie die Initiative ergreifen, verschaffen Sie sich selbst einen festeren Stand; sie erlangen größere Kontrolle und werden als professioneller Autor attraktiver.

Wenn Sie einen Co-Autor und/oder einen Agenten haben, der bei der Besprechung nicht anwesend war, schicken Sie auch ihnen eine Kopie des Briefes. Vermerken Sie »*cc*« (*carbon copy*, Durchschlag) unten auf dem Brief, um den Produzenten hiervon in Kenntnis zu setzen. Auf diese Weise haben Sie für den Fall, daß etwas schiefgeht (und das geschieht häufig), einen schriftlichen Nachweis über das, was zu schreiben Sie beauftragt wurden. Das kann sehr hilfreich sein, um das Honorar zu bekommen, auch wenn das Projekt aufgegeben wird.

Gute Produzenten verlangen nicht nur Treatments oder Drehbücher. Sie wollen darüber hinaus einen Autor, der selbständig denken und sich artikulieren kann und der in der Lage ist, ein Problem innerhalb der Geschichte zu erkennen und zu lösen. Sie verkaufen also nicht nur ein paar Seiten Papier. Sie sind da, um Probleme für den Produzenten zu lösen. Das bedeutet nicht, daß die Seiten Papier nicht für sich allein überzeugend sein müssen. Manchmal sind Ihre Worte auf dem Papier das einzige, das für Sie spricht. Bei Drehbuchbesprechungen sind der Produzent und der Redakteur die Wortführer. Anschließend sind die anderen an der Reihe, die einzelnen Punkte zu kommentieren.

»O nein, nicht schon wieder eine Serienmördergeschichte!« oder »Der letzte in Ägypten spielende Film war ein Flop, wir sollten die Location vergessen.« Wahrscheinlich haben sie Ihr liebevoll ausgearbeitetes Treatment gar nicht gelesen, und doch geben sie krasse und oberflächliche Urteile ab. Ich fürchte, das ist ihr Vorrecht.

Aber genau darum müssen Sie ein echter Spieler sein,

darum müssen Sie mehr wissen als nur, was und wie Sie schreiben möchten. Treatments, Zusammenfassungen oder grob umrissene Handlungsvorgaben können Ihnen viel Zeit und Arbeit ersparen. Wissen andere erst einmal, wie gut Sie schreiben, stehen die Chancen sehr gut, daß man Ihre Vorschläge ernsthaft in Betracht zieht.

Wenn Sie glauben, daß keine Zusammenfassung Ihrer Idee gerecht werden kann, wird es vielleicht erforderlich sein, das ganze Drehbuch fertigzustellen, bevor Sie es jemandem zeigen. Finden Sie heraus, was Ihnen am besten liegt. Vergessen Sie nicht, daß, wenn die ursprüngliche Idee von Ihnen ist und der Produzent sie nicht gekauft hat, sie immer noch Ihnen gehört. Aber das wird, wie fast alles bezüglich Ihrer Rechte und Honoraransprüche, von dem Vertrag bestimmt, den Sie unterzeichnet haben. Darum ist es auch so wichtig, nicht in einem Rausch von Dankbarkeit alles blind zu unterschreiben, nur weil man Sie aufgefordert hat, etwas zu schreiben, und Sie auch noch Geld dafür bekommen. Seien Sie geschäftstüchtig. Professionelle und seriöse Produzenten werden Sie dafür respektieren. Es mag ihnen mißfallen, daß Sie geschäftstüchtig sind, aber Sie müssen sich entscheiden, was Ihnen wichtiger ist: Beliebtsein oder Geldverdienen. Manchen Autoren gelingt beides, indem sie eine erfolgreiche Arbeit abliefern.

Gesetzt den Fall, Sie haben für das Treatment einen Teil des vereinbarten Honorars erhalten, jedoch nicht die ganze Summe. Die Idee gehört Ihnen, und der Vertrag entspricht im großen und ganzen dem Standard. Und doch kommt kein Geld mehr herein, obwohl es Ihnen zusteht. Dem Produzenten hat offenbar nicht gefallen, was Sie abgeliefert haben, und er läßt sich verleugnen.

Um an Ihr Geld zu kommen, können Sie Mahnungen schicken und immer wieder anrufen. Trotzdem bleibt Ihnen möglicherweise letztlich nur der Rechtsweg. Es kann sein, daß Sie Ihre Idee oder Ihr Treatment nicht an jemand anderen verkaufen können, bevor Sie dem Produzenten sein Geld zurückgezahlt haben, obwohl er das Honorar nie vollständig bezahlt hat. Wenn das Treatment auf einem Buch oder der Idee eines Dritten basiert, müssen Sie noch vorsichtiger sein.

Es kann also sein, daß Sie sich viel Mühe machen, nicht dafür bezahlt werden und letzten Endes mit leeren Händen dastehen.

Wenn der Produzent Ihr Treatment ablehnt, aber von Ihrer Idee begeistert ist, müssen Sie befürchten, daß er sich einen anderen Autor sucht, der ihm ein entsprechendes Drehbuch schreibt. Handelt es sich nachweisbar um Ihre Idee, sind Sie möglicherweise durch das Gesetz geschützt.

Wie man ein Treatment oder ein Exposé schreibt

Ein Treatment oder Exposé für einen Film sollte mehrere Funktionen erfüllen. Es dient einmal dazu, einen Produzenten oder Sender davon zu überzeugen, die Rechte an der vorliegenden Arbeit zu erwerben. Eine sorgfältig ausgearbeitete Präsentation, die beim Leser Vertrauen sowie die Überzeugung weckt, daß der Autor seine Protagonisten und die Handlung im Griff hat, erhöht deutlich die Chance, daß es zum Kauf kommt.

Eine zweite, nicht minder wichtige Funktion besteht darin, daß das Treatment/Exposé dem Autor hilft, seine Gedanken zu strukturieren. Mit einem Treatment in der Hand kann der Autor fundierter mit dem Redakteur, Agenten oder Produzenten darüber diskutieren, was er zu schreiben beabsichtigt. Früher oder später muß man sich zu dem äußern, was man schreiben möchte, und wenn man gut vorbereitet ist, stehen die Chancen gut, daß man sich selbst Zeit erspart und ein sehr nützliches Feedback von Profis aus der Branche bekommt. Aus all diesen Gründen ist die sorgfältige Vorbereitung einer Buch- oder Drehbuchvorlage überaus wichtig.

Aber es gibt noch einen weiteren Grund, scheinbar unverhältnismäßig viel Zeit auf das Treatment zu verwenden. Sie sollten nicht nur darauf fixiert sein, Ihre Idee zu verkaufen. Sie sollten darüber hinaus einen guten Vertrag und einen erfolgreichen Film anstreben. Auch wird Ihr Produzent (der die Rechte an dem Treatment inzwischen erworben haben sollte) das Treatment dazu verwenden, im Vorfeld der Dreharbeiten die notwendigen Gelder aufzubringen.

Die Höhe des Vertrages wird nicht nur die zu erwartende Höhe Ihres nächsten Abschlusses beeinflussen, sondern möglicherweise auch den Umfang von Zeit, Personal und Geld, den die Produzenten in Ihr Projekt investieren werden.

Wenn eine sehr große Summe für die Rechte an dem, was Sie schreiben, gezahlt wird, werden die Vertragspartner härter arbeiten, um diese Investition zu rechtfertigen und das Geld wieder hereinzubekommen. Die Käufer wenden oft zusätzliche Gelder auf, um sicherzugehen, daß dieses Ziel erreicht wird.

Es besteht auch die Gefahr, daß Autoren zu Opfern der übersteigerten Erwartungen eines Redakteurs oder Produzenten werden; daß man Sie, nachdem vorab ein Honorar von Hollywood-Ausmaßen für die Rechte an Ihrem Drehbuch gezahlt wurde, zum Sündenbock macht, wenn der Produzent die finanziellen Mittel für die Realisierung nicht aufbringen kann.

Oft ist es für Agenten leichter als für die Autoren selbst, Einfluß auf die Preise für Treatments oder Drehbücher zu nehmen, weil sie bessere Vergleichsmöglichkeiten haben. Wenn Sie ohne Insider-Wissen um Marktpreise in Verhandlungen gehen, gereicht Ihnen dies zum Nachteil. Ich komme später noch darauf zurück, wie Sie sich dieses Wissen aneignen können. Wenn Sie ein Treatment schreiben, sollten Sie sich die wichtigste aller Fragen stets vor Augen halten: Warum lesen Menschen, sehen fern oder gehen ins Kino? Wenn Sie die Antwort hierauf kennen, ist das der erste Schritt dahin, ein gutes Treatment zu schreiben.

Ein Treatment sollte verschiedene Dinge verdeutlichen:

1 Daß Sie wissen, worüber Sie schreiben.
2 Daß Sie wissen, wer Ihre Figuren sind.
3 Daß Sie wissen, für welche Zielgruppe Sie schreiben. Dies ist ganz besonders wichtig, wenn Sie ein Drehbuch in einem bestimmten klassischen Genre schreiben. Sind Sie mit den Regeln dieses Genres ebenso vertraut wie die Fans?

4 Und schließlich, daß Sie es verstehen, einem Redakteur oder Produzenten die Analyse einer Geschichte zu präsentieren, *die Sie noch nicht geschrieben haben*, und das auf eine Art und Weise, die ihn von Ihren Fähigkeiten überzeugt, das Projekt in einem Buch oder Drehbuch umzusetzen. Die Leute, mit denen Sie es zu tun haben, sollten kaufen wollen, was Sie schreiben, weil es auch ihrer eigenen Karriere dienlich sein wird und ihre Unternehmen daran verdienen werden.

Um dies alles zu erreichen, muß ein Treatment sorgfältig strukturiert sein. Ich würde Ihnen nahelegen, es in vier Abschnitte zu gliedern. Diese Gliederung und auch die Anordnung der einzelnen Abschnitte besitzt ihre eigene Logik, obwohl es diesbezüglich keine festen Regeln gibt und auch andere Möglichkeiten, ein Treatment zu gliedern, funktionieren. Diese Methode jedoch hat sich bei vielen unserer Kunden bewährt.

Abschnitt eins: Die Einleitung

Hierbei sollte es sich um eine kurze Präsentation des Films handeln, im Stil des Rückseitentextes eines Taschenbuchs verfaßt. Mit anderen Worten, Sie sollten nicht versuchen, die ganze Geschichte preiszugeben, sondern nur die verkaufsträchtigsten Punkte herauspicken. Das könnte beispielsweise so aussehen, daß Sie die Schlüsselfigur im Kontext des Genres vorstellen.

Obwohl diese kurze Darstellung (zwischen fünf und 20 Zeilen lang) dazu dienen soll, das Interesse des Lesers zu wecken, sollten Sie sich vor Übertreibungen hüten. Die längere, detailliertere Zusammenfassung oder das vollständige Treatment, das der potentielle Käufer später hoffentlich lesen wird, muß der knappen, rein verkaufsorientierten Präsentation nachgereicht werden. Anders ausgedrückt, behaupten Sie nicht, das, woran Sie arbeiten, sei die beste Liebesgeschichte seit *Vom Winde verweht*, wenn die Liebesgeschichte gar nicht im Mittelpunkt Ihres Buches steht.

Eine nützliche Art, diese rein verkaufsorientierte kurze Präsentation zu verfassen, besteht darin, die Prämisse, die Hauptfigur und den dramatischen Höhepunkt des Buches zu beschreiben. Dies wird hoffentlich die Neugier des Lesers auf das wecken, was noch passieren wird. Man kann als »Appetithäppchen« auch einen kurzen Dialogauszug einbringen. Orientieren Sie sich an Beispielen von Klappentexten oder Filmplakaten. Verbringen Sie eine Stunde in einer großen Buchhandlung damit, Klappentexte zu lesen (vor allem in der Bestsellerabteilung), oder gehen Sie in ein großes Kino und studieren Sie die Plakate. Fragen Sie sich, warum der Film speziell so und nicht anders angepriesen wird.

Auch die Titelwahl ist sehr wichtig. Wenn Ihnen nichts wirklich Gutes einfällt, wählen Sie den, der Ihnen noch am besten gefällt und fügen Sie, wenn nötig, in Klammern den Vermerk »Arbeitstitel« hinzu. Der Titel sollte beim Leser sofort den Wunsch wecken, mehr über die Geschichte zu erfahren. Bei der Wahl eines Titels, der auch jemanden anspricht, der nicht das geringste über den Inhalt Ihres Buches weiß, kann Ihre Kenntnis der Geschichte hinderlich sein. Macht der Titel nur dann Sinn, wenn man die ganze Geschichte kennt, ist er sicher nicht die beste Wahl.

Abschnitt zwei: Figurenbiographien

Die Kurzbiographien der wichtigsten Figuren aufzuführen ist in Deutschland nicht unbedingt üblich. Wenn Sie sie jedoch für sinnvoll erachten, sollten Sie sie in diesem Abschnitt vor dem eigentlichen Treatment in nicht mehr als als fünf bis zehn Zeilen pro Figur beschreiben. Wichtig ist, deutlich hervorzuheben, wer die Hauptfigur ist und was sie motiviert. Für Unklarheiten gibt es hier keine Entschuldigung; wenn Sie Ihre Hauptfigur noch nicht genau kennen, haben Sie ein grundlegendes Problem. Auch Ziele und Schwächen der Hauptfigur sowie ihr Wandlungspotential können Sie erwähnen.

Wenn es zwei oder drei wichtige Figuren gibt, machen Sie dies deutlich. Es muß aber auch klar erkennbar sein, durch wessen Augen Sie die Geschichte sehen. In Ensemblefilmen, in denen mehrere Figuren einen gleichberechtigten Handlungsraum einnehmen (siehe *American Graffiti, Peter's Friends*), wird das weniger streng gehandhabt. Aber sogar in solchen Geschichten werden ein oder zwei Figuren besonders hervorstechen.

Beschreiben Sie in den Kurzbiographien nicht zu viele Elemente der Geschichte. Gewähren Sie dem Leser psychologische und persönliche Einblicke in die Figuren und beschreiben Sie auf bildhafte Art, wie sie aussehen (beispielsweise groß oder klein, nicht »einen Meter fünfundachtzigeinhalb«). Beschreiben Sie eine charakteristische Lebenseinstellung der Personen. Denken Sie an jemanden, den Sie sehr gut kennen, und schreiben Sie zehn Zeilen über diese Person. Das ist eine gute Methode, realistisch zu wirken.

Für Sie als Autor könnte es auch durchaus hilfreich sein, wenn Sie eine fünf- bis zehnseitige Biographie über jede Ihrer Figuren schreiben, um sie lebendig werden zu lassen. Zwingen Sie diese Informationen jedoch nicht dem Leser Ihres Treatments auf, es sei denn, dieser bittet um detailliertere Informationen oder kauft das Treatment. In diesem Fall werden Ihre Notizen als angenehme Überraschung aufgenommen.

Für Nebenfiguren sind fünf Zeilen gewöhnlich ausreichend. Wenn ein Drehbuch viele verschiedene Personen umfaßt, müssen Sie nicht jede einzelne in Ihrem Treatment näher beschreiben. Ein Hollywood-Produzent soll einmal bei einem Gespräch mit einem Autor gesagt haben: »Verwirren Sie mich nicht mit Einzelheiten.« Indem Sie bei den Biographien Ihrer Figuren nicht zu spezifisch sind, gestatten Sie dem Leser, seine Phantasie spielen zu lassen. Zu viele Einzelheiten bremsen den Leser.

Verwenden Sie beim Verfassen von Treatments grobe Umrisse. Sie unterbreiten lediglich Vorschläge. Wenn der Leser gerade genügend Einzelheiten geliefert bekommt, wird er den Rest selbst einfügen. Je besser die Phantasie des Lesers das Bild begreift, das Sie mit Worten umrissen haben, desto überzeugender wird der Gesamteindruck sein – und um so wahrscheinlicher ist es, daß der Leser die Handlung wie einen Film vor seinem geistigen Auge ablaufen sieht.

Abschnitt drei: Absichtsbekundung

Dieser Abschnitt ist eher eine Formsache. Wenn Ihr Skript auf einer wahren Begebenheit beruht, teilen Sie Ihre Quellen mit. Basiert es auf einem persönlichen Erlebnis, erklären Sie, warum Sie darüber schreiben möchten. Mit anderen Worten, machen Sie deutlich, warum ein bestimmtes Projekt für Sie etwas Besonderes ist und warum Sie besonders geeignet für das Projekt sind.

Gibt es einen persönlichen, faktischen oder anderen Hintergrund, teilen Sie ihn dem Leser mit. Das wird ihm helfen, den Bezug zwischen Geschichte und Autor herzustellen. Und den Rahmen für das Bild zu schaffen, das Sie malen möchten.

Abschnitt vier: Die Handlung

Wenn Sie das Treatment in der oben vorgeschlagenen Reihenfolge in vier Abschnitte unterteilen, wird der Leser, wenn er zur eigentlichen Handlung gelangt, bereits viel Hintergrundinformationen gespeichert haben. Dadurch wird die Handlung sehr wahrscheinlich einen größeren Eindruck auf ihn machen, als es sonst der Fall wäre.

Die Handlung der Geschichte sollte in einem narrativen, fließenden, relativ knappen Stil beschrieben werden. (Hierbei handelt es sich nicht um ein sogenanntes »Bildertreatment«.) Tatsächlich ist es nur als Vorschlag eines Handlungsablaufs gedacht. Es ist selten möglich, diese knappe Zusammenfassung so detailliert zu verfassen, daß man das Gefühl hat, der Geschichte gerecht zu werden. Keine Bange. Es bleibt nicht aus, daß Sie beim eigentlichen Schreiben des Drehbuchs Änderungen vornehmen; auch das ist völlig normal. Das wird jeder in diesem Geschäft verstehen. Gedenken Sie allerdings, sehr massive Änderungen vorzunehmen (dies wird auch als »*moving the goalposts*«, »Versetzen der Torpfosten«, bezeichnet), sollten Sie sich vorab mit der Person absprechen, die Sie bezahlt.

Auch sollten Sie darauf hinweisen, daß Sie sich der Lücken in Ihrem Handlungsstrang bewußt sind. Wenn Sie sich noch nicht über jeden Schritt der Geschichte schlüssig sind, können Sie in einer begleitenden Notiz darauf hinweisen, daß noch diverse Entscheidungen ausstehen. Es ist weder notwendig noch möglich, daß Sie sämtliche Einzelheiten kennen, bevor Sie mit dem Schreiben beginnen.

Besonders wichtig ist, daß die Zusammenfassung den Leser auf emotionaler und nicht nur rein informativer Ebene anspricht, und hieran mangelt es den meisten Treatments. Dies kann leicht dadurch erreicht werden, daß man verdeutlicht, warum die Figuren gezwungen sind, so zu handeln, wie sie es tun, und wie sie die Ereignisse – oder die Ereignisse sie – beeinflussen. Man kann nie sicher sein, daß eine bestimmte Szene oder ein bestimmter Vorfall »sehr emotional« aufgenommen wird. Immerhin handelt es sich bei der Zusammenfassung nur um einen Vorschlag.

Darüber hinaus ist es wichtig, dem Leser zu vermitteln, daß Sie für Änderungen empfänglich sind. Zweifellos sind Umarbeitungen ebenso wichtig wie das Schreiben des ersten Entwurfs, aber nur wenige Autoren erkennen dies oder geben sich diesbezüglich genug Mühe.

Ihr Exposé oder Treatment sollte sich lesen wie die Zusammenfassung eines Buches, das Sie gerade ausgelesen haben, oder eines Films, den sie eben erst gesehen haben. Größere Unmittelbarkeit erreichen Sie, wenn Sie im Präsens schreiben.

Der Umstand, daß das Skript noch nicht existiert, ist irrelevant. Redakteure, Agenten und Produzenten sind Profis. Sie wissen, wie schwierig es für Sie ist zu verdeutlichen, was Sie schreiben möchten, noch bevor die eigentliche Schreibarbeit erfolgt ist. Oder wenigstens sollten sie das!

Ein zusätzlicher Abschnitt: einige Szenen

Sie können noch einen weiteren Abschnitt anfügen, der einige Szenen enthält, um dem Leser einen Eindruck von Ihrem Schreibstil zu vermitteln, Ihren Figuren Stimme zu verleihen und den Gesamteindruck Ihres Treatments zu verstärken. Es gibt unterschiedliche Meinungen dazu, ob die von Ihnen ausgewählten Szenen Anfangsszenen sein sollten oder Auszüge aus dem dramatischen Höhepunkt des Buches. Ich ziehe Eröffnungsszenen vor. Zum einen sollten sie besonders spannend sein. Für einen langweiligen Anfang gibt es keine Entschuldigung. Wenn Sie wirklich spätere Szenen aus dem Film oder Buch verwenden möchten, tun Sie es – aber erklären Sie unmißverständlich, um welche Szenen es sich handelt, und schicken Sie nie wahllos verschiedene, nicht miteinander verknüpfte Szenen. Autoren, die wahllos einzelne Seiten aus verschiedenen Teilen ihrer Arbeit einschicken, um ihre Vielseitigkeit zu demonstrieren (was gar nicht so selten vorkommt), erreichen genau das Gegenteil.

Schlußbemerkung

Da Ihre Arbeit auf einem stark umkämpften Markt landen wird, wäre es ein folgenschwerer Fehler Ihrerseits, das Treatment zu vernachlässigen. Es ist Wort für Wort, Seite für Seite ebenso wichtig wie das fertige Werk, auch wenn es nie an die Öffentlichkeit gelangen wird.

Gewöhnlich gehe ich davon aus, daß ein wirklich gutes Treatment mehrmals überarbeitet und verändert worden ist, bevor es abgeschickt wurde. Der Grund, weshalb ich bereit bin, mit Kunden daran zu arbeiten, dieses Dokument in die bestmögliche Form zu bringen, ist der, daß die richtige Form einen entscheidenden Unterschied bezüglich der Höhe eines Vertrages ausmachen kann. Die Käufer von Treatments arbeiten in einem Geschäft, in dem Spekulation an der Tagesordnung ist, da Rechte an ungeschriebenem Material erworben werden. Auch Sie sind in diesem Geschäft. Künstlerische Sensibilität muß mit manipulativen Fähigkeiten gepaart sein, wenn Sie wirklich gute Treatments schreiben wollen!

Indem Sie das Dokument in diese vier oder fünf Abschnitte unterteilen, helfen Sie dem Leser, Ihre Intentionen zu verstehen, und geben ihm Vertrauen in Ihre Fähigkeiten, diese Intentionen umzusetzen. Im Idealfall schaffen Sie es so, sein Interesse am Erwerb ihres Werkes zu wecken. Vergessen Sie nie, daß Schreiben ein sehr manipulativer Prozeß ist. Worte werden gewählt, um bei Lesern Reaktionen zu erzeugen, ob es sich nun bei dem Leser um jemanden handelt, der gerade im Handel ein Exemplar Ihres Buches gekauft hat, oder um einen Redakteur, der genügend beeindruckt ist, Ihnen den Auftrag für ein Drehbuch zu erteilen. Diese Reaktion zu erzielen, sollte Ihre erste Priorität sein.

Szenario

Manchmal herrscht Verwirrung bei der Unterscheidung zwischen dem Treatment und dem Szenario. Im vorangegangenen Kapitel ging es um das Treatment, das Ihre Vorschläge beschreibt, wie Sie die verschiedenen Aspekte der Story im Drehbuch umzusetzen gedenken. In diesem Kapitel geht es um das Szenario, das sich der detaillierten *Struktur* eines Films, der chronologischen Gliederung, zuwendet. Es ist wichtig, sich über den Unterschied zwischen diesen beiden Dokumenten im klaren zu sein. Es empfiehlt sich, sowohl ein Treatment als auch ein Szenario auszuarbeiten, bevor man mit dem eigentlichen Schreiben eines Drehbuches beginnt.

Während das Hauptziel des Treatments darin besteht, dem Autor Gelegenheit zu geben, seine Geschichte zu *lancieren*, ermöglicht ein Szenario dem Autor, die Geschichte gründlich zu *analysieren* und auf ihre logischen Verknüpfungen hin zu prüfen. Für die Aufbringung der Produktionsgelder ziehen Produzenten deshalb gewöhnlich narrativ verfaßte Treatments den eher Schritt für Schritt vorgehenden Szenarios vor.

Es gibt keine allgemeingültige Verfahrensweise für das Schreiben eines Treatments oder eines Szenarios. Im folgenden sind jedoch verschiedene Vorschläge aufgeführt, über die Sie nachdenken sollten. Egal, ob Sie Ihre eigene Methode finden oder sich der eines anderen bedienen – entscheidend ist ihre Effektivität.

Der Aufbau

Als erstes werde ich einen Aufbau in drei Akten beschreiben, den gewöhnlich Kinofilme haben, aber auch Fernsehfilme oder in sich abgeschlossene Serienepisoden. Gewöhnlich paßt er jedoch nicht zu Serien, die häufig mit einem Höhepunkt enden und zusätzlich mit einem Cliffhanger, der zur nächsten Folge überleitet.

Das Szenario sollte den Aufbau des von Ihnen vorgeschlagenen Films widerspiegeln. Die einzelnen Akte sollten klar definiert sein. Sie können einige Absätze voranstellen, in denen Sie das Umfeld der Geschichte skizzieren – Ort der Handlung, Atmosphäre, Menschen, die dem Ort seine spezielle Dynamik verleihen. Darauf sollte je ein Absatz über die Hauptfiguren folgen – Alter, Aussehen, aber vor allem ihre Ambitionen, Stärken, Schwächen und ihr Änderungspotential.

Im folgenden erläutere ich den Aufbau eines Szenarios nach der Methode von Clare Downs und Pascal Lonhay, Drehbuchanalytikern bei EAVE[1]. Die meisten Bücher über das Schreiben von Drehbüchern beinhalten detailliertere Analysen des Drehbuchaufbaus.

Der erste Akt

Erzählen Sie die Geschichte in Tonfall, Stil und Atmosphäre des Films, nachdem Sie sich vorab folgende grundlegende Fragen gestellt haben:

1 Um wessen Geschichte handelt es sich? Was macht die Hauptfigur reif für diese Erfahrung?
2 Wie sieht ihre »ungestörte Lebensroutine« aus? (Das hilft dem Publikum, die Hauptfigur kennenzulernen, wie sie vor dem Ereignis, das die Haupthandlung des Films einleitet, gedacht und gehandelt hat).
3 Was ist der Katalysator, das Schlüsselereignis, das die eigentliche Geschichte einleitet und die Hauptfigur aus der Bahn wirft? (Dies wird auch als »Anstoß« bezeichnet.)

4 Worin liegt die Hauptspannung der Geschichte? (Die Hauptspannung wird am Ende des ersten Aktes etabliert sein. Sie entsteht häufig am »*Point of no return*«, wenn die Hauptfigur die Entscheidung fällt, das weiterzuverfolgen, was sie möchte.)

Der erste Akt sollte in einem fertig entwickelten Spielfilmdrehbuch etwa 25 Seiten umfassen. In Ihrem Szenario können zwei Seiten ausreichen.

Der zweite Akt

Während im ersten Akt die grundlegenden Informationen über die Personen, die Location und den Kern der Geschichte vermittelt werden, entwickelt sich im zweiten Akt die Geschichte gewöhnlich über Probleme und Hindernisse, mit denen die Hauptfigur sich konfrontiert sieht. Diese Probleme führen zumeist innerhalb des zweiten Aktes zu einem ersten und zweiten Höhepunkt. Dies hier sind nur grobe Richtlinien, und wenn Sie wissen, was Sie tun und warum Sie es tun, können Sie Regeln oder Richtlinien brechen, solange Sie den gewünschten und wünschenswerten Effekt erzielen.

In einem fertigen, 100 bis 120 Seiten langen Spielfilmdrehbuch umfaßt der zweite Akt durchschnittlich um die 60 bis 70 Seiten. Gewöhnlich dauert es über eine Stunde, die Hauptspannung bis zum zweiten Höhepunkt am Ende dieses Aktes aufzubauen. Da es sich um einen so langen Akt handelt, brauchen Sie gewöhnlich zwei Höhepunkte, um die Geschichte voranzutreiben.

Der erste Höhepunkt sollte etwa in der Mitte des zweiten Aktes angesiedelt sein. Dies ist das erstemal, daß die Spannung zwischen Wunsch (der der Hauptspannung entspringt) und Gefahr (die Hindernisse, die es zu überwinden gilt) ihren Höhepunkt erreicht.

Beim zweiten Höhepuntk handelt es sich um den Punkt, an dem die Kräfte, die die Hauptspannung schaffen, vollständig miteinander konfrontiert und aufgelöst werden. Die sich hieraus ergebende Wende verleiht dem Schlußakt neue Spannung. Dieser Aufbau ist kein Muß, aber die gängiste Struktur eines Drehbuchs.

Nebenhandlungen sind sehr nützlich, da sie helfen können, die Geschichte auf die Klimax zuzuführen.

Der dritte Akt

Der dritte Akt muß eine Auflösung enthalten, die Sie über eine Krise und einen Höhepunkt erreichen. Bei der Krise dreht es sich darum, welche Entscheidung die Hauptfigur fällen muß, um die abschließende Action der Geschichte zu dem Punkt zu führen, an dem der Protagonist das erreicht, was er erreichen wollte – das ist die Klimax.

Der dritte Akt kann in einem fertigen Spielfilmdrehbuch zehn bis 25 Seiten lang sein. Zehn Seiten sind die unterste Grenze. Im allgemeinen ist der dritte Akt in etwa gleich lang wie der erste (etwa zwei Sequenzen von je zehn bis zwölf Minuten Länge). Der dritte Akt sollte der ganzen Geschichte Sinn geben. In Actionfilmen ist er kürzer, in psychologischen Charakterfilmen länger.

Der szenarische Verlauf

Wie schon oben angeführt, besteht die Hauptfunktion eines solchen Szenarios darin, die Handlung in einzelne Szenen aufzuteilen, so daß Autor und Produzent ihre Struktur analysieren und mit der Anordnung der Szenen spielen können, um den spannendsten Aufbau der Geschichte zu erzielen.

Manche Autoren schreiben die Szenen auf verschiedene Karteikarten und pinnen diese an die Wand, so daß sie die Szenen beliebig anordnen und prüfen können, welche Wirkung die Umstellungen jeweils auf die Gesamtstruktur haben. Andere Autoren zeichnen Flow-charts und Graphiken für die Figuren.

Sie müssen Ihre Entscheidungen sehr sorgfältig prüfen. Erzählen Sie die Geschichte chronologisch oder nicht? Sind die Szenen visuell interessant oder sehr abhängig von Dialogen? Sprechen Sie ebenso Ohren wie Augen der Zuschauer an?

All das hilft sicherzustellen, daß der Aufbau funktioniert, bevor Sie mit der ersten Rohfassung Ihres Drehbuchs beginnen. Vier bis fünf knappe Sätze sollten den Inhalt jeder Szene ausreichend wiedergeben.

Wenn Sie damit anfangen, sich zu entscheiden, wie Sie jede einzelne Szene angehen wollen, stellen Sie sich bei jeder einzelnen Szene folgende Fragen:

1 Wessen Szene ist es? Ist die Szene der richtigen Person zugeordnet?
2 Was will die Person? Warum kann sie es nicht erreichen, oder wie erreicht sie es?
3 Auf welche Art treibt diese Szene die Geschichte voran? Könnte ich die Geschichte auch ohne diese Szene erzählen? Warum ist sie notwendig?
4 Verrät die Szene dem Zuschauer etwas Wichtiges über den Charakter der Person? Wenn nicht, wie kann ich dies erreichen? Was kann ich einfügen?
5 Ist die gewählte Location die bestmögliche, um die Szene so spannend wie möglich rüberzubringen? Welche Alternativen gibt es?
6 Habe ich die Geschichte in dieser Szene visuell (was notwendig ist) oder dialogisch (was weniger effektiv ist) erzählt?

Und vergessen Sie nicht ...

Eine nützliche Frage, die man sich im ersten Akt stellen sollte, lautet: Was ist das Schlimmste, das der Hauptfigur zustoßen könnte? Wenn es ein Happy-End geben soll, muß der zweite Höhepunkt am Ende des zweiten Aktes hervorheben, daß die Hauptfigur kurz davor steht zu scheitern. Die Auflösung zeigt dann, wie sie doch noch Erfolg hat. Wenn Sie ein negatives Ende planen, sollte beim zweiten Höhepunkt die Hoffnung aufkommen, daß die Hauptfigur es doch noch schaffen wird. In der Auflösung wird dann gezeigt, wie sie doch scheitert.

Eine weitere wichtige Frage, die man sich stellen sollte, wenn man sich über den Aufbau einer Filmgeschichte Gedanken macht, ist folgende: Wie soll das Publikum sich beim Verlassen des Kinos fühlen? Sind Sie sich hierüber im klaren, können Sie prüfen, ob der Aufbau Ihrer Akte logisch zu dem Ende führt, das die gewünschte Reaktion beim Publikum hervorruft.

Hüten Sie sich vor Ihrer eigenen Vertrautheit mit Ihren Figuren und Ihrer Geschichte. Haben Sie beides zu sehr verinnerlicht, werden Sie die Geschichte in mangelhafter Kurzfassung erzählen. Denken Sie immer daran, daß Sie nicht von Ihren Lesern – egal, ob es sich um Profis oder um das breite Publikum handelt – erwarten können, daß sie große Anstrengungen unternehmen, komplexe Zusammenhänge oder verwirrende Figuren zu durchschauen. Ein sorgfältig ausgearbeitetes Szenario wird Ihnen das Schreiben des Drehbuches erleichtern und sich positiv auf die Qualität des Skripts auswirken.

---

[1] EAVE steht für *European Audiovisual Entrepreneurs*, ein Programm von dem MEDIA II-Programm der Europäischen Union. Es besteht aus einer Reihe paneuropäischer Workshops zur Weiterbildung von Produzenten.

Märkte

Die europäische Kultur ist so reich und vielschichtig, und es gibt so viele verschiedene Sprachen und komplexe regionale Eigenheiten, daß in europäischen Ländern der Aufbau einer zentralisierten, industrieorientierten Filmbranche nach amerikanischem Vorbild schlicht unmöglich ist. Die Größe der einzelnen einheimischen Märkte in Europa ist unzureichend, um wirtschaftlich überlebensfähige Filmindustrien am Leben zu erhalten.

Auch hat der europäischen Filmindustrie zweifellos die Existenz dominierender, um sich selbst kreisender Elitecliquen geschadet. Da die Filmfinanzierung in Europa ein schwer lösbares Problem darstellt, sieht es gewöhnlich so aus, daß diejenigen, die Zugang zu den großen Geldsummen haben, auch oft diejenigen sind, deren Filme finanziert werden. Sie sind auch abhängig vom Fördersystem. Würde man die Zuschüsse streichen, würde die Filmindustrie in manchen europäischen Ländern völlig zum Erliegen kommen.

Aufgrund der Unfähigkeit der Filmindustrie der meisten europäischen Länder, sich – abgesehen von einigen wenigen Filmproduktionsgesellschaften – eine gefestigte Position zu erkämpfen, gestalten sich die Finanzierung und Realisierung eines Films beinahe so schwierig wie die Neuerfindung des Rades. Viele Filmemacher verwenden mehr Zeit darauf, die finanziellen Mittel für die Produktion aufzubringen, als für die tatsächliche Realisierung des Films. Die Filmindustrien in Europa sind also eher unprofitabel, und europäische Filme können auch kaum mit den besser entwickelten und mit höheren Budgets ausgestatteten amerikanischen Filmen konkurrieren, die auf die europäischen Märkte exportiert werden.

Ein Interessenkonflikt

Seit Ende des Zweiten Weltkrieges haben die Europäer Zugang zu einer schier endlosen Flut amerikanischer Kino- und Fernsehfilme. Bilder und Werte aus dem amerikanischen Leben sind uns vertraut geworden. Als Europa sich in den Fünfzigern aufrappelte und versuchte, seiner Filmindustrie neues Leben einzuhauchen, konzentrierte man sich schwerpunktmäßig auf Kultur, nicht auf Kommerz. Derweil ließen sich die europäischen Zuschauer willig von Filmen mit Untertiteln oder von synchronisierten Fernsehfilmen aus Amerika verführen.

Die wachsende Anzahl importierter Filme, die europaweit gezeigt werden, wirkt sich vermutlich auf unsere nationalen Kulturen aus, verwässert sie womöglich. Andererseits besteht wohl kaum ein Zweifel daran, daß es sehr bereichernd sein kann, sich anderen Kulturen zu öffnen. Ebenso unanzweifelbar ist, daß eine zugängliche offene Medienkultur eine demokratisierende Wirkung auf Gesellschaften hat.

Ein wackeliger Frieden besteht zwischen der EU und den USA bezüglich des GATT-Abkommens sowie dem Export amerikanischer Filme nach Europa. Europäische Politiker scheinen häufig den Drang nach Protektionismus zu verspüren. Dies ist verständlich, aber es ist ein letztlich ebenso sinnloser wie fehlgeleiteter Versuch, die europäische Filmindustrie zu päppeln, die davon langfristig nicht profitiert. Eine gewinnorientierte Förderung oder private Investmentpläne hätten einen langfristig viel positiveren Effekt. Ebenso wie eine andere Einstellung dazu, eine bessere Drehbuchentwicklung zu fördern.

Statt dessen klagt man nur ständig über die oberflächlichen Billigproduktionen, mit denen die Amerikaner unsere Märkte überschütten. Sie tun es wirklich, aber das europäische Publikum beklagt sich nicht darüber. Wir sollten zwar nicht unbedingt den Bock zum Gärtner machen, uns vielleicht aber doch einmal fragen, warum die Amerikaner Filme machen, die sich weltweit solcher Beliebtheit erfreuen. Es mag helfen, sich zu fragen, warum sie es sich leisten können, ihre Filme und Fernsehserien so billig zu veräußern. Sie verfügen über einen großen, sprachlich einheitlichen einheimischen Markt, so daß sie höhere Budgets veranschlagen können als wir. Aber das allein erklärt noch nicht, warum sie mehr als die Hälfte der Profite aus ihren Filmen auf den Exportmärkten erzielen.

Die Antwort liegt schlicht und ergreifend in der Art, wie sie ihre Geschichten verkaufen. Wie sollten sich europäische Autoren in dieser Situation verhalten? Was sollte der europäische Autor schreiben, und wie sollte er es schreiben? Ich denke nicht, daß wir uns darauf versteifen sollten, die nationale Kultur zu retten, indem wir den Import von Serien und Filmen boykottieren. Die Frage, die es zu beantworten gilt, ist folgende: Was sollten sich Autoren und Produzenten vor Augen halten, wenn sie planen, ein Drehbuch zu schreiben, zu verkaufen oder zu produzieren?

Mit anderen Worten, welchen Markt streben sie an? Wenn Sie neben dem einheimischen Markt noch zusätzlich ausländische Märkte anvisieren, müssen Sie sich über diese fremden Märkte informieren.

Der amerikanische Markt

Bei jedem Vergleich zwischen amerikanischem und europäischem Filmemachen wird eins deutlich: Vor einem Jahrhundert hat Amerika den Prozeß durchgemacht, unzählige Menschen verschiedenster Nationalitäten aufzunehmen. Nach einiger Zeit wurden diese Menschen zu Amerikanern, aber fremde Sprachen und andere kulturelle Eigenheiten haben sich bis heute gehalten. Es gibt Little Italies, Chinatowns und auch polnische, deutsche und zahlreiche hispanische Viertel.

Der Umstand, daß die Familien aus all diesen verschiedenen Ländern sich dafür entschieden, nach Amerika auszuwandern, bedeutete auch, daß sie mehr oder weniger willens waren, Amerikaner zu werden. Von den Menschen, die in einem Land der EU leben, zu erwarten, daß sie ihre nationale oder regionale Identität aufgeben, wäre absurd. Filme zu machen, die weniger kulturspezifisch sind, wird ihre Akzeptanz außerhalb der Landesgrenzen nicht erhöhen. Der Wegfall wirtschaftlicher Barrieren trägt nur sehr begrenzt dazu bei, kulturelle Barrieren und Vorurteile aus der Welt zu schaffen – tatsächlich kann es letztere sogar erst schaffen. Wenn man Filme produzieren will, die sich auf verschiedenen Märkten verkaufen, ist der kulturelle Zuschnitt auf diese Märkte weniger wichtig als Zugänglichkeit und die Wahl universeller Themen.

Die meisten Kino- und Fernsehfilme, die außerhalb ihres Landes oder ihrer Ursprungsregion erfolgreich sind, sind sehr wohl kulturell spezifisch. Dazu gehören *Mein Leben als Hund*, *Mein wunderbarer Waschsalon*, *Wiedersehen in Howards End*, *The Crying Game*, *Vier Hochzeiten und ein Todesfall*. Mit anderen Worten, möglicherweise ist es ein Fehler, sich auf den Inhalt zu konzentrieren, in der Hoffnung, vorab die Wirksamkeit eines Filmes bei einem breiten Publikum zu bestimmen.

Was, wenn nicht der kulturelle Zuschnitt, macht dann manche Filme im Ausland erfolgreicher? Ich denke, daß es vor allem an der Art liegt, wie die Geschichte im Film erzählt wird. Dies bezieht sich nicht allein auf die Struktur des Filmes, wenngleich diese logischerweise hierbei eine große Rolle spielt.

Die Art, wie eine Geschichte erzählt wird, schließt die Art ein, wie die Hauptfiguren aufgebaut sind, die Verwendung und das Ausmaß sprachlicher und visueller Erzählkraft und die Frage, inwieweit die Geschichte eine positive Erfahrung darstellt. Warum haben sich amerikanische Filme anders entwickelt als jene, die in Europa produziert werden, obwohl zwischen den beiden Weltkriegen so viele führende Autoren, Regisseure und Studiobosse aus Europa nach Hollywood immigriert sind? Genau diese multinationale Zuwanderung entschied darüber, welche Filme gedreht und wie die Geschichten dieser Filme erzählt wurden. Ihr Publikum, das nicht immer fließend Englisch sprach, besaß darüber hinaus großen Optimismus, den sie in ihr Verständnis und die Art und Weise, Filme anzuschauen, mit einbrachten. Die Wellen neuer amerikanischer Staatsbürger waren von Hoffnung erfüllt, während die beiden Weltkriege in Europa zu einer tiefen Depression beim Publikum geführt zu haben schienen.

Und doch gibt es, wie weltweite Verkäufe von Eintrittskarten für amerikanische Filme belegen, in praktisch allen Ländern genug Menschen, die sich von ihrem Kinobesuch eine positive Botschaft erhoffen. Diese Zuschauer haben diesbezüglich mit amerikanischen Filmen gute Erfahrungen gemacht, was die Bereitschaft fördert, sich weiter an diese Art von Filmen zu halten.[1]

Der ständige Vergleich von Hollywood mit Filmindustrien andere Länder kann lehrreich sein, wenn man in der Lage ist, aus ihm zu lernen. Gibt es einen Unterschied zwischen einem europäischen und einem amerikanischen Drehbuch? Es gibt gute und schlechte Drehbücher, aber diese Unterscheidung allein ist nicht hilfreich.

Die kulturellen Unterschiede zwischen den meisten europäischen Ländern und die stilistischen Unterschiede bei Autoren und Regisseuren verschiedener Nationen sind beträchtlich. In Europa herrscht Vielfalt, keine Homogenität. Des weiteren genügt es nicht, daß ein bestimmtes Thema allgemein europäisch ist oder die Locations und Schauspieler europäisch sind, um eine schlechte Geschichte oder eine gute Geschichte, die schlecht erzählt ist, zu tragen. Produzenten suchen manchmal Drehbücher, die mit großer Wahrscheinlichkeit Zuschauer in mehreren Ländern ansprechen werden, also den sogenannten Euro-Pudding! Die Gefahr ist groß, daß sie letzten Endes kein Publikum wirklich zufriedenstellen.

Europäische Autoren, Produzenten, Regisseure und Kritiker klagen ständig über die Invasion amerikanischer Kino- und Fernsehfilme. Die Kinobetreiber machen sich da weniger Sorgen, da sie mit diesen Filmen das meiste Geld verdienen (*Titanic* ist tatsächlich das herausragende Beispiel!). In englischsprachigen Ländern außerhalb der USA bringen amerikanische Filme 80 Prozent der Einspielsummen. – In Deutschland ist das ganz ähnlich, hinzu kommen hier noch britische und andere ausländische Filme, so daß der deutsche Kinoanteil meist unter zehn Prozent liegt. Eine Ausnahme bildeten bisher nur die Jahre 1996/97, als der Anteil des deutschen Films in den heimischen deutschen Kinos plötzlich auf 17,6 Prozent schnellte. Darüber hinaus nehmen amerikanische Fernsehproduktionen 40 Prozent der europäischen Fernsehsendezeit ein.

Darum betrachten auch viele Drehbuchautoren Hollywood als eine Art Heiligen Gral. Sie glauben, wenn es ihnen nur gelingt, etwas zu schreiben, das in Hollywood ankommt, daß ihnen dies unweigerlich zum Durchbruch verhelfen wird. Tatsache jedoch ist, daß Hollywood sich nicht sonderlich dafür interessiert, was die Europäer machen. Es gibt natürlich Ausnahmen, einige talentierte Europäer, vor allem eine Handvoll Regisseure und Kameraleute, wie Wolfgang Petersen, Roland Emmerich oder Michael Ballhaus, die ausgewandert sind und es in Hollywood geschafft haben.

Glauben Sie nicht, daß Ihre Fähigkeit, in englischer Sprache zu schreiben, es Ihnen in irgendeiner Weise erleichtern wird, erfolgreich Drehbücher für die USA zu verfassen. Unser kulturelles und erzieherisches Erbe spricht dagegen. Die Art, wie wir Worte einsetzen, die Art, wie wir Szenen schneiden, die Bedeutung, die wir Dialogen beimessen – all das gereicht uns zum Nachteil, wenn es darum geht, mit amerikanischen Autoren um amerikanisches Geld zu konkurrieren. Der Versuch, den Stil amerikanischer Filme zu imitieren, scheitert gewöhnlich, weil eine Imitation nur ein blasser Abklatsch ohne Kraft, Disziplin oder Überzeugung ist und die Drehbücher gewöhnlich nicht ausgereift sind.

Vor Jahren bereitete ein älterer australischer Produzent eine Gruppe junger australischer Nachwuchsproduzenten auf ihre erste ausländische Mission in Hollywood vor. Die Nachwuchstalente waren ganz aufgeregt bei der Aussicht, ins Herz der internationalen Filmindustrie vorzustoßen. Er dämpfte ihre Begeisterung ein wenig, indem er sie darauf hinwies, daß der Marktanteil australischer Produzenten in den USA nur zwei Prozent ausmache. Der Prozentsatz mag inzwischen etwas gestiegen sein, aber der Punkt hat noch immer Gültigkeit.

Mag sein, daß man Ihnen das Gefühl vermittelt, mit offenen Armen aufgenommen zu werden, wenn Sie nach Hollywood gehen, um dort Drehbücher oder Manuskripte an den Mann zu bringen. Für einen Autor, der entschlossen ist, es in den USA zu etwas zu bringen, ist ein längerer Aufenthalt in Los Angeles unschätzbar wertvoll. Die in der Filmentwicklungsbranche tätigen Profis und Produzenten scheinen nach neuen Ideen zu lechzen. Aber Hollywood wird von der Furcht vor Mißerfolgen beherrscht, von der Furcht, sich etwas wirklich Großes entgehen zu lassen, und darum geht es dort auch so konservativ zu. Wie die angesehene Kritikerin Pauline Kael einmal sagte, ist Hollywood der einzige Ort auf der Welt, an dem man an Lobeshymnen eingehen kann.

Während das europäische Kino mehr von Ideen beherrscht wird, verläßt sich Amerika auf seine Stars. Während wir uns auf den kreativen Ausdruck des Autors und des Regisseurs konzentrieren, konzentrieren sich die Amerikaner auf die Befriedigung des Publikums.

Ich würde europäische Autoren nicht in ihrem Bestreben bestärken, auf dem amerikanischen Markt Fuß fassen zu wollen, sofern sie nicht gewillt sind, auch einige Zeit in den USA zu leben. So oder so bin ich der Überzeugung, daß es ihnen dienlicher wäre, es erst einmal auf dem heimischen Markt zu etwas zu bringen. Dann werden sie von den Amerikanern eher ernst genommen werden.

Wichtige Lektionen

Erfolgreiche Filme haben gewöhnlich einige Gemeinsamkeiten. Es gibt einige aufschlußreiche Statistiken, die die Unterschiede zwischen amerikanischen und europäischen Filmen erklären:

1 Der Dialoganteil eines durchschnittlichen amerikanischen Films beträgt etwa zwei Drittel des europäischen Dialogumfangs.

2 Der durchschnittliche amerikanische Film benötigt an die 600 Untertitel; beim durchschnittlichen europäischen Film sind es an die 1.000.
3 Die durchschnittliche amerikanische Filmszene ist etwa halb so lang wie das europäische Äquivalent.

Außerdem übertreiben amerikanische Filme gewöhnlich, was Emotionen und große Gefühle betrifft – wofür wir sie kritisieren. Aber denken Sie einmal darüber nach, weshalb die Amerikaner das tun: zweifellos deshalb, weil alles darauf hindeutet, daß das breite Publikum genau dafür ins Kino geht. Was glauben Sie, warum Hollywood vier Millionen Dollar für ein Drehbuch zahlt und eine weitere Million für eine Umarbeitung? Weil man mit Filmen so viel Geld verdienen kann. Umarbeitungen sind in Amerika weiter verbreitet und auch umfassender als in Europa, weil sich herausgestellt hat, daß es sich lohnt, Geld in die Entwicklung zu stecken. Das bedeutet nicht, daß der Entschluß, ein Drehbuch umzuschreiben, immer richtig ist, ebensowenig wie die Entscheidung, einen zweiten Autor hinzuzuziehen, anstatt beim ursprünglichen Autor zu bleiben. Jemand, der Filme als Produkte ansieht, die sich bezahlt machen müssen, neigt dazu, an seine kreativen Angestellten kommerzielle Anforderungen zu stellen.

Wenn Ihnen mitgeteilt wird, daß ein zweiter Autor hinzugezogen wird, um Ihr Drehbuch umzuschreiben, ist das selten eine angenehme Erfahrung. Sie können die Wahrscheinlichkeit, daß Ihnen das widerfährt, verringern, indem Sie sich selbst folgende Fragen stellen:

1 Hat man Ihnen Gelegenheit gegeben, das Drehbuch selbst umzuschreiben? Haben Sie diesen Punkt in Ihrem Vertrag ausgehandelt?
2 Hat der Redakteur oder Produzent Ihnen genügend redaktionelles Feedback gegeben?
3 Glauben Sie, daß der Produzent Ihnen nicht rückhaltlos vertraut?
4 Liegt das daran, daß Sie keine Gelegenheit hatten, den Pro-

duzenten näher kennenzulernen – mit anderen Worten, haben Sie selbst nicht genügend für die Beziehung getan?

Diese Überlegungen sind Teil des normalen Geschäftslebens eines Drehbuchautors. Sie ergeben sich teilweise aus dem hohen spekulativen Anteil, der den Entscheidungsprozeß des Produzenten bei der Realisierung von Filmen begleitet.

Nur weil der amerikanische Markt so groß ist, brauchen Sie Ihre Chancen nicht unbedingt dadurch vergrößern zu wollen, daß Sie ihn anpeilen. Innerhalb der Europäischen Union werden jährlich über 600 Filme gedreht – dem stehen 300 Filme in Amerika gegenüber. Und doch spielen amerikanische Filme in Europa ca. 80 Prozent der Einnahmen ein, und die Profite fließen in relativ wenige neue Filme, für die gewöhnlich hohe Budgets veranschlagt werden.

Die Annahme, daß Europäer ebenfalls Kassenschlager landen würden, wenn sie über ähnlich hohe Budgets verfügten, ist falsch. Der Umfang des Budgets ist nur ein Element – hinzu kommen bekannte Stars und ein hervorragendes Drehbuch (oder auch nur ein gutes). Ein europäischer Film mit großem Budget ist ohne entsprechendes Drehbuch zum Scheitern verurteilt. Europäische Kinofilme mit vergleichsweise geringen Budgets, aber mit brillantem Drehbuch wie *The Crying Game* und *Vier Hochzeiten und ein Todesfall* waren jedoch Riesenerfolge. Hugh Grant wurde erst mit diesem Film zum Star. Es lohnt sich wohl, an dieser Stelle erneut darauf hinzuweisen, daß das Drehbuch mehrfach umgeschrieben wurde.

Wir sollten voller Bewunderung für die amerikanische Filmindustrie sein. Nicht weil ihre Filme besser sind als unsere. Nicht weil ihre Geschichten interessanter sind. Auch nicht, weil sie höhere kulturelle Werte reflektieren, sondern weil sie auf einem umkämpften Markt erfolgreich sind, auf dem wir scheitern. Wenn wir es wirklich wollen, können wir effizienter mit den Amerikanern in Konkurrenz treten, aber Grundvoraussetzung hierfür ist, daß wir das Kinopublikum respektieren.

Welche Geschichte Sie auch erzählen möchten, erzählen Sie

sie so, daß sie einer möglichst großen Zuschauerzahl zugänglich ist. Das heißt, Sie müssen sie visuell erzählen. Eine Alternative gibt es nicht. Verbale oder akustische Informationen sind eine viel weniger effiziente Kommunikationsform. Sie müssen jene charakteristischen Merkmale des Publikums ansprechen, von denen wir wissen, daß sie dominieren, sprich den Wunsch nach emotionalen Erfahrungen, den Wunsch, im Kino eher zu fühlen als zu denken.

Wenn Sie mich fragen, warum so viele Filme scheitern oder so viele schlechte Filme gedreht werden, würde ich persönlich die Ursache dafür hauptsächlich im Ego sehen, im Ego der Autoren, Regisseure und sogar der Bankmanager. Und auch das Ego der Agenten möchte ich nicht ausnehmen.

Viel zu viele Leute in dieser Branche benehmen sich, als wäre das Ziel die Realisierung eines Films an sich. Ich kann verstehen, warum ein Autor sich gut fühlt, wenn er etwas verkauft hat. Aber wenn der Autor, wenn man ein wenig Druck ausübt, zugibt, daß das Drehbuch nicht besonders gut ist, sollte der Verkauf ihn dann immer noch mit solcher Befriedigung erfüllen? Wird dieses Drehbuch langfristig wirklich seiner Karriere förderlich sein?

Ich habe nichts gegen künstlerische Programmkino-Filme. Ich denke, daß kulturelle Filme eine ebenso wichtige und wertvolle Rolle spielen wie das Theater und die Oper. Wir alle wissen, daß Opernhäuser ohne Zuschüsse schließen müßten. Und in Europa würde ohne Bezuschussung auch die Filmindustrie in ihrer derzeitigen Form verschwinden. Und doch, möglicherweise würde sie nach einiger Zeit nur schlanker, aber dafür um so gesünder aus dieser Erfahrung hervorgehen.

Ohne Zuschüsse würde sich die Art ändern, wie Filme gemacht werden. Wir würden ernsthafter mit den Amerikanern in Wettbewerb treten müssen. Manch einer würde dies als Herabsetzung unserer kulturellen Standards werten (der Effekt des kleinsten gemeinsamen Nenners). Da vieles von dem, was mit Fördergeldern geschrieben wird, sich nicht an ein bestimmtes Zielpublikum oder an einen speziellen Markt richtet, da darüber hinaus die meisten Fördersysteme »unkritisch« zu sein scheinen, muß es unweigerlich zwei Extreme geben. Vernünftig wäre es, sich an der Mitte zwischen diesen beiden Extremen zu orientieren. Unsere kulturelle Integrität würde durch mehr redaktionelle und entwicklungstechnische Arbeit an Drehbüchern nicht unterwandert werden, und unsere Filme wären wettbewerbsfähiger. Das Ergebnis wäre möglicherweise eine entscheidende Kräftigung und Promotion unserer Kulturen.

Mit anderen Worten, Filmförderung ist in Europa nicht der unverzichtbare kulturelle Lebensretter, für den Politiker und Filmemacher sie zu halten scheinen. Bis zu einem gewissen Grad hat sie sogar einen gegenteiligen Effekt. Weniger Energie auf die Aufbringung von Fördermitteln zu verwenden und dafür mehr auf die Technik des Geschichtenerzählens könnte ein Weg sein, die Lage zu verbessern.

Um diesen Punkt besser zu verstehen, kann es aufschlußreich sein, die in den USA beispielsweise bei Sitcoms gängige Praxis des Umschreibens mit der »autorenlastigeren« Praxis bei europäischen Sitcoms zu vergleichen.

Eine andere Annäherung

Caryn Mandebach, Produzentin von Fernsehserien wie *Bill Cosby Show, Roseanne* und *Grace Under Fire*, hat den Prozeß wie folgt beschrieben[2]:

Nachdem der erste Drehbuchentwurf abgeliefert wurde (wobei es sich nicht um die allererste Fassung handelt, da ein Team hochbezahlter Autoren bereits seit einiger Zeit an der Handlung und dem vorliegenden Drehbuch gearbeitet haben wird), macht der Produzent redaktionelle Anmerkungen.

Erst dann, wenn der Produzent das Drehbuch für akzeptabel hält, geht es zur Leseprobe an die Schauspieler. Am darauffolgenden Tag, nachdem die Darsteller das Buch kommentiert haben, machen sich die Autoren erneut an die Arbeit und nehmen die entsprechenden Änderungen vor. In dieser Phase wird die erste Drehbuchfassung etwa zu 50 Prozent umgeschrieben! Die Autoren erwarten es nicht anders. Sie wissen, daß sie, wenn die Qualität der Sendung gehalten werden soll, die Kritik brauchen, um die 50 Prozent auszusondern, die qualitativ nicht hochwertig genug sind.

Nachdem diese zweite Fassung abgeliefert wurde, geht sie erneut an die Darsteller, zu *ersten Proben*. Produzenten und Autoren verfolgen sehr aufmerksam die Proben der Schauspieler, von denen jeder noch eine Kopie des Drehbuchs in der Hand hält. Hierbei wird deutlich, daß manche Szenen noch verbessert werden können und erneut umgeschrieben werden müssen: 25 bis 30 Prozent des Drehbuchs werden nach dieser ersten Probe erneut verändert.

Bei der *zweiten Probe* kommt vielleicht noch der Redakteur hinzu – und dieses zusätzliche Augenpaar ist hilfreich. An diesem Punkt wird möglicherweise auch eine Rolle umbesetzt. Gewöhnlich werden nach dieser zusätzlichen Kritik weitere zehn Prozent des Skripts umgearbeitet, so daß nur noch der letzte Schliff übrigbleibt. Unter Umständen wird auch ein professioneller Gag-Schreiber hinzugezogen, um den Dialogen mehr Pfiff zu verleihen.

Wenn man den Aufwand betrachtet, den die Amerikaner im Vergleich zu den Europäern bei der Entwicklung eines Skripts betreiben, ist es schwierig, keine Vorurteile zu fassen. Aber die Konsequenz dieses Unterschiedes ist ungeachtet der exakten Zahlen klar. Der Prozentsatz von dem, was in der Film- und Fernsehindustrie Amerikas für sämtliche Aspekte der Skriptentwicklung aufgewendet wird, liegt vermutlich irgendwo zwischen sieben und zehn Prozent des gesamten audiovisuellen Budgets. In Deutschland sind es vielleicht ca. zwei Prozent.

Das alles fällt darauf zurück, wie eine Geschichte erzählt wird. Wenn wir etwas von den Amerikanern lernen können, dann das.

Der europäische Markt

Was können wir in Europa sonst noch aus der audiovisuellen Dominanz Amerikas lernen? Und wie sollte Europa als Markt wahrgenommen werden?

Es gibt das Argument, daß in Europa offenbar ein kreatives Umfeld existiert, das der andauernden Produktion erfolgreicher Kinodrehbücher nicht förderlich ist.³

Kann man tatsächlich das Argument gelten lassen, daß die europäische Filmindustrie gescheitert ist, weil es hierzulande nur sehr wenige Drehbücher gibt, die über genügend Weitblick und Talent verfügen, wirklich erfolgreiche internationale Filme zu werden? Ich denke ja. Autoren brauchen eine fundierte Aus- oder Weiterbildung, sowohl in ihrem Job als auch außerhalb. In Europa wird jedoch nur minimal in die Ausbildung von Autoren investiert. Es gibt nur wenige professionelle oder industrieorientierte Dreijahreskurse. Drei Jahre werden als absolutes Minimum für die meisten akademischen Grade betrachtet; nichts deutet darauf hin, daß weniger als drei Jahre ausreichend sind, um das Drehbuchschreiben professionell zu erlernen. Europäer neigen dazu, Schreiben mit einem Respekt zu betrachten, der an Ehrfurcht grenzt; dabei sollten wir unsere Autoren eher auf die wettbewerbsintensive Welt da draußen vorbereiten.

Die Autoren trifft nicht die Hauptschuld; die Verantwortung liegt bei der Industrie und ihren Machern, bei Produzenten, Regisseuren, Redakteuren und Agenten. Sie sind es, die das nötige Feedback liefern sollten, und sie zeichnen auch für das Niveau der Drehbücher in der Branche verantwortlich.

Die Aussichten für Autoren sind nicht unsicher, weil die europäische Industrie kaum Anzeichen industriellen Fortschritts vorweist, und das nicht nur wegen des erfolgreichen amerikanischen »Kinoimperialismus«, sondern weil die Macher innerhalb unserer Industrie, die Autoren eingeschlossen, nicht in der Lage zu sein scheinen, sich von ihrer kulturellen Überheblichkeit zu lösen. Alles in allem läßt es sich so zusammenfassen, daß wir selten Filme machen, die gleichzeitig kulturell spezifisch und leicht zugänglich sind.

Darum hat die amerikanische Industrie auch ein so hochentwickeltes Niveau auf dem Gebiet des Geschichtenerzählens vorzuweisen. Diese Kunst muß den Kontakt zum Publikum herstellen. Wenn Europa nur halb soviel wie Amerika in die Entwicklung seiner Drehbücher stecken würde, könnte es gelingen, auch in Europa eine Industrie zu schaffen, in die es sich zu investieren lohnt. Und Autoren, die sich passiv über den Status quo beklagen, ohne den Autorenverbänden beizutreten und so dazu beizutragen, eine Lobby für bessere Bedingungen zu schaffen, haben ebenso schuld wie jene, die versuchen, sie auszubeuten. Indem man in der Zusammenarbeit zwischen Autoren auf der einen und Agenten, Redakteuren, Produzenten und Regisseuren auf der anderen Seite während des ganzen Arbeitsprozesses zu Kritik ermutigt, wird das ganze Team von besseren Resultaten profitieren.

Deutschen Drehbuchautoren kann es den Weg zu Aufträgen ebnen, wenn sie eine zweite Sprache fließend beherrschen. Im allgemeinen ist es leichter, Aufträge an Land zu ziehen, als ein bereits fertiges Werk zu verkaufen. Das liegt teils am Ego des Produzenten, teils an der Tatsache, daß gute Produzenten wissen, in was ihre Geldgeber aus den Bereichen Fernsehen, Film und Föderungen bereit sind zu investieren. Darum ist es für sie sinnvoll, nach dem richtigen Talent Ausschau zu halten, das ihnen genau das Drehbuch schreibt, das sie brauchen, anstatt darauf zu hoffen, zufällig über ein passendes Drehbuch zu stolpern.

Wenn Sie außerhalb des deutschsprachigen Raums arbeiten wollen, können Sie versuchen, eine Leseprobe Ihres Drehbuchs zu verschicken, mit detailliertem Lebenslauf sowie Informationen zu Ihren Sprachkenntnissen in Sprache und Schrift. Namen und Adressen von Produktionsfirmen finden Sie in der Fachpresse wie beispielsweise dem *European Filmfile*[4], oder sie sind in EU-Mitgliedsstaaten über die MEDIA-Verwaltung der EU erhältlich. Auch ist es hilfreich, sich mit dem vertraut zu machen, was auf den Bildschirmen der einzelnen Länder gezeigt wird. Es lohnt sich, eine Satellitenschüssel oder einen Kabelanschluß zu besorgen, über die sämtliche europäischen Kanäle zu empfangen sind, wenn Sie ernsthaft beabsichtigen, diese Märkte anzuvisieren.

Alle großen Fachzeitschriften – *Blickpunkt Film, Filmecho/Filmwoche* und *Variety* enthalten reichlich Informationen darüber, was die Menschen sich weltweit ansehen. Lesen Sie sie. Ich möchte an dieser Stelle noch einmal wiederholen, daß es keine Entschuldigung dafür gibt, unvorbereitet zu sein, gleich, welchen Markt auf der Welt Sie anpeilen. Mittels Internet ist es mittlerweile noch leichter, sich marktbezogene Informationen zu beschaffen.

Schließlich gibt es noch eine Reihe internationaler Fachmessen – MIP, die Filmfestspiele in Cannes, MIPCOM, MILIA und die AFM, um nur einige zu nennen –, die zu besuchen sich ganz sicher lohnt. Die Termine werden frühzeitig in der Fachpresse angekündigt.

Der Markt in Deutschland

Der Film- und Fernsehmarkt in Deutschland hat sich in den letzten Jahren recht stürmisch entwickelt, wenn auch mit nur teilweise erfreulichen Ergebnissen. Nach Erfolgen wie *Jenseits der Stille*, *Rossini*, *Knockin' on Heavens Door* und *Comedian Harmonists* brach in Deutschland geradezu eine Euphorie aus, die inzwischen einer gewissen Ernüchterung über die Härte des Kinogeschäfts gewichen ist. Dennoch ist zur Zeit die Suche und die Gier nach neuen Stoffen, zündenden Ideen und vor allem nach Autoren, die diese umsetzen können, so groß wie nie zuvor. Angesichts vereinzelter Kinoerfolge und unzähliger TV- und Serienproduktionen sind die deutschen Produzenten, Redakteure, aber auch einzelne Finanziers anscheinend auf den Geschmack gekommen. Schließlich müssen immer mehr private und öffentlich-rechtliche Sender mit Programmen gefüllt werden, die Werbeeinnahmen und Einschaltquoten garantieren. Zusammen mit dem Tod des Autorenfilms liefern diese Umstände die Ausgangssituation für eine völlig neue Autorengeneration. Gewöhnlich bekommen

Autoren ihre ersten Aufträge in den Bereichen Daily-Soaps und Serien. Selbst Zwanzigjährige erhalten erste Drehbuchaufträge, junge Studenten schließen sich zu Autorenteams zusammen, ohne gleich in die Fußstapfen Goethes treten zu wollen. Serien, Sitcoms, aber auch TV-Movies bieten ein breites Übungsfeld für junge Autoren und solche, die es werden wollen. Außerdem bieten sie attraktive Verdienstmöglichkeiten für diejenigen, die diszipliniert arbeiten und auch bereit sind, auf Wünsche und Anregungen von Produzenten und Redakteuren einzugehen.

Die Sender verfügen über verschiedene Abteilungen, die jeweils für Spielfilme, Fernsehspiele oder TV-Movies, Reihen und Serien oder leichte Unterhaltung (zu der gewöhnlich auch Sitcoms gehören) usw. zuständig sind. Aufgrund der recht hohen Fluktuation in der Branche (vor allem bei den privaten Sendern) wechseln die Verantwortlichen häufig, und Sie sollten überprüfen, wer tatsächlich aktuell zuständig ist, bevor Sie an jemanden schreiben, den Sie nicht kennen. Es ist immer besser, Briefe an eine bestimmte Person mit ihrer korrekten Position zu adressieren, als eine unpersönliche Anrede zu wählen.

Wenn Sie sich über Sender und Produktionsfirmen sowie über Autoren- und Agentenverbände informieren wollen, so nutzen Sie die Handbücher und Publikationen der Sender und Verbände. Dort sind auch die bisherigen Produktionen aufgeführt. Hier können Sie erkennen, welches Profil eine Produktionsfirma bzw. ein Sender hat. So können Sie es vermeiden, einem Produzenten von Kinderfilmen einen reißerischen Psycho-Thriller zu schicken. Die wichtigsten Verbände sind: Bundesverband Deutscher Fernsehproduzenten (Wiesbaden) und Verband Deutscher Spielfilmproduzenten (München). Wichtige Handbücher sind *Scholz*, *FilmFernseh ABC* und der *Produktions-Kay*.

Was die Spielfilmindustrie in Deutschland angeht, sieht es weniger rosig aus. Es gibt sehr viele unabhängige Produktionsgesellschaften, aber bei nur sehr begrenzter Föderung von staatlicher Seite und kaum Investitionen aus privaten Quellen sind die Chancen dünn gesät. Es ist also äußerst schwierig, sein Spielfilmdrehbuch an den Mann oder die Frau zu bringen. Immerhin gibt es auch die Möglichkeit, bei staatlichen Stellen Drehbuchförderung zu beantragen. Die finanzielle Unterstützung steht im Prinzp jedem offen, der eine packende Geschichte vorzuweisen hat. Trotzdem macht es keinen Sinn, ein unausgereiftes Exposé einzureichen. Wenn Sie unsicher sind, nutzen Sie die Möglichkeit, an einem Drehbuchworkshop teilzunehmen. Hier haben Sie die Gelegenheit, mit der Unterstützung von erfahrenen Dramaturgen Ihre Idee zu einem fertigen Drehbuch zu entwickeln.

Schließlich gibt es inzwischen auch in Deutschland eine Reihe von relativ professionell und effektiv arbeitenden Film- bzw. Medienagenturen, die bereits Erfahrung in der Vertretung und Betreuung von Drehbuchautoren haben. Auch einige Bühnenverlage bzw. -vertriebe vertreten inzwischen neben ihrem Theaterrepertoire zunehmend Drehbuchautoren.

Fazit

Es ist besser, wenn Sie Ihre Bemühungen hauptsächlich auf die Produzenten in Ihrem Heimatland konzentrieren, ob es sich nun um Sender oder unabhängige Produzenten im Kino- oder Fernsehfilmbereich handelt. Wenn Sie keinen Agenten haben, kann es eine große Rolle spielen, wen Sie kennen und wie gut Sie ihn kennen. Darum ist auch PR so wichtig.

Erforschen Sie die Märkte. Informationen finden Sie:

- in der Fachpresse
- in Büchern
- in dem Werbematerial der Sender.

Wenn Sie wissen, was Sie schreiben möchten, und Sie Ihr Treatment und einige Seiten Ihres Drehbuchs fertig haben, sollten Sie wissen, wo der Markt dafür liegt. Es ist wie bei der Frage, was zuerst da war, das Huhn oder das Ei. Sie (oder Ihr

Agent) müssen eine bestimmte Person ausmachen, an die Sie Ihre Unterlagen schicken. Sie sollten also Ihre Annäherung und Strategie planen.

---

[1] Martin Dales *Europa* ist sehr informativ, was die amerikanische Filmindustrie betrifft. Eine von der EU herausgebrachte Publikation mit dem hoffnungsvollen Titel *Audiovisuelle Politik: Die Stimulation des dynamischen Wachstums in der europäischen Filmindustrie* (MEDIA II 1996-2000) weist auf die sinkende Wettbewerbsfähigkeit der europäischen audiovisuellen Industrie verglichen mit jener in Amerika hin. »Innerhalb von zehn Jahren haben europäische Filme zwei Drittel des Kinopublikums in Europa eingebüßt, und ihr Marktanteil ist auf unter 20 Prozent abgefallen. Europäische Filme waren am stärksten vom Rückgang der Zuschauerzahlen betroffen, der in Europa besonders drastisch ist (von 1,2 Milliarden Zuschauern auf 550 Millionen in fünfzehn Jahren).
Die Summe der Sendestunden der europäischen Fernsehanstalten hat sich seit 1988 verdoppelt (von 500.000 Stunden auf derzeit 1.000.000 Stunden), ohne einen entsprechenden Anstieg bei der Produktion europäischer Werke. Das alles bedeutet, daß das Defizit auf dem audiovisuellen Sektor innerhalb der Gemeinschaft, das mit den Vereinigten Staaten bereits an die 3,6 Milliarden Dollar beträgt, weiter ansteigt.«
[2] Bei einem PILOTS-Workshop für die Entwicklung von Dauerserien. PILOTS steht für *Programme for the International Launch of Television Series*. Siehe auch Seite 193.
[3] James Park, *ibid*.
[4] European Film Production Guide Ltd. (Hrsg.) 30-31 Great Sutton Street, London EC1V ODX, Tel: 0171 4 54 11 85, Fax: 0171 4 90 16 86.

Das Leben ist ein Pitch

Es gibt Gelegenheiten, da ist es wichtiger, eine Geschichte zu verkaufen, als eine Geschichte zu erzählen. »Pitching«, das Lancieren, ist eine dieser Gelegenheiten. Pitchen bedeutet, eine Geschichte oder Idee fürs Kino oder Fernsehen zu verkaufen, indem man diese mündlich präsentiert. Das haben wir alle schon mit mehr oder weniger Erfolg getan, aber nicht jedem ist klar, daß dazu mehr gehört als nur ein paar sorgfältig gewählte Worte.

Pitching ist der Augenblick, da Autoren, Redakteure oder Produzenten selbst auf die Bühne müssen, um sich möglichst überzeugend darzustellen. Da wir in Europa nicht in einer »Pitching-Kultur« arbeiten – dies bezieht sich ebenso auf jene, die pitchen und jene, an die das Pitching adressiert ist –, gibt es meist keine ausreichende Vorbereitung auf diese Form der Performance, und ihr wird auch nur wenig Bedeutung beigemessen. Ob Pitchen Ihnen Spaß macht oder nicht, Ihre Autorenkarriere wird von Ihrer Geschicklichkeit auf diesem Gebiet zweifellos profitieren.

Pitching ist darum so wichtig, weil gute Projekte zu oft abgelehnt werden, weil der »Käufer« nicht das Vertrauen in die Geschichte, sondern in den Pitcher verliert. Das Ergebnis? Das Drehbuch wird abgelehnt.

Es gibt ganz bestimmte Vorbereitungen, die Sie treffen können, um ihr mündliches Pitching zu verbessern. Autoren und Produzenten verwenden selten so viel Mühe darauf, sich selbst vorzubereiten, wie darauf, die Präsentation ihrer Projekte auszufeilen. Aber *Sie* sind Teil des Pitches, und es kann leicht passieren, daß Sie sich selbst alles verderben.

Wenn Sie erst wissen, warum so viele Leute sich selbst bei

wirklich wichtigen Meetings so schlecht verkaufen, können Sie manche Fehler bei sich selbst vermeiden. Den meisten von uns ist es schon passiert, daß ihnen nach einem Gespräch oder Treffen die Antwort auf eine Frage eingefallen ist, die sie, als es darauf ankam, nicht beantworten konnten. Dem kann man vorbeugen.

Es läßt sich lernen, wie man reden, wann man schweigen und vor allem, wann man den Kurs ändern muß. Sie können lernen, *warum* es wichtiger ist, die Geschichte zu *verkaufen*, und wie Sie verhindern, sich unausweichlich dazu hinreißen zu lassen, sie zu *erzählen*. Auch können Sie lernen, wie man die Richtung eines Gesprächs steuert, um das gewünschte Ziel zu erreichen.

Warum ist all das so wichtig? Weil die Film- und Fernsehindustrie auf »Vertrauen« begründet ist. Hat jemand Vertrauen in Sie, haben Sie es schon zur Hälfte geschafft. Vieles von dem, was in der Branche erzählt wird, ist schlicht unwahr. Beispielsweise heißt der Satz »Ich habe einen Vertrag abgeschlossen« häufig nicht mehr als »Ich hatte ein vielversprechendes Gespräch«! Die Branchenprofis sind das gewöhnt; Sie müssen also mit Ihrem mündlichen Pitching große Skepsis überwinden.

Viele Aufträge resultieren aus Begegnungen zwischen Produzent und Redakteur. Nachdem sie Ihr ohne Auftrag geschriebenes Drehbuch gelesen oder ein verfilmtes Skript von Ihnen im Fernsehen gesehen haben, werden Sie zu einem Treffen eingeladen (oder Ihr Agent arrangiert ein solches). Ein ungeschriebenes Gesetz lautet, daß Sie in der Lage sein sollten, Ihren ersten Pitch, also die Kurzpräsentation Ihres Projekts, in weniger als einer Minute vorzubringen. Das wird nicht der einzige Pitch sein, den Sie brauchen, um den Auftrag zu bekommen (es sei denn, er gibt Ihrem Gegenüber schon den Rest!). Wenn jemandem Ihre kurze Präsentation gefällt, wird man Sie zweifellos um weitere Informationen bitten. Ich persönlich ziehe es vor, als nächstes schriftliche Unterlagen zu überreichen, aber manchmal wird man Sie auch auffordern, sich mündlich zu äußern.

Der prägnante Pitch

Wie funktioniert der prägnante Pitch am besten? Jeder hat hierfür sein eigenes Patentrezept. Eine zuverlässige Methode scheint darin zu bestehen, das Essentielle des Projektes herauszufiltern und auf ein Minimum zu reduzieren. Hier einige Beispiele:

1 Worum geht es? Sie brauchen nicht die ganze Geschichte zu erzählen; weisen Sie lediglich darauf hin, um welche Art von Geschichte oder Sendung es geht.
2 Warum es beim Publikum ankommen wird und welches Publikum es ansprechen wird.
3 Wenn Sie der Produzent sind, woher Sie hoffen, die finanziellen Mittel zu bekommen.

Pitching beinhaltet somit die Kunst des »Packaging«. Das tun Autoren, Produzenten und Filmemacher gleichermaßen, ohne es unbedingt so zu bezeichnen. Aber um auf diesem Gebiet erfolgreich zu sein, müssen Sie sich bei Ihren Mitspielern in der Branche auskennen.

Das Paket

Der Begriff des »Packaging« nimmt ultimativ Gestalt an in den Methoden, die die größten Agenturen Hollywoods anwenden, um ihre Kunden (Produzenten, Autoren und Stars) in einem Paket unterzubringen, das sie dann einem Studio vorlegen, von dem das Ganze finanziert werden soll. Das Paket ist so vielversprechend, daß das Studio nicht ablehnen kann (oder wird), gleich, wie hoch das Budget ausfällt. Möglich ist auch, daß das Studio so erpicht auf ein Element des Pakets ist, daß es bereit ist, alle anderen mit einzukaufen. Dies ist der ultimativ verkaufsorientierte Zugang zu einer Finanzierung; er hat seine Vorteile, aber auch viele Nachteile.

Ein offensichtlicher Nachteil ist der, daß dem Drehbuch nicht immer die Priorität eingeräumt wird, die ihm gebührt, da solche Pakete eher Stars puschen sollen als Autoren. Hieraus resultiert, daß viele Filme mit Starbesetzung entweder floppen oder aber gräßlich sind und trotzdem beim Publikum ankommen. In beiden Fällen hätte es allen Beteiligten zum Vorteil gereicht, dem Skript größere Aufmerksamkeit zu schenken.

Für einen Autor, vor allem, wenn er noch am Anfang seiner Karriere steht, kann das Paket nur aus einem Treatment oder einem Drehbuch, einem Lebenslauf und einem Begleitschreiben bestehen. Pakete wie dieses sollten nicht ohne Vorankündigung verschickt werden. Agenten, Produzenten und Redakteure sind immer auf der Suche nach neuen Talenten, aber ein schweres Paket, das unangemeldet auf einem Schreibtisch landet, ist nicht der beste Anfang. Finden Sie erst heraus, ob Ihr Adressat überhaupt bereit oder interessiert ist, Ihren Stoff zu lesen. Bringen Sie ihn dazu, es anzufordern. Psychologisch macht dies einen großen Unterschied.

Wenn Sie Ihr Paket zusammengestellt haben, müssen Sie Ihr Material und sich selbst verkaufen können. Das wird früher oder später mündliches Pitching erfordern. Wichtig ist, daß Sie im Rahmen Ihrer Vorbereitung verschieden lange Präsentationen für Ihr Projekt ausgearbeitet haben. Der Punkt ist nicht der, daß Sie eine dieser Präsentationen hölzern herunterleiern sollen. Vielmehr wird diese Vorbereitungsarbeit Ihnen das Selbstvertrauen geben, Ihrem Projekt notfalls in weniger als einer Minute gerecht zu werden oder es auf Verlangen auch umfassender zu erläutern. Wichtig ist, daß Sie mit einer packenden, knappen, einprägsamen Beschreibung beginnen. Das hat gleich zwei Vorteile. Sie beweisen Ihrem Gesprächspartner, daß Sie in der Lage sind, Ihr Projekt auch gegenüber einem Dritten mühelos zu pitchen (das heißt, daß es entsprechend leichter sein wird, es einem Publikum zu verkaufen), und darüber hinaus weckt es seine Neugier, und er verlangt nach näheren Einzelheiten.

Drei Wörter sind besser als vier

Im allgemeinen gilt, je knapper und prägnanter der erste Pichting-Satz, desto besser. Verzweifeln Sie nicht, wenn es Ihnen schwer fällt, sich etwas so Gutes auszudenken wie »Wir sind nicht allein« (*Unheimliche Begegnung der Dritten Art*) oder »Der weiße Hai im Weltraum« (aus *Alien*). Ein Konzept einer Geschichte oder ein kurzer Pitch beinhaltet für gewöhnlich die Hauptfigur und die Schlüsselhandlung des Films: »Es ist eine Geschichte über einen Mann, der etwas getan hat ...« Sie sollten in der Lage sein, fast jeden Vorschlag auf diese Formel zu reduzieren: »Dies ist ein Film über X, der Y.«

Ein Schlüsselsatz ist etwas anderes als das Konzept einer Geschichte oder ein vollständiger Pitch. Gewöhnlich ist er sehr kurz und dazu bestimmt, aufhorchen zu lassen. Schlüsselsätze, sogenannte *Log-lines*, sind es, die die Zuschauer jeden Abend vor den Fernseher locken. Sie werden speziell zu diesem Zweck für Fernsehzeitschriften und Abendzeitungen oder auch Filmplakate geschrieben.

Zu den berühmten Schlüsselsätzen über Spielfilme gehören: »Man kann diese Love Story von drei Seiten sehen« (*Kramer gegen Kramer*), »Liebe bedeutet, nie um Verzeihung bitten zu müssen« (*Love Story*) und »Die Geschichte eines Mannes, einer Frau und eines Hasen in einem Dreieck der Leidenschaft« (*Falsches Spiel mit Roger Rabbit*).

Abgesehen davon, daß Sie es dem überarbeiteten Produzenten leichter machen sollten, Ihren Pitch im Gedächtnis zu behalten, müssen Sie ihn mit Ihrer Begeisterung für die Geschichte beeindrucken. Wenn sie Ihnen selbst nichts bedeutet, wird sie kaum andere überzeugen. Begeisterung ist wichtig, und darum wird es auch aussehen, als wären Sie unzuverlässig oder unsicher und nicht an einer ernsthaften dauerhaften Zusammenarbeit interessiert, wenn Sie gleich fünf oder zehn verschiedene Ideen vorbringen.

Halten Sie sich vor Augen, daß einem großen Hollywood-Studio bis zu 50.000 Pitches oder Vorschläge jährlich unterbreitet werden, während es nur zehn bis zwölf Filme tatsächlich realisieren kann. Darum ist der Status des Autors auch ein relativ geringer. In Europa mag das Verhältnis nicht ganz so extrem sein, aber auch hier flattern den Zuständigen der Branche Unmengen von Ideen auf die Schreibtische. Unsere Agentur bekommt wöchentlich über 100 Angebote von Autoren zugeschickt, und bei den größeren Agenturen müssen es noch mehr sein.

Der Wettbewerb auf dem Pitch-Sektor ist also hart, und Pitching ist etwas, das sich immer weiter verbessern läßt, während Sie, wenn Sie kein schriftstellerisches Talent besitzen, nicht viel daran ändern können. Wenn Sie Pitching beherrschen, wird Ihnen das helfen, die erste Sprosse einer sehr langen Leiter zu erklimmen. Auch ist Flexibilität gefragt – Sie sollten darauf vorbereitet sein, in jeder gewünschten Länge zu pitchen, ob 15 Sekunden, eine Minute oder eine Stunde. Und seien Sie stets darauf vorbereitet, spontan und ohne Vorwarnung pitchen zu müssen; Sie können nie wissen, wann Sie jemandem begegnen, der möglicherweise »ja« sagt. Ich habe einmal bei den Filmfestspielen in Cannes auf der Toilette des Majestic Hotel den spontanen Pitch eines Mannes gehört. Beim Händewaschen war ich erfüllt von Bewunderung für den Produzenten. Der Versuch mag nicht zu einem Deal geführt haben, aber wenigstens besaß er Initiative.

Grundlegende Richtlinien des Pitching

Am Ende dieses Kapitels werde ich eine Reihe spezifischer Punkte anführen, die Ihre Pitching-Methode sinnvoll verbessern können, aber vorab möchte ich einige allgemeine Richtlinien erwähnen:

1 Fassen Sie sich kurz. Auf Aufforderung Ihrer Gesprächspartner können Sie immer noch weiter ausholen, aber mit Prägnanz vermeiden Sie, langweilig zu sein – die am meisten verbreitete Eigenschaft von Pitchings.
2 Sie müssen Ihren Gesprächspartnern die Geschichte oder den Film in wenigen groben Zügen verdeutlichen können.

3 Halten Sie eine Alternative bereit, für den Fall, daß Ihre Pitching-Methode nicht ankommt.

Wenn Sie sich an diese Regeln halten (und daran, daß ein Pitch keine Geschichte ist und Sie nicht ins Detail gehen sollten), werden Sie die größten Fallgruben umgehen. Wenn Sie es mit jemandem zu tun haben, der befugt ist, Ihnen ein verbindliches »ja« zu geben, um so besser, aber das ist nicht immer machbar, weil die meisten Leute, die diese Befugnis besitzen, sich vernünftigerweise hinter »Torwächtern« verstecken, deren primäre Funktion darin besteht, »nein« zu sagen. Kurz, ein guter Pitch kann Ihnen einen Vertrag einbringen, aber das heißt nicht notwendigerweise, daß Ihr Film auch realisiert wird. Wenn Sie geschickt darin sind, sich leichtverständliche Filmideen auszudenken, es verstehen, diese zu artikulieren und andere davon zu überzeugen, daß es sich lohnt, sie umzusetzen, sie aber auf der anderen Seite als Autor nicht genügend Talent besitzen, sollten Sie es vielleicht als Produzent versuchen. Es hat nicht viel Zweck, sich als Autor verkaufen zu wollen, wenn man nicht schreiben kann. Sie müssen nach Ihrem Pitching-Gespräch auch gutes Material liefern können.

Was das Pitching betrifft, gibt es einige Unterschiede zwischen Kino- und Fernsehfilmen, aber wichtig ist, immer daran zu denken, daß es bei den Geschichten allgemein um Figuren geht, mit denen sich der Zuschauer identifizieren können muß. Das hängt nicht nur damit zusammen, daß der Zuschauer das Leben dieser Figuren leben möchte – vielmehr will er Einblicke in sich selbst gewinnen. Sie müssen in der Lage sein, ein Publikum dazu zu bringen, seine Gefühle in eine Figur zu investieren, so daß es erlebt (und nicht nur beobachtet), was der Protagonist durchmacht. Dieses Miterleben ist der Schlüssel zum Erfolg. Bei Dokumentarfilmen ist die Motivation des Publikums naturgemäß eine andere. Trotzdem kann man sich auch hier die grundsätzliche Frage stellen: Warum sollte sich jemand diesen Film oder diese Sendung ansehen wollen?

Ob Sie einen Spielfilm oder die Folge einer Daily-Soap pitchen, Ihr Gegenüber muß sich mit Ihren Figuren identifizieren können. Auch müssen Sie daran denken, daß Sie beim »Packaging« und Pitchen im Mittelpunkt stehen. Ihre Gelegenheit zu pitchen kann sich bei einem Drink oder in einem von Drehbüchern überschwemmten Büro ergeben, aber es liegt an Ihnen, diese Bühne zu betreten und Star der Show zu sein. Die Bühne ist voll von anderen, die ebenfalls angetreten sind, um dieselben begrenzten Geldquellen zu beeindrucken. In der Lage zu sein, sich selbst und sein Projekt vorteilhaft zu präsentieren, ist beinahe ebenso wichtig wie ein gutes Drehbuch anbieten zu können. Viele der schlechtesten Filme, die Sie je gesehen haben, sind finanziert worden, weil sie genial gepitcht wurden und zu einem attraktiven Paket geschnürt waren.

Unterschätzen Sie die Bedeutung Ihrer Pitching-Methode nicht. Informieren Sie sich über Körpersprache, lernen Sie zu verhandeln, lesen Sie Bücher über Verkaufstechniken und Vertragsabschlüsse. Der Umstand, daß diese Bücher vielleicht nicht direkt etwas mit Film und Fernsehen zu tun haben, ist nebensächlich. Sie sind unverzichtbar im Hinblick auf Ihr Geschick als Mitspieler in diesem Business.

Es gibt einige grundsätzliche Kriterien, die Sie bei Ihren Pitching-Vorbereitungen berücksichtigen sollten:

1 Sich selbst
2 Den Käufer
3 Die nonverbale Kommunikation
4 Ihr Auftreten bei Meetings
5 Den Pitch selbst.

Diese Checkliste deckt die meisten Punkte ab, auf die Sie achten sollten, wenn Sie sich in ein Pitch-Meeting begeben.

Punkt 1: Kennen Sie sich selbst?

1 Wie schätzen Sie Ihre Pitching-Fähigkeiten ein? Reden Sie fließend und mit Überzeugung? Denken Sie einen Augenblick darüber nach. Finden Sie heraus, wie Sie wir-

ken – greifen Sie hierzu auf Spiegel, Freunde, eine Videokamera oder einen Kassettenrecorder zurück.
2 Meist wird viel größere Mühe auf die Vorbereitung des Projekts verwandt als auf die Vorbereitung des Pitchs. Also bereiten Sie sich vor. Welche Reaktion rufen Sie meist bei anderen hervor? Wie schätzen Sie selbst Ihre Stärken und Schwächen ein, vor allem als Verhandlungspartner oder Teammitglied?
3 Lernen Sie Verhandlungstechniken, denn die Kunst des Pitchens hat viel mit Verhandlungsgeschick zu tun. Sie müssen in der Lage sein, auf die Reaktionen Ihrer Gesprächspartner entsprechend zu reagieren. Diese Techniken werden in Dutzenden von Büchern leichtverständlich erläutert.
4 Lernen Sie zu entspannen. Atemübungen, genügend Schlaf vor dem Meeting und eine gesunde Dosis Fatalismus werden Ihrer Performance zugute kommen.

Wenn jemand sehr nervös ist, wird der Sauerstoff in die Muskeln umgeleitet, und der Betreffende kann besser sehen und hören – leider jedoch nicht klarer denken oder sprechen. Das Gehirn scheint in einer »Kampf-oder-Flucht-Situation« zu entscheiden, daß Sie nicht so sehr kontinuierlich logisches Denken benötigen wie die Fähigkeit, um Ihr Leben zu laufen oder zuzuschlagen! Um dem entgegenzuwirken, achten Sie darauf, tief und gleichmäßig zu atmen, damit das Gehirn mit mehr Sauerstoff versorgt wird. Wenn Sie nach einem Meeting wissen, daß Sie schlecht gepitcht oder Fragen ungeschickt beantwortet haben, obgleich Sie über alle notwendigen Informationen verfügten, um die Situation bestens zu meistern, könnte es daran gelegen haben, daß die Sauerstoffversorgung Ihres Gehirns mangelhaft war.

Punkt 2: Kennen Sie die Käufer?

5 Sie müssen über Ihre Gesprächspartner informiert sein, ihren Namen, ihre Position und ihren Werdegang ken-

nen. Überreichen Sie jeder Person, der Sie Ihr Projekt verkaufen wollen, Ihre Visitenkarte, damit sie Ihnen ihre gibt.
6 Sie müssen wissen, welche Projekte jede der Personen bereits realisiert hat: wie gut sie gelaufen sind, welche spezielle Rolle sie bei ihr gespielt haben.
7 Sie müssen wissen, was Ihre Gesprächspartner wollen.
8 Sie müssen wissen, was sie in der Lage sind zu zahlen und was sie in der Vergangenheit gezahlt haben.

Punkt 3: Nonverbale Kommunikation

9 Ein Händedruck ist wichtig, aber packen Sie nicht zu fest zu, vor allem, wenn Sie ein Mann sind und Ihr Gegenüber eine Frau. Und wirken Sie weder schlaff noch schüchtern.
10 Jeder sendet und empfängt schon sehr früh Signale. Wenn Sie erfolgreich sein wollen, müssen Sie etwas von Körpersprache verstehen. Es gibt keine Bücher über Körpersprache bei Film- oder Fernseh-Verkaufsmeetings, aber es gibt zahlreiche über Körpersprache im allgemeinen. Lesen Sie mindestens eins.
11 Versuchen Sie, direkten Blickkontakt herzustellen und das, was Sie sagen, mit offener Gestik zu untermalen. Lassen Sie beispielsweise die Arme im Sitzen locker herabhängen, anstatt sie über der Brust zu verschränken.
12 Sich vorzubeugen anstatt zurück, vermittelt dem Gesprächspartner eher das Gefühl, daß man auf ihn eingeht.
13 Auch Verhalten und Körpersprache des Gegenübers zu spiegeln, kann überaus schmeichelhaft wirken. Gewöhnlich tut man dies nicht bewußt, aber es ist interessant zu beobachten. Beobachten Sie, wie Menschen auf Partys versuchen, einander aufzureißen – das ist die Praxis des Spiegelns hautnah!
14 Sich Notizen von dem zu machen, was Ihre Gesprächspartner sagen, vermittelt ihnen das Gefühl, wichtig zu sein und ernst genommen zu werden.

Punkt 4: Meetings

15 Stellen Sie ganz zu Beginn eine Beziehung zu Ihren Gesprächspartnern her, indem Sie sie nach ihrer Person, ihrer Firma, ihren Filmen oder Sendungen befragen. Es ist völlig in Ordnung, mindestens fünf Minuten darauf zu verwenden – mit anderen Worten, bringen Sie sie dazu, sich Ihnen gegenüber zu pitchen. Das bricht das Eis und verschafft Ihnen interessante Einblicke und Informationen.

16 Wenn Sie und Ihr(e) Gesprächspartner nicht die gleiche Muttersprache sprechen, achten Sie darauf, langsam und deutlich zu sprechen. Bei langsamem Sprechen wird gewöhnlich auch die Stimme tiefer, was die scheinbare Selbstsicherheit und Autorität des Sprechers erhöht.

17 Ermutigen Sie zu Kritik und Offenheit. Fangen Sie damit an, daß Sie betonen, daß Sie aufrichtig an der ehrlichen Meinung Ihrer Gesprächspartner interessiert sind.

18 Verstehen Sie es, die Richtung eines Meetings zu kontrollieren? Dies erreicht man mit Intelligenz, Wahrnehmungsvermögen und der Fähigkeit, rasch zu kombinieren. Wenn Sie diese Taktik nicht beherrschen, nehmen Sie jemanden mit, der darin geschickt ist.

19 Sind Sie ein guter Zuhörer?

20 Sind Sie ein guter Beobachter? Können Sie beobachten und gleichzeitig sprechen und zuhören? Mit anderen Worten, können Sie, auch wenn Sie mittendrin sind, eine gewisse Distanz zum Geschehen wahren?

21 Wenn man Ihnen schwierige Fragen stellt, wahren Sie Ihre Integrität, indem Sie sagen, daß Sie sich später dazu äußern werden, anstatt zu improvisieren und sich möglicherweise bloßzustellen.

22 Reagieren Sie nicht negativ auf Kritik. Sagen Sie: »Das ist interessant, ich werde ganz bestimmt darüber nachdenken«, auch wenn Sie die Kritik für gänzlich uninteressant oder dumm halten. Bleiben Sie cool. Und schließlich, vergessen Sie nicht, daß Sie nicht Autor oder Produzent nur einer Geschichte sind.

Punkt 5: Der Pitch

23 Leidenschaft und Klarheit sind die beiden wichtigsten Eigenschaften Ihres Pitchs. Das gilt vor allem für einen längeren Pitch, bei dem es schwieriger ist, Leidenschaft und Klarheit hochzuhalten.

24 Seien Sie sich vorab darüber im klaren, wieviel Sie preisgeben wollen.

25 Lernen Sie zu erkennen, ob Sie zu langatmig sind. Sie müssen erkennen können, wann es an der Zeit ist, zum Ende zu kommen (indem Sie Ihre Gesprächspartner beobachten und ihnen aufmerksam zuhören).

26 Übertreiben Sie nicht.

27 »*High Concept*« ist ein Begriff aus der amerikanischen Filmindustrie und bedeutet u.a., daß etwas leicht verständlich ist. Können Sie einen Weg finden, Ihr Projekt in diese Form zu bringen?

28 Der Pitch soll die Geschichte verkaufen, während Treatment und Exposé dazu gedacht sind, sie zu erzählen. Bringen Sie beides nicht durcheinander. Verfallen Sie niemals in die langweilige erzählerische »Und dann ... und dann ... und dann«-Litanei. Es ist tödlich, sich das anzuhören.

29 Denken Sie immer an die drei »Regeln« des Pitching:
   a) Worum geht es?
   Dieser Punkt läßt sich in drei Abschnitte gliedern:
   I Wer ist die Hauptfigur?
   II Was will die Hauptfigur? (Und was hindert sie daran, es zu bekommen?)
   III Wie bekommt sie, was sie will?
   b) Warum wird Ihre Geschichte bei wem ankommen?
   c) Woher sollen die finanziellen Mittel kommen?

30 Eine miserable Geschichte und ein schlechter Pitch können manchmal trotzdem Resultate bringen, wenn die Leute, mit denen Sie es zu tun haben, sich gut eine Zusammenarbeit mit Ihnen vorstellen können.

Ein letztes Wort

Ich glaube, es war William Goldman, der einmal gesagt hat, daß es in Hollywood immer um das nächste Projekt gehe. Verlieren Sie nie den Rest Ihrer Karriere aus den Augen. Versteifen Sie sich nicht zu sehr auf das aktuelle Projekt. Seien Sie immer bemüht, sich weitere Türen zu öffnen. Sie sind Teil des Pitches. Das vergessen die meisten Autoren und Produzenten, wenn sie ihre ganze verfügbare Zeit in die eine Geschichte investieren.

Irgendwann werden Pitch und Treatment der Vergangenheit angehören. Denken Sie daran, daß die Geschichte an sich nicht so wichtig ist wie Ihre Art, sie zu erzählen. Eine schlechte Geschichte in den Händen eines genialen Autors wird erfolgreicher sein als eine geniale Geschichte in den Händen eines schlechten Autors. Letzten Endes wird alles vom Skript abhängen.

Kritik und Änderungen

Sie haben eine Idee, ein Treatment oder vielleicht ein fertiges Drehbuch vorgestellt. Das Feedback wird nicht lange auf sich warten lassen. Einiges davon wird aufschlußreich sein, anderes negativ. Zwischen nützlicher und konstruktiver Kritik auf der einen Seite und nutzloser, destruktiver Kritik auf der anderen zu unterscheiden ist überaus wichtig. Wenn Sie an die unter erfahrenen Autoren kursierende Weisheit »Drehbuchschreiben heißt Umschreiben« glauben, werden Sie ganz allgemein für Kritik empfänglicher sein. Wenn Sie aktiv zu Kritik an Ihrer Arbeit ermutigen, werden Sie auch welche bekommen. Fast jeder genießt es, über jemanden oder etwas zu urteilen. Günstigenfalls fällt die Kritik konstruktiv aus. Wenn nicht, bedeutet der Umstand, daß Sie in der Lage waren, um die Kritik zu bitten, vermutlich, daß Sie auch in der Lage sind, nutzlose und negative Kritik zu ignorieren. Setzen Sie hilfreiche Bemerkungen und Kommentare um, und Sie werden feststellen, daß es möglich ist, auch dann produktive Arbeitsbeziehungen aufrechtzuerhalten, wenn es Unstimmigkeiten gibt.

Auch der Umgang mit Meetings und redaktionellen Anmerkungen verlangt die Fähigkeit, andere Menschen einzuschätzen. Wenn Ihr umgearbeiteter neuer Entwurf tatsächlich besser ist als der vorausgegangene, haben Sie es geschafft. Aber leider sind Änderungen nicht immer vorteilhaft. Wie kann also ein Autor die besten Bemerkungen und das instruktivste Feedback herausfiltern, um die bestmögliche Neufassung zu erzielen?

Vorab ist es wichtig, sich klarzumachen, daß, wenn Kritik ausbleibt, dies noch lange nicht bedeutet, daß es an dem

Drehbuch nichts zu kritisieren oder zu verbessern gäbe. Auch wenn ein Redakteur oder ein Produzent Ihnen sagt, daß Sie ein hervorragendes Drehbuch geschrieben haben, und Sie nur Lobreden zu hören bekommen, sagen Sie ihnen – wie beängstigend dies auch erscheinen mag –, daß Sie wissen, daß es noch besser sein könnte und Sie es noch besser haben wollen. Wenn nötig, wenden Sie sich an andere »Leser«, um entsprechendes Feedback zu bekommen. Bitten Sie um die Zuhilfenahme eines professionellen und unabhängigen Script-Doctors oder Consultants, wenn Ihre Produktionsfirma Ihnen nicht genügend Feedback zukommen läßt. Dann hören Sie sich sehr genau an, was diese Profis zu sagen haben, und denken Sie darüber nach, warum sie es sagen.

Gehen wir davon aus, daß Sie Kritik oder Vorschläge zu hören bekommen. Erstens, sind Sie ganz sicher, das Gesagte auch wirklich verstanden zu haben? Mißverständnisse sind so weitverbreitet, daß es sich lohnt, im Zweifelsfalle nachzufragen. Wenn nötig, formulieren Sie die Kritik mit Ihren eigenen Worten um: »Sie meinen, daß ...?«

Zweitens kann es sein, daß der Leser nicht weiß, wie er seine Kritik in Worte kleiden soll, obwohl es etwas gibt, das ihn stört. Die Unfähigkeit eines Leser, sich zu artikulieren, bedeutet nicht, daß Sie die unklare Kritik ignorieren sollten.

Drittens kommt es zuweilen vor, daß Leute Drehbücher oder Manuskripte kritisieren, weil sie das Gefühl haben, ein wenig von sich selbst in die Arbeit einbringen zu müssen, entweder nur um zu zeigen, daß sie es tatsächlich gelesen haben, oder weil ihr Ego sie dazu treibt, ihre Position in der Hierarchie hervorzuheben. Autoren sollten nie überrascht sein von den Auswirkungen des Egos.

Nach der Drehbuchbesprechung, bevor Sie sich an die Überarbeitung machen, schicken Sie einen Brief oder ein Fax an die Schlüsselperson des Meetings, um ihr zu bestätigen, über welche Änderungen Sie übereingekommen sind. Schikken Sie auch immer eine Kopie eines solchen Schreibens an Ihren Agenten, wenn Sie einen haben. Produzenten oder Redakteure sollten das gleiche tun. Schicken Sie im Anschluß an ein Meeting dem Autor eine kurze Zusammenfassung dessen, was vereinbart wurde. Die beiden Versionen weichen manchmal voneinander ab, was beweist, wie sinnvoll solche Bestätigungen sind, um Mißverständnisse auszuräumen, bevor mit der Überarbeitung begonnen wird. Und da eine Überarbeitung gemeinhin innerhalb einer sehr knappen Zeitspanne erfolgen muß, sollte jegliche Zeitverschwendung möglichst vermieden werden.

Auch wenn Sie Ihre »Meetingnotizen« nur für sich selbst schreiben, werden sie Ihnen eine nützliche Gedächtnisstütze sein. Ich wundere mich immer wieder über Leute, die sich bei solchen Meetings keine Notizen machen. Aber vielleicht haben sie ja alle ein photographisches Gedächtnis?

Während des Meetings und in seinem nachfolgenden Brief sollte der Autor Bemerkungen, Vorschläge oder Kritik gelassen aufnehmen und zum Ausdruck bringen, daß er ernsthaft über sie nachdenken wird. Wenn der Autor es für besser hält, einige Vorschläge nicht umzusetzen, sollte er, wenn er die überarbeitete Version zurückschickt, in einem Begleitschreiben erklären, warum er es vorgezogen hat, bestimmte Punkte nicht zu berücksichtigen. Empfehlenswert ist es, darauf hinzuweisen, daß der Autor für das vom Leser/Produzenten angesprochene Problem eine Lösung gefunden hat (auch wenn diese sich von der vorgeschlagenen unterscheiden mag).

Mit anderen Worten, in der Beziehung zwischen Autor und Kritiker können Sie durchaus auch von Ihrem Standpunkt überzeugen, wenn Sie plausible Gründe und Erklärungen anbieten können. Wenn Ihre Gesprächspartner von der Richtigkeit ihrer Kritik überzeugt sind, können sie diese auch weiter ausführen, um Sie zu überzeugen.

Es gibt noch eine weitere Taktik, die nützlich sein kann, wenn Sie Ihre Meinung ändern möchten (ohne allzusehr das Gesicht zu verlieren). Erklären Sie demjenigen, der Ihnen die Änderungsvorschläge geschickt hat, daß Ihnen das Gesagte nicht ganz klar war. Möglicherweise werden Sie in diesem Fall einen Teil der Verantwortung auf sich nehmen müssen, weil Sie nicht richtig zugehört haben und somit nicht beim ersten Meeting auf Unklarheiten hingewiesen haben.

Es ist besser, wenn Sie sich flexibel geben statt stur. Die Leute in der Branche ziehen es vor, mit Autoren zu arbeiten, die zwar ihre eigenen Überzeugungen haben, aber andererseits auch bereit sind, Fehler einzugestehen. Kritik einfach zu ignorieren wird nur dazu führen, daß sie Sie später doch noch einholt. Zuhören ist eine Aktivität. Ihnen würde der Gedanke auch nicht gefallen, daß das Publikum Ihres Films Ihren Dialogen nicht zuhört; Sie sollten sich also die Mühe machen, auf die Kommentare zu dem, was Sie geschrieben haben, einzugehen.

Es ist ganz natürlich, daß Sie Lob für Ihre Arbeit hören wollen. Alle Autoren wollen Anerkennung in irgendeiner Form, finanzieller oder anderer Art. Sehr erfahrene Autoren können Kritik ebenso nötig haben wie Neulinge. Und doch ist es so, daß Autoren, je anerkannter oder etablierter sie sind, in der Regel seltener kritisiert werden. Leider ist das nicht unbedingt ein Zeichen dafür, daß sie inzwischen bessere Autoren sind als zu Beginn ihrer Laufbahn.

Das ist eine Frage der Schmeichelei. Es ist schwierig für andere, ebenso kritisch gegenüber Autoren zu sein, die sehr erfolgreich sind, eben weil sie selbst und ihr Publikum sich verändern. Wahrscheinlich haben sie irgendwann einmal Kritik offen gegenübergestanden, und vielleicht glauben sie sogar, das dem immer noch so ist. Aber manchmal gibt es subtile Verschiebungen in der Dynamik der Beziehungen zu Autoren, die sehr erfolgreich geworden sind. Sie fangen an, ihre Intentionen anders anzukündigen, sie verringern die Angriffsfläche, manchmal auch unbewußt, und sie stehen auch guten Ideen ablehnend gegenüber, weil sie sich plötzlich für allwissend halten.

Wenn der Produzent oder Verleger dem Autor wegen seiner vorausgegangenen Erfolge eine riesige Summe bezahlt hat, ist es für einen Redakteur oder Agenten schwierig, die Fähigkeiten des Autors in Frage zu stellen. Agenten oder Redakteure können also für den Egotrip der Autoren, mit denen sie zusammenarbeiten, mitverantwortlich sein.

Wenn Sie sich gegen Kritik sperren, erfahren Sie vielleicht nie, welche brillante Idee Ihnen möglicherweise jemand hätte liefern können. Betrachten Sie das Ganze von der Warte eines anderen Autors aus, dessen Drehbuch Sie überarbeiten sollen. Wie wird er den Änderungen gegenüberstehen, die Sie vornehmen? Werten diese Änderungen das Drehbuch tatsächlich auf, oder markieren Sie lediglich Ihren territorialen Anspruch an dem Skript? Bis zu welchem Grad resultieren die Änderungen vor allem aus Ihrem Ego?

Wenn Sie eins Ihrer Drehbücher nach einer Überarbeitung durch einen anderen Autor zurückbekommen, atmen Sie mehrmals tief ein und aus und denken Sie, *bevor* Sie die Neufassung lesen, daran, was Sie möglicherweise mit seinem Skript gemacht hätten. Vermutlich werden Sie es hassen, sogar die wirklich guten Passagen, die eindeutig besser sind als Ihre Vorlage. Und zweifellos werden Sie auf Änderungen stoßen, die Sie als Verschlechterung Ihrer Vorlage empfinden. Aber *c'est la vie*. Ob Sie es nun akzeptieren oder nicht, Autoren, die fremde Drehbücher überarbeiten, haben das Bedürfnis, etwas von sich selbst in das Drehbuch einzubringen, und ihr Monopol auf perfekten Durchblick ist nicht größer als Ihr eigenes.

Werden Sie die Kontrolle über Ihr Drehbuch verlieren?

Was passiert, wenn Ihr Redakteur Ihnen erklärt, daß ein zweiter Autor hinzugezogen wird, um Ihr Drehbuch zu überarbeiten? Erstens sollten Sie sichergestellt haben, daß Ihr Vertrag Ihnen das Recht zusichert, mindestens eine Überarbeitung selbst vorzunehmen. Dieser Anspruch ist vernünftig, selbst wenn Ihr erster Entwurf eine Katastrophe ist.

Auch haben Sie Anspruch auf detaillierte Kommentare seitens des Redakteurs oder Produzenten bezüglich dessen, was ihnen nicht gefällt und was sie gern geändert hätten. Von ihnen lediglich zu hören, daß ihnen Ihr Drehbuch nicht gefällt, genügt nicht, und Sie sollten auf konkretere Informationen beharren.

Diese Informationen sind wichtig. Sie müssen einen goldenen Mittelweg finden, das zu tun, was Ihrer Meinung nach das beste für das Skript ist, und dabei den Wünschen Ihrer Auftraggeber zu entsprechen. Häufig gibt es zwischen beidem Differenzen. Geben Sie ihnen, was sie wollen, auch wenn es in Ihren Augen eine schlechte Art ist, die Geschichte zu erzählen?

Ihre Möglichkeit, die Konditionen einer Überarbeitung unter Kontrolle zu behalten, hängt von zahlreichen Faktoren ab, unter anderem davon,

- wieviel Macht Sie haben (wenn Sie ein Neuling auf dem Gebiet sind, wird sie gering sein).
- wieviel Zeit für die Änderungen zur Verfügung steht (wenn sie sehr knapp ist, beugen Sie sich ihren Wünschen oder steigen Sie nach einem Versuch, sie zu überzeugen, aus; wenn Sie reichlich Zeit haben, versuchen Sie mehrere Überarbeitungen).
- ob Sie die Fähigkeiten und das Talent haben, das zu tun, was von Ihnen verlangt wird (viele Autoren sind überfordert; in diesem Fall kann es eine Schadensbegrenzungsmaßnahme seitens des Produzenten sein, einen anderen Autoren heranzuziehen).
- ob genug Geld zur Verfügung steht, einen anderen Autor zu bezahlen (das ermöglicht es Ihnen, dem Produzenten anzubieten, die Überarbeitung für weniger Geld auszuführen, und somit ein wenig Kontrolle über Ihr Drehbuch zu wahren).

Die Politik der Beziehungen zwischen den Beteiligten bei Drehbuchüberarbeitungen könnten für sich allein ein ganzes Buch füllen. Meistens ist dies die schwierigste Zeit bei der Entstehung eines Drehbuchs. Es überrascht nicht, daß es so schwierig ist, es richtig hinzukriegen.

William Goldman, einer der höchstbezahlten Drehbuchüberarbeiter, wurde einmal gefragt, ob er schon mal engagiert worden sei, um etwas zu verbessern, das ihm selbst völlig okay erschien:

»Ich wurde gebeten, *Alien 3* zu überarbeiten, wovon ich noch nichts gesehen hatte. Ich las das Drehbuch und fand es ebenso abartig wie *Alien 1* und *Alien 2*. Ich wußte einfach nicht, was ich damit anfangen sollte. Ich meine, es ist ... Wie zum Teufel überarbeitet man *Alien 3*? Ich lehnte also ab. Kurz darauf wurde ich angerufen und gefragt, ob ich mit dem Regisseur sprechen würde. ›Natürlich‹, sagte ich. Also rief der Regisseur an und meinte: ›Sie wollen nicht an dem Film mitwirken?‹ ›Nein, aber Sie machen das bestimmt großartig.‹ Darauf er: ›Aber lassen Sie mich Ihnen die philosophischen Aspekte erklären, die ich in den Film einbringen möchte.‹ Als ich das hörte, wußte ich, daß der Film tief in der Scheiße steckte. Wäre ich das Studio gewesen und hätte diese Worte gehört, ich hätte den Regisseur auf der Stelle gefeuert. Wenn man nämlich bei *Alien 3* an philosophische Elemente denkt, weiß man, daß der Film das Budget sprengen wird (was dann auch geschah), und man weiß, daß es in einer Katastrophe enden wird (na ja, eine Katastrophe war es vielleicht nicht, aber sagen wir, daß es kein *Alien 4* mehr geben wird). Ende der Geschichte.«[1]

Daraufhin wurde Goldman gefragt, ob er schon einmal etwas gelesen habe, das so gut war, daß er keinen Anlaß sah, es zu überarbeiten? Er antwortete: »Nein, noch nie – das wird es nie geben. Eins müssen Sie sich, was das Drehbuchschreiben betrifft, klarmachen: Es ist wie in der Politik, es fühlen sich nicht die besten Leute berufen. Graham Greene, den ich persönlich für den besten englischsprachigen Autor des Jahrhunderts halte, hat auch Drehbücher geschrieben, und Sie wissen sicher, daß William Faulkner mit Howard Hawks zusammengearbeitet hat. Aber im allgemeinen schreiben wirklich gute Autoren keine Drehbücher.« Niemand behauptet, daß es leicht wäre. Und es war ebenfalls Goldman, der einmal gesagt hat: »Keiner weiß Bescheid.«

Wenn das Material gut genug ist (und Leser haben unterschiedliche Standards – eine Meinung bedeutet noch nicht, daß es sich tatsächlich um ein gutes Drehbuch handelt), mag es die gefahrvolle Odyssee vorbei an Riegen gesichtsloser Unbekannter überstehen und zum magischen ersten Hauptdrehtag gelangen. Niemand weiß wirklich, wie hoch die Versagerrate ist, aber vermutlich liegt sie bei mindestens 1.000 zu 1. Trotzdem ist das kein Grund, das Schreiben aufzugeben. Es ist vielmehr ein Grund, um alle Unterstützung zu bitten, die man kriegen kann.

Überarbeitungen bedeuten Kompromißbereitschaft. Und es bedeutet, trotz aller Kompromißbereitschaft geschickt zu verhandeln, um möglichst viel von seinen eigenen Vorstellungen durchzusetzen, während man die anderen glauben macht, weitestgehend hätten sie sich durchgesetzt. Auf diese Kunst komme ich später noch zu sprechen. Seien Sie leidenschaftlich in dem, was Sie tun. Schreiben Sie es in der Überzeugung, daß es perfekt werden wird. Ist es das in den Augen eines vernünftigen Betrachters allerdings nicht ... nun, dann überarbeiten Sie es.

Die Erkenntnis, daß kein Drehbuch je perfekt oder fertig ist, ist außerdem ein Weg, bei Verstand zu bleiben. Es hilft Ihnen, mit Kritik, Änderungen und dummen Leuten umzugehen, ohne daß es Sie allzuviel kostet. Letztendlich werden Sie nach dem beurteilt, was auf der Grundlage dessen, was Sie geschrieben haben, produziert wird. Während Sie vielleicht ein wenig Kontrolle über die eigentliche Produktion oder Regie behalten werden, sind Sie es sich selbst schuldig, das beste Drehbuch abzuliefern, dessen Sie fähig sind. Überarbeitungen und Änderungen sind nur zwei von mehreren Möglichkeiten, dies zu erreichen.

---

[1] Zitiert mit Genehmigung des *Scottish Film Council*, Organisator des jährlichen Movie-Makers-Drehbuch-Workshops in Inverness.

Drehbuchanalysen

Ich war überrascht, als ich das erstemal hörte, daß ein wirklich guter Redakteur, der in den Staaten für einen Sender eine Serie betreut, bis zu 400.000 Dollar jährlich verdient. In Deutschland würde jemand in der gleichen Position vielleicht 150.000 Mark verdienen. Dies sollte Ihnen einen Eindruck vom Einfluß der Redakteure in Amerika vermitteln sowie von der Bedeutung, die dort diesem Aspekt der Drehbuchentwicklung beigemessen wird.

In den Staaten beginnt ein Redakteur seine Laufbahn gewöhnlich als Drehbuchautor und schreibt unaufgeforderte Skripts, bis er ein oder zwei verkauft hat. Solche Drehbücher werden ebenso für bestehende Serien geschrieben wie auch auf eigenen Ideen basierend. Wenn Sie beispielsweise unaufgefordert ein *Roseanne*-Skript schreiben, schicken Sie es nicht an den Redakteur von *Roseanne*, sondern an andere, die möglicherweise die Qualität Ihrer Arbeit erkennen und Sie daraufhin engagieren möchten, vielleicht für eine Arbeit ganz anderer Art. Sie preisen nicht nur Ihr Drehbuch an, sondern sich selbst.

Der Redakteur von *Roseanne* wird Ihr Drehbuch vermutlich nicht haben wollen, weil es nicht in die vorgesehene Gesamthandlung paßt, an der gerade gearbeitet wird, oder, noch frustrierender, weil es einem bereits existierenden Drehbuch zu sehr ähnelt.

Es ist leicht zu verstehen, warum Autoren zur Paranoia neigen. Man hat sich eine großartige Folge ausgedacht, von einem völlig anderen Blickwinkel aus, etwas Besonderes. Sie haben vielleicht Wochen und Monate investiert. Und kurz und knapp wird Ihnen mitgeteilt, daß genau diese Idee bereits umgesetzt wird und somit kein Interesse an Ihrer Arbeit besteht.

Müssen Sie das hinnehmen? Oder fürchten Sie, man könnte Ihre Idee stehlen und sie von einem Lieblingsautor umsetzen lassen? Können Sie sich gegen Ideenklau schützen? Die Antwort lautet, daß Sie leider nicht viel tun können. Verschwenden Sie nicht die emotionale Energie, die durch das ungute Gefühl entsteht, das Sie jedesmal beschleicht, wenn Sie an die Produktionsfirma denken. Sie stehen am Fuß eines Abhangs, der so steil werden kann, daß es Ihnen die Freude am Schreiben verdirbt, weil Sie das Gefühl haben, daß Sie niemandem trauen können und die ganze Welt sich gegen Sie verschworen hat.

In Deutschland beschäftigen private Sender wie Pro 7, RTL und SAT.1 Redakteure, die dafür Sorge tragen, daß die Drehbücher dem Bedürfnis des Senders nach Einschaltquoten und Werbeaufträgen entsprechen. Hier stehen die Redakteure für den Autor im Mittelpunkt.

Die privaten Produktionsfirmen, die für die Sender die Programme erstellen, beschäftigen sogenannte Producer. Sie sind innerhalb dieser Firma für eine Serie oder einzelne TV-Movies und Fernsehspiele verantwortlich. Sie unterstehen dem Geschäftsführer, der in den meisten Fällen auch der Eigentümer ist. Er wird Produzent genannt, obwohl er vielleicht gar nichts oder kaum etwas mit dem fertigen Produkt zu tun hat. Producer und Redakteur arbeiten in der Vorbereitungsphase eng zusammen. Alle wichtigen Entscheidungen werden von ihnen gemeinsam getroffen, wobei das letzte Wort immer der verantwortliche Redakteur hat.

Vertrauen gewinnen

Drehbuchschreiben sollte eine Teamarbeit sein, auch wenn Sie sich die meiste Zeit alleingelassen fühlen. Wenn Sie erst für Produktionsfirma oder Sender arbeiten, sollten Sie einen Redakteur oder Producer zur Seite haben, mit dem Sie eng zusammenarbeiten können. Sie müssen diese Person wirklich gut kennenlernen, weil sie Ihr direkter Ansprechpartner ist. Sie müssen aktiv dazu beitragen, ein Teil des Teams zu werden.

Gehen wir davon aus, daß dem Redakteur oder Producer Ihr Probedrehbuch gefallen hat. Dann stehen die Chancen gut, daß Sie eingeladen werden, ein paar Storylines, also Handlungsideen vorzustellen. In den Staaten wird es sich wahrscheinlich um ein mündliches Pitching handeln. In Deutschland wird man Sie hingegen vermutlich bitten, mehrere jeweils eine Seite lange Ideen vorzulegen, vor allem, wenn es um eine Serie geht.

Es kann vorkommen, daß man Sie auffordert, zu einem Pitch-Meeting bis zu zehn Einseiter mitzubringen. Ein Beispiel: Kommissar Wolff aus *Wolffs Revier* läßt jemanden, der eines Verbrechens beschuldigt wird, gehen, weil der Mann so glaubwürdig ist. In der Folge wird gezeigt, wie er damit umgeht, daß seine Kollegen sich von ihm hintergangen fühlen. Das ist nur eine Grundidee, in diesem Stadium noch völlig unausgegoren. Sie wird möglicherweise vom Redakteur oder Producer abgelehnt, aber am Anfang werden Sie viele solcher Idee brauchen.

Wenn Ihre Ideen und Ihr Stil dem Redakteur und Producer gefallen, stehen Ihre Chancen nicht schlecht, einen Auftrag zu bekommen, *vorausgesetzt*, es gibt noch Lücken zu füllen. Es ist hart, wenn man zu hören bekommt, daß man zwar gut genug ist, aber bereits sämtliche Aufträge für die nächsten Folgen vergeben sind.

Wenn Sie beauftragt wurden, das Drehbuch für eine Folge zu schreiben, und wenn dieses ebenso gefällt wie Ihre Reaktion auf Änderungsvorschläge und Ihr Auftreten bei Meetings, wenn Sie darüber hinaus die vereinbarten Termine eingehalten haben (vor allem für die Überarbeitung) und gut mit dem ganzen Team zurechtkommen (zu dem auch andere Autoren sowie der oder die Regisseur(e) gehören können), wird man Ihnen aller Wahrscheinlichkeit nach weitere Aufträge erteilen.

In den Staaten besteht die Möglichkeit, daß man Sie nach

einer gewissen Anzahl von Folgen einer bestimmten Serie für eine ganz andere Serie vorschlägt. Irgendwann können Sie dann zum Producer aufsteigen. In dieser Position können Sie bis zu 10.000 Dollar wöchentlich verdienen – viel mehr als in Europa –, und wahrscheinlich werden Sie immer noch Zeit haben, die eine oder andere Folge für die Serie selbst zu schreiben, wofür Sie zusätzlich bezahlt werden. Wenn Sie allerdings erst zum Mitarbeiterstab gehören, werden Sie die meiste Zeit damit verbringen, Drehbücher für die Serie zu lesen, umzuschreiben und umzustrukturieren.

Ganz oben auf der Leiter steht in den Staaten der »*Showrunner*«, der für eine Fernsehsendung verantwortliche Produzent oder Autor/Produzent, der für die Entwicklung von Ideen für die Serie, den Verkauf dieser Ideen an Sender oder Produktionsgesellschaften und für den Aufbau der ganzen Serie zuständig ist, Autoren und Drehbuchlektoren auswählt und die Drehbücher produziert.

Die meisten »*Showrunner*« werden Produzenten oder das, was man im amerikanischen Jargon als »*Hyphenates*« bezeichnet – Autor-Produzenten. Das doppelte Gehalt, das sie durch ihren doppelten Einsatz beziehen, treibt das Entwicklungsbudget künstlich in die Höhe, aber die Resultate wiegen in der Regel schwerer als das Investmentrisiko, das Sender oder Produktionsgesellschaft eingehen müssen. Wenn sie einen Treffer landen, macht das alle Ideen wett, die entwickelt oder begonnen, aber später wieder fallengelassen wurden.

In Deutschland ist die Situation eine andere.

Der frischgebackene Producer oder Redakteur fängt meist an, Drehbücher zu überarbeiten, die von Leuten geschrieben wurden, die weit mehr Erfahrung haben als er selbst. Die folgende Checkliste der Aufgaben eines Producers ist nicht vollständig, wird Ihnen aber einen Eindruck seines Aufgabenbereiches vermitteln.

1 Autoren finden. Das bedeutet, Kontakt zu Autoren und Agenten zu halten und unaufgefordert eingesandte Drehbücher zu lesen. Wenn bekannt wird, daß eine neue Serie geplant wird und Autoren gesucht werden oder von einer

bereits existierenden Serie neue Folgen gedreht werden, werden die für die Sendung verantwortlichen Producer mit Angeboten überhäuft.

2 Producer sprechen ihrem Produzenten (der gewöhnlich ihr unmittelbarer Vorgesetzter ist) Empfehlungen aus. Diese Empfehlungen können dahingehend lauten, es mit neuen Autoren zu versuchen oder sich eher an etablierte Autoren zu halten. Gemeinsam vergeben Producer und Produzent die Aufträge für sämtliche Folgen der geplanten Serie.

3 Der Producer ist in allen Fragen das Verbindungsglied zwischen Autor und Produktionsteam, von den Ablieferungsterminen über Änderungsvorschläge bis hin zu Listen darüber, was in einem Drehbuch vorkommen darf (wie weit ein Autor beispielsweise in seiner Ausdrucksweise oder bei Sexszenen gehen darf).

Gewöhnlich lernen die Autoren von Folgen einer Serie den Produzenten oder Regisseur nicht kennen (es sei denn, der Autor ist bei den Dreharbeiten anwesend). Producer haben gegenüber den Autoren eine beträchtliche Macht inne, vor allem bei Serien. Serien bestehen meistens aus einer Reihe unabhängiger Episoden mit gleichbleibenden Hauptfiguren und einer kontinuierlichen, in sich abgeschlossenen Handlung. Eine Daily-Soap besitzt einen gleichbleibenden Kern von Hauptfiguren, aber die Handlung erstreckt sich im allgemeinen über mehrere Wochen oder Monate.

4 Gibt es zur Serie eine »Bibel« (eine detaillierte Beschreibung der Welt der Serie, der Locations, Figuren und Handlung), ist der Producer häufig der Autor dieses Dokumentes. Stammt die ursprüngliche Idee von einem Autor, können beide an der Erstellung der Bibel beteiligt sein.

5 Bei manchen Serien und vor allem bei Daily-Soaps gibt es verschiedene »*Story-liner*«, die dafür verantwortlich sind, die Grundhandlungen der Folgen festzulegen: Richtlinien, an die die Autoren sich entsprechend halten. Das ist besonders wichtig, wenn es um die Entwicklung kontinuierlicher Figuren geht.

6 Wenn dem Autor die Handlung für eine bestimmte Folge vorgegeben wurde, hat dieser dennoch einige Freiheit bezüglich der Details der Folge, jedoch weit weniger Freiraum, sich auszutoben, als wenn er das Drehbuch zu einem unabhängigen Film schreiben würde. Darum ist es auch entgegen der allgemeinen Annahme gar nicht so einfach, Drehbücher für Serien oder Daily-Soaps zu schreiben. Der Producer ist dafür verantwortlich, den Autor mit den Handlungselementen vertraut zu machen, und nachdem der erste Drehbuchentwurf abgeliefert wurde, ist er dafür verantwortlich, dem Autor ein erstes Feedback zu liefern, vor allem, wenn das Drehbuch überarbeitet werden muß, bevor es dem Sender vorgelegt wird.

7 Ist der Producer mit dem Drehbuch zufrieden (was nicht bedeutet, daß nicht doch noch Änderungen vorgenommen werden müssen), stellt er es dem Redakteur vor. Handelt es sich um eine Dauerserie oder Daily-Soap, findet die Redaktionsbesprechung regelmäßig statt. Bei einem TV-Movie oder Fernsehspiel werden diese Meetings gewöhnlich ad hoc angesetzt. Die Änderungen, die in Folge eines solchen Meetings verlangt werden, teilt der Redakteur anschließend dem Autor mit.

8 Der Producer ist gewöhnlich dafür verantwortlich, den Fluß der Drehbücher in ihren verschiedenen Fassungen in Gang zu halten, damit der umständliche und teure Produktionsprozeß nicht verzögert wird. Das ist einer der Gründe, weshalb Abgabetermine ernst genommen werden sollten. Verzögerungen können sehr teuer werden, und der Ruf, unzuverlässig zu sein, schadet jedem Autor.

9 In einem Team, das eine Serie betreut, ist es der Producer, der den Autor darüber informiert, wie viele und welche feste Größen einer Serie in einer Folge auftauchen können oder müssen und welche Figuren dabei sein können oder nicht. Auch überprüft er die Laufzeit und die Kontinuität des ersten Drehbuchentwurfs und berät bezüglich notwendiger Kürzungen oder Einfügungen. Der erste oder zweite Drehbuchentwurf wird darüber hinaus auf rechtliche Probleme hin überprüft.

10 Der Regisseur ist manchmal die letzte Schlüsselfigur, die einbezogen wird, vor allem bei Serien. Wenn Autor und Producer sich über das Drehbuch einig sind, liegt es beim Producer, herauszufinden, welche Änderungen der Regisseur vornehmen möchte, und als Mittelsmann zwischen Regisseur und Autor zu fungieren. Trotz ihres Rufes, hemmungslos ihre Egotrips auszuleben, machen Regisseure oft vernünftige Verbesserungsvorschläge.

In jeder Phase ist Raum für Konflikte. Das Maß, in dem der Producer sich für den Autor einsetzt, kann ebenso von der Beziehung zwischen den beiden abhängen wie von den Qualitäten des betreffenden Drehbuches. Diese Beziehung sowie die Beziehung des Autors zu seinem Agenten können die zwei wichtigsten Beziehungen im Berufsleben eines Autors sein.

11 Alle Informationen über Casting, Produktionsdetails oder Besuche am Set bekommt der Autor beim Fernsehen für gewöhnlich vom Producer oder Redakteur.

Drehbuchlektorate

Für gewöhnlich werden Lektorate über unverlangt eingesandte Manuskripte angefertigt. Sie dienen als Entscheidungshilfe für Redakteure, Producer oder Produzenten. Freiberufliche Drehbuchlektoren werden als »Leser« engagiert.

Die Lektorate können verschieden aussehen, erfüllen aber im Grundsatz dieselbe Funktion. Ein typisches Lektorat wird üblicherweise folgendes enthalten:

- *Drehbuchtitel*
- *Name des Autors*
- *Name des Lesers*
- *Eingangsdatum*
- *Fertigstellungsdatum*

Handlung: Dieser Abschnitt kann ein bis drei Seiten lang sein und ist gewöhnlich eine einfache Zusammenfassung der

Story des Drehbuchs oder Manuskripts. Sie kann auch aus einem Roman stammen, der eventuell adaptiert werden soll.

Anmerkungen: Diese können ebenfalls ein bis drei Seiten umfassen und unterschiedlich ausgeführt sein. Manche Lektoren bieten einen Überblick des ins Auge gefaßten Materials, vor allem im Hinblick auf seine Eignung für die betreffende Produktionsgesellschaft. Ein Drehbuch kann also durchaus für einen Produzenten ungeeignet sein und verworfen werden, während es möglicherweise für einen anderen genau das richtige ist. Eine Ablehnung bedeutet nicht unbedingt, daß eine Arbeit schlecht ist.

Anmerkungen können einige oder alle der folgenden Punkte einschließen (diese Liste ist nicht erschöpfend):

- Funktioniert der Aufbau der Handlung?
- Sind die Figuren gut definiert, sympathisch, ist es einfach/schwierig, sich mit ihnen zu identifizieren usw.?
- Lesen sich die Dialoge gut?
- Ist das Skript originell?
- Ist es authentisch? Kennt der Autor sich mit dem Thema und den Locations aus, ist er überzeugend/glaubwürdig?
- Hat das Drehbuch dem Leser gefallen? Wenn nicht, was hat ihm genau mißfallen?
- Bei welchem Publikum wird die Geschichte gut ankommen?
- Mit welchen Filmen oder Sendungen kann man das Projekt vergleichen, und wie positiv fiele der Vergleich aus?
- Sofern ein Budget vorgegeben ist, ist es realistisch?

Manche Drehbuchlektorate umfassen eine Reihe von Kästchen, die der Leser nur ankreuzt. Wenn nicht die meisten Kreuze in den Kategorien »hervorragend« oder »gut« stehen, wird derjenige, der den Bericht angefordert hat, das Skript nicht einmal lesen.

Die Checkliste könnte etwa so wie auf der nächsten Seite aussehen.

Checkliste				
	hervor-ragend	gut	zufrieden-stellend	mangel-haft
Figuren				
Handlung				
Dialoge				
Aufbau				
Originalität				

Wenn Autoren zu einer Drehbuchbesprechung geladen werden, stellen sie manchmal fest, daß ihre Gesprächspartner nur das Lektorat gelesen haben, und nicht das tatsächliche Drehbuch. Auch wenn Sie beleidigt sind, lassen Sie es sich nicht anmerken. Seien Sie dankbar, daß die Firma für ein Lektorat bezahlt hat, das Ihr Gesprächspartner auch gelesen hat (wahrscheinlich, während Sie im Vorzimmer gewartet haben!). Es bringt Ihnen nichts, Ihre Gesprächspartner als uninformiert bloßzustellen.

Manchmal liegt auch eine stichwortartige Zusammenfassung vor (die ebenfalls von vielbeschäftigten Branchenprofis verwendet wird). Ein Beispiel eines solchen Papiers finden Sie auf Seite 140. Eine solche Zusammenfassung soll einen raschen Überblick ermöglichen; sie verwirrt nicht durch zu viele Einzelheiten, obwohl sie den Autor trotzdem präzise auf Stärken und Schwächen des Projektes hinweisen kann. Es kommt selten vor, daß einem Autor eine Kopie dieses internen Dokumentes ausgehändigt wird. Das ist schade, weil es häufig die ehrlichste, neutralste verfügbare Beurteilung darstellt.

Beurteilungen (Zusammenfassung)	
Gesamteindruck Figuren Dialog Aufbau Originalität Lesespaß Drehbuchpräsentation **Glaubwürdigkeit & Charakterisierung des Protagonisten / Antagonisten** Name des Protagonisten Name des Antagonisten Weitere Hauptfiguren **Qualitat der Handlung** Glaubwürdigkeit Aufbau Plazierung des Höhepunktes Verwendung von Wendepunkten Einbau von Nebenhandlungen »Bomben« und Überraschungen Visualität der Handlung Einmaligkeit der Motive Stärke des Schlusses Kommerzielle Verwertbarkeit **Besondere Vorzüge** **Änderungsvorschläge** **Zusätzlich benötigte Unterlagen/Maßnahmen**	Anmerkungen
Empfehlung des Lesers (ablehnen, um spezifische Änderungen bitten, generelle Überarbeitung verlangen, dem Autor ein Angebot machen usw.)	

Diese Analysen gibt es in unterschiedlichen Formen, aber im großen und ganzen legen sie zur Beurteilung Ihrer Arbeit die gleichen Kriterien zugrunde. Lesen Sie Ihr Drehbuch mit diesen Kriterien im Kopf durch, um sicherzugehen, daß Sie auch vorbereitet sind und eine rationale Antwort parat haben, wenn der Gesamteindruck der ist, daß mit Ihrem Drehbuch etwas nicht stimmt.

Ist die Kritik für die Augen des Autors bestimmt, fällt sie oft mäßiger aus. Man kann nicht viel tun, um das zu vermeiden, außer eine so gute Beziehung herzustellen, daß man Ihnen tatsächlich die Wahrheit sagt. Auch müssen Sie dafür sorgen, daß der Leser oder Drehbuchlektor auch weiß, daß Sie *wirklich* die Wahrheit hören wollen.

Die meisten Lektoren legen, ob es sich um Drehbücher oder Treatments handelt, großen Wert auf die Bereitschaft des Autors, Kritik anzunehmen. Beispielsweise kann es einen entscheidenden Unterschied machen bezüglich dessen, was ein Redakteur oder Produzent einem neuen Autor an Vorschuß zahlt, wenn dieser sich darauf verlassen kann, daß der Autor bereit sein wird, zu ändern, zu ändern und noch mal zu ändern. Also tun Sie sich selbst einen Gefallen und lernen Sie, Kritik anzunehmen – wie schmerzlich sie auch sein mag.

Für Autoren ist die wichtigste Person auf diesem Gebiet ihres Berufslebens ihr Dramaturg. Aber ob Sie in vollem Umfang von seinen redaktionellen Fähigkeiten profitieren können, hängt zu einem gewissen Grad auch von Ihnen ab. Niemandem gefällt es, einen Autor zu redigieren, der ablehnend, abweisend oder undankbar ist. In der Laufbahn zahlreicher Autoren hat dieses Element den Unterschied zwischen Erfolg und Mißerfolg ausgemacht.

Psychologie und Physiologie der Gefühle beim Publikum

Stellen Sie sich die Frage »Warum gehen Menschen ins Kino?« (oder warum sehen sie fern oder lesen). Unterhaltung und Bildung sind die vordergründigsten Erklärungen. Tatsächlich liegt dem Kinoerlebnis das Bedürfnis zugrunde, sich selbst und die eigenen Gefühle zu erforschen. Wie Frank Daniel sagt, betrachtet ein Zuschauer, wenn er auf die Leinwand sieht, *sich selbst*. Joseph Bronowskis berühmte Analyse früher Höhlenmalereien stellt die These auf, daß die Betrachtung der Zeichnungen bedrohlicher Tiere für die Jäger der Frühzeit ein Weg war, die Angst zu bewältigen, die diese Tiere in der realen Welt in ihnen erzeugte.

Richard Walter versetzt Bronowskis Studie in einen Medienkontext:

> »In der Sicherheit der Höhle konnten die Jäger sich erlauben, jene Emotionen zu simulieren, die sie bei der tatsächlichen Jagd empfanden. In völliger Sicherheit konnten sie ihre Ängste ausleben. Später dann, bei der Jagd, konnten sie sich, dank der Auseinandersetzung mit ihren Gefühlen in der Höhle, wappnen und die Panik beherrschen, die ihnen ja durch Simulation vertraut war.
> Ein Film ist ein Lebenssimulator, der dem modernen Menschen ermöglicht, in einem völlig sicheren Umfeld seine Gefühle zu erproben, verzweifelte und schmerzliche Situationen zu erfahren.«[1]

Ein fundamentales Bedürfnis des Kinogängers ist die emotionale Erfahrung. Beim Lesen wird ein ähnlicher, wenn auch nicht so allumfassender Prozeß angestrebt. Naturgemäß ist Lesen reflektiver und gestattet dem Leser größere Kontrolle über die Geschwindigkeit, mit der die Geschichte sich entwickelt. Film – und in etwas geringerem Maße – Fernsehen versuchen, sämtliche sinnlichen Eindrücke zu steuern und dem Publikum zugänglich zu machen.

Der dunkle Saal, das Redeverbot während des Films, die Toneffekte und die große Leinwand tragen ihres dazu bei, das Publikum abzuschotten, so daß nichts von der manipulativen Kraft des Films ablenkt.

Aber was spielt sich geistig und körperlich bei den Zuschauern ab? Und kann dieses Wissen Ihnen helfen, bessere Drehbücher zu schreiben? Ich denke schon, denn die häufigste Ursache für den Mißerfolg eines Drehbuchs oder Films begründet sich in der ungenügenden Kenntnis des Publikums.

Das Publikum

Was geschieht mit Menschen, die bequem in ihrem Kinosessel sitzen, an Strohhalmen saugen und sich Händevoll Süßigkeiten in den Mund schieben – und dabei auf die überlebensgroßen Gesichter und Körper auf der Leinwand schauen?

Zum einen kommt es zu einem gewissen Spiegelungsverhalten. Schauspieler auf der Leinwand besitzen großes Charisma, so daß es dem Zuschauer nicht schwerfällt, einen Bezug zu ihnen herzustellen. Solange wir von den Figuren und der Geschichte gefesselt sind, kann es sein, daß wir das Verhalten der Schauspieler widerspiegeln, indem wir mit den Füßen wippen, leise summen, die Fäuste ballen oder mit den Zähnen knirschen. Wenn unser Held gegen eine große Übermacht kämpft, zucken wir bei jedem Schlag zusammen oder verkrampfen uns usw.

Unsere Reaktionen werden variieren, je nachdem, welche Art von Film wir uns ansehen. Beispielsweise kann ein Horrorfilm zu furchtbedingten kalten Schweißausbrüchen führen.

Das sind körperliche – nicht bewußt kontrollierte – Reaktionen, die erfolgen, während wir auf die flackernde Leinwand schauen.

Da wir uns selbst in die Filme hineinprojizieren, die uns fesseln, werden wir zum Objekt unseres eigenen Blicks, und eine Weile werden wir unwissentlich vom Medium Schauspieler getragen. Dann können wir stellvertretend extremen Schmerz oder Euphorie empfinden, die im wahren Leben unerträglich wären, die wir uns jedoch in dem Bewußtsein, daß am Ende des Films die Lichter angehen und alles wieder normal ist, gefahrlos erlauben können.

In einem Traum, der in mancher Hinsicht eine ganz ähnliche Erfahrung ist (mit dem Unterschied, daß man Autor, Filmemacher und Publikum in einer Person ist), wird einem das Sicherheitsventil vorenthalten, während des Beobachtens/Erlebens des Traums zu wissen, daß er irgendwann vorbei ist. Darum ist ein Alptraum im allgemeinen auch furchteinflößender als jeder Film.

Zuschauer zu sein ist ein schöpferischer Akt. Wenn sich jemand nicht mit den Personen auf der Leinwand identifiziert, identifiziert er sich möglicherweise mit dem Objekt ihrer Aufmerksamkeit. Frauen im Publikum, die Leonardo DiCaprio oder Richard Gere betrachten, fühlen sich als Objekt ihres Interesses und ihrer Sexualität. Warum sollten sich die Schwachen nicht stark fühlen, die Dünnen dick und jene, die sich für häßlich und ungeliebt halten, schön und geliebt? Und wenn es uns frei steht, unser Leben durch die Zuschauerrolle mit positiven Gefühlen zu bereichern, warum nicht auch mit dem Bedrohlichen, dem Verbotenen und den Tabus unserer Gesellschaft?

Die meisten Drehbücher scheinen der Beziehung Zuschauer/Star nur sehr wenig Aufmerksamkeit zu schenken. Autoren machen die Figuren *nicht zugänglich genug*, so daß das Publikum sich nicht einbezogen oder betroffen fühlt und der Kinobesuch vom Zuschauer als enttäuschend empfunden wird. Die Mund-zu-Mund-Propaganda des Films wird dann ebenso negativ ausfallen wie die Kritiken.

Ein Publikum, das sich langweilt und an etwas anderes

denkt als an das, was Autor oder Regisseur ihm zeigen, entzieht sich der Kontrolle. Schreiben sollte eine Beziehung zum Publikum herstellen. Wenn es sich um einen effektiven Film handelt, können alle im Publikum die Macht des Kino- oder Fernsehfilms fühlen. Und genau *dafür* lesen wir, gehen ins Kino oder schauen fern. Aus demselben Grund hören wir auch Musik.

Wir entdecken, wer wir sind, indem wir uns selbst mit anderen vergleichen, etwas, das im wahren Leben nicht leicht ist. Darum sind Filme auch eine so wertvolle Möglichkeit für die Gesellschaft, sich selbst zu reflektieren (und darum ist Zensur auch so kurzsichtig). Wir finden Mittel und Wege, unser Innenleben aufzuwerten, unser Leben in der Phantasie auszuweiten und dadurch zu bereichern.

Wissenschaftlern ist es gelungen, die physiologischen und chemischen Prozesse innerhalb des Körpers in unterschiedlichen Situationen, im echten Leben oder im Kino, recht präzise zu analysieren. Es ist nicht überraschend, daß Kino, Fernsehen, Radio und Bücher einen so großen Stellenwert im Leben so vieler Menschen einnehmen.

Eine Welt der Identifikation schaffen

Was muß ein Autor bei der Schaffung einer fiktiven Welt für einen Zuschauer oder Leser berücksichtigen? Wie kann der Autor erreichen, daß Zuschauer oder Leser einen Bezug zu den Figuren und der dargestellten Welt herstellen? Und ist für den Zuschauer eine emotionale Erfahrung wichtiger als eine intellektuelle?

Diesem Aspekt wird in Kursen und Büchern zum Thema Drehbuchschreiben viel zuwenig Aufmerksamkeit geschenkt. Es ist nicht leicht, die Interaktion von Gehirn- und Nervenprozessen zu erklären, auf deren biologischer Grundlage Emotionen basieren. Auch scheint man diese Interaktion als eher unbedeutend einzustufen. Lassen Sie mich erklären, was mich zu dieser Feststellung veranlaßt.

Was macht Figuren für ein Publikum interessant und nachvollziehbar? Warum sind konfliktreiche Filme weltweit so erfolgreich? Die Antwort hierauf wird in nicht unerheblichem Maße erklären, warum das Phänomen des Mitempfindens starker, bewegender Gefühle ein primäres Bedürfnis bei Zuschauern auf der ganzen Welt ist.

Wenn Autoren sich bewußter machen, wie Zuschauer auf die Konfrontation mit bestimmten Szenen reagieren, können sie dieses Wissen gezielt einsetzen, um das Publikum anzusprechen, ja zu fesseln. Das Wichtigste an der Erfahrung des Zuschauens sind »Antizipation« (vgl. Seite 34) und »Erwartung«. Die Fähigkeit unseres Geistes, das, was wir sehen, mit der Zukunft zu verknüpfen, befähigt uns wiederum, uns »in die Filmfigur hineinzuversetzen« und Gefühle zu empfinden, einschließlich solcher, die aus körperlichen Erfahrungen resultieren, wie Schmerz (beispielsweise Erschossenwerden) oder Glück (das Küssen des persönlichen Leinwandidols).

Was geschieht, wenn wir eine Emotion empfinden? Die chemischen und physiologischen Reaktionen innerhalb des Körpers sind faszinierend und für die Arbeit des Drehbuchautors sehr aufschlußreich.

In *The Oxford Companion to the Mind* wird das Phänomen der Emotion wie folgt beschrieben:

> »… jedwede Diskrepanz, jeder Bruch erwarteter oder beabsichtigter Handlungen erzeugt undifferenzierte viszerale (autonome) Erregung … so erzeugt eine Achterbahnfahrt ernste Störungen und Diskrepanzen unserer Erwartungen und gewohnten Gefühle von Gleichgewicht und körperlichem Halt. Ob die Fahrt als erhebend oder angsteinflößend gewertet wird, hängt davon ab, was wir von ihr erwartet haben … und ob wir glauben, die Situation unter Kontrolle zu haben. Manche lieben es, andere hassen es.«[2]

Die Beliebtheit des Horrorfilms als Genre, ob die Frankenstein-Filme, *Freitag, der 13.* oder *Das Schweigen der Lämmer*, ist das Ergebnis des positiven Wunsches, vielleicht gar Bedürfnisses der Zuschauer, Angst zu empfinden. Selbstherbeigeführte Trance in Ländern, in denen Voodoo praktiziert wird, oder selbstherbeigeführte Hysterie bei Popkonzerten erzeugt in ihrer Wirkung auf den einzelnen bis zu einem gewissen Grad vergleichbare Emotionen. Wir holen uns selbst mehr vom Leben, als es uns von sich aus bietet. Filme, Fernsehen und Bücher sind die beliebtesten Mittel, sich den »Kick« zu verschaffen. Was also kann der Autor uns geben? In allen Büchern über das Drehbuchschreiben wird die Bedeutung der Figuren hervorgehoben. Wenn es keine Figuren gibt, zu denen der Leser oder Zuschauer unweigerlich eine Beziehung entwickeln muß, wird das Buch oder der Film nicht so erfolgreich sein, wie es vielleicht möglich wäre. Was es zu erreichen gilt, ist »Empathie« im wortwörtlichen Sinn.

Eine Definition von Empathie ist aufschlußreich: »Das Gefühl, zu etwas zu ›gehören‹, sich mit etwas zu ›identifizieren‹ oder ›mitgerissen‹ zu werden. So kann ein Golfer beispielsweise beinahe das Gefühl haben, mit dem Ball zusammen durch die Luft zu fliegen, wenn er einen guten Schlag ausführt.«[3]

Als Zuschauer habe ich selbst so empfunden, als ich sah, wie der Ball meines Golfidols in hohem Bogen über den Platz segelte; schlug sein Konkurrent einen Ball, blieb das Gefühl aus. Das gleiche habe ich schon bei vielen anderen Sportarten erlebt, darunter Boxen und Wrestling (ein Sport, den ich nicht mag, der mich aber trotzdem nicht kaltläßt), sowie bei unzähligen Filmen. Wenn wir akzeptieren, daß ein Film beim Publikum Emotionen wecken soll, wird sofort deutlich, warum Konflikte für den Erfolg des Filmes so wichtig sind.

Die Funktionsweise des Gehirns

Es dürfte wohl niemanden überraschen, daß das Gehirn der Schlüssel zu den Emotionen ist. Es ist Teil des Nervensystems, das zusammen mit dem kardiovaskulären System (Herz und Kreislauf) und dem endokrinen System (Hormone) ein komplexes physikalisches und chemisches Netz bildet. Dieses müssen wir verstehen lernen, wenn wir ergründen wollen, was sich hinter unseren Emotionen verbirgt.[4]

Die Oberfläche des Gehirns ist die Großhirnrinde. Hier findet auf höherer Ebene die Verarbeitung von Daten statt, und sie steuert vermutlich auch das Bewußtsein. Tiefer im Gehirn eingebettet, befindet sich eine Partie, die den Hypothalamus einschließt. Dieser kontrolliert die Grundemotionen – Freude, Angst, Wut usw.

Wenn Nervenzellen in diesen Bereichen elektrische Impulse von anderen Zellen empfangen, schütten sie einen chemischen Stoff namens Phenyläthylamin aus. Dieser wird auch als Glücksdroge bezeichnet, ein Derivat ist uns heute als »Speed« geläufig.

Wenn dieses Phenyläthylamin die anderen Hirnzellen durchdringt, werden negative Gedanken mehr oder weniger ausgelöscht. Positive und entspannende Gedanken werden gefördert, und gleichzeitig werden verschiedene physikalische Prozesse verlangsamt, wie Herzfrequenz und Blutdruck, die auf einen weniger gestreßten Level absinken. Sich einen Film anzusehen kann ein Glücksgefühl und Wohlbehagen auslösen. Es werden verschiedene Stimulanzien ausgeschüttet, deren Wirkung mit jener illegaler Drogen vergleichbar ist.

Wenn wir deprimiert sind, greifen die Signale des Hypothalamus auf andere Teile unseres Körpers über und erzeugen auch dort Streß. Auf diese Art können Krankheiten wie Bluthochdruck entstehen. Diese Krankheiten werden als psychosomatisch bezeichnet, weil ihre Ursachen ausschließlich in unserer Psyche (sprich Gehirn) wurzeln.

Es ist wichtig, sich klarzumachen, daß dieser Effekt sich der mentalen Kontrolle entzieht. Das vegetative Nervensystem handelt und entscheidet völlig unabhängig und reguliert unseren Körper auf eine Art und Weise, die darauf abzielt, ein Gleichgewicht zu wahren. Zwei Hälften des Systems arbeiten gleichzeitig, eine im Widerstreit zur anderen. Wenn wir entspannt sind, hält der parasympathische Teil den Energieverbrauch niedrig und konzentriert sich auf essentielle Funktionen wie die Verdauung von Nahrung. Wenn Sie jetzt entspannt in einem Sessel sitzen und nach dem Essen dieses Buch lesen, hat Ihr parasympathisches Nervensystem gerade die Führung.

Wenn Sie im Nebenzimmer eine Fensterscheibe zerspringen hören und glauben, jemand sei eingebrochen, werden Sie, ohne darüber nachzudenken, in einen Zustand versetzt, den Psychologen als »Kampf-oder-Flucht-Zustand« (*Fight or Flight*) bezeichnen. Sie werden sofort bereit sein, anzugreifen bzw. sich zu verteidigen oder zu fliehen. Diese Reaktion ist darauf zurückzuführen, daß jetzt Ihr sympathisches Nervensystem dominiert.

In unserem Körper finden verschiedene physiologische Veränderungen statt. Das endokrine System schüttet über die Drüsen Hormone aus, die den Herzschlag erhöhen, die Pupillen erweitern und den Blutzuckerspiegel ansteigen lassen. Dies bewirkt einen Energieschub, der es Ihnen ermöglicht, zu kämpfen oder zu fliehen.

Wenn Sie dann feststellen, daß das Fenster von einem Vogel oder einem Kinderball zerschlagen wurde, und erkannt haben, daß keine Gefahr im Verzug ist, signalisieren ihre parasympathischen Nerven Ihren Organen, wieder zurückzuschalten.

Blutgefäße ziehen sich zusammen, um die Blutmenge, die durch das Herz gepumpt wird, zu verringern, und wenn dieser Bremsprozeß zu abrupt erfolgt, kann es sogar passieren, daß Sie ohnmächtig werden (extreme Entspannung).

Eines der Hormone, die während der »Kampf-oder-Flucht«-Phase ausgeschüttet werden, ist Adrenalin. Es gelangt in den Blutkreislauf und strömt durch den Körper, wobei es die Aktivität der Zellen, die es erreicht, beeinflußt, sie bei manchen bremst, bei anderen wiederum beschleunigt. Hierdurch wird die Ausschüttung von Zucker (aus der Leber) – und somit die Energiereserve – gesteigert, die Pupillen weiten sich, um eine bessere Sicht zu ermöglichen, usw. Das ist die Art des Körpers, instinktiv alle Ressourcen ins Spiel zu bringen, die für Kampf oder Flucht erforderlich sind.

Die meisten Befehle an die Organe, Hormone in den Blutkreislauf auszuschütten, kommen von den Nervenzellen des Hypothalamus. Und nicht nur der »Kampf-oder-Flucht«-Instinkt ist betroffen. Auch die Milchproduktion in den Brüsten, der Menstruationszyklus, die Atmung und die Einstimmung der Muskeln auf Aktivität werden vom Hypothalamus gesteuert.

Wenn wir uns für einen Horrorstreifen oder Thriller entscheiden, haben wir gewöhnlich eine Vorstellung von dem, worauf wir uns einlassen. Durch die Vermarktung von Filmen und Büchern werden wir darauf eingestimmt, gewisse Erfahrungen zu erwarten und vorwegzunehmen. Doch warum wollen wir freiwillig etwas fühlen und erleben, das allgemein als Negativzustand betrachtet wird?

Die Bronowski-Theorie ist ein Teil der Antwort. Wir wollen uns auf schwierige oder gefährliche Situationen in der Realität vorbereiten, oder wir möchten gewisse Situationen auf Armeslänge erleben, wie beispielsweise Mord oder Vergewaltigung (innerhalb der meisten Gesellschaften bei Strafandrohung »verboten«). Wenn man einen Film wie *Thelma & Louise* sehen möchte, bedeutet das nicht, daß man insgeheim davon träumt, jemanden zu vergewaltigen oder zu ermorden, nicht einmal, daß wir Spaß an solchen Handlungen haben; vielmehr ist es eine Art, unsere eigenen Reaktionen und die der Gesellschaft auf Mord und Vergewaltigung zu erforschen.

Chris Vogler, Story-Berater in L.A., hat den Prozeß wie folgt beschrieben:

»Eine Geschichte ist ein Modell, eine Metapher für etwas anderes. Der Geschichtenerzähler schafft eine Metapher, und das Publikum sieht sie sich an und vergleicht sein eigenes Leben mit der Geschichte und den Figuren. Geschichten haben eine heilende Funktion. Die Griechen haben das Drama vor allem deshalb erfunden, um die Zwänge, die mit dem Leben in einer Gesellschaft einhergehen, besser verarbeiten zu können. Es wurde geschaffen, um die Emotionen des Publikums zu reinigen, die durch das Leben in der Gruppe vergiftet worden waren.«[5]

Kino und Gefühl

Kino, Fernsehen, Theater und Bücher gehören zu den auf breitester Ebene akzeptierten Mitteln, diese Erfahrungen aus zweiter Hand zu durchleben. Wir entscheiden uns bewußt – indem wir dafür anstehen und Eintritt zahlen –, Furcht, Trauer, Aggression, Wut, Lust und natürlich auch Liebe zu fühlen. Das Kino übernimmt die Funktion der Steinzeithöhle. Und wie in der Höhle können wir unseren angestauten Gefühlen und Emotionen freien Lauf lassen oder aber Dinge erleben, die in unserem Leben fehlen oder uns von der Gesellschaft verboten werden.

Es ist gesellschaftlich akzeptiert, während eines traurigen Films zu weinen, und unsere Furcht vor Freddie in *Freitag, der 13.* ist begrenzt durch das Wissen, daß wir nicht wirklich in Gefahr schweben. In den meisten Filmen erleben wir, daß das Gute siegt. Am Ende fühlen wir uns besser als vor oder während des Films. Dieses »erhebende« Gefühl ist teilweise darauf zurückzuführen, daß in unserem Körper bestimmte Chemikalien ausgeschüttet werden – so wie man Wohlbefinden mit Schokolade assoziiert.

An dieser Stelle muß auch die Musik erwähnt werden, da sie zweifellos sehr wichtig für den Erfolg des Films ist. Die Titelmelodie für einen Film wie *Der weiße Hai* ist emotionaler als jede Filmszene ohne Musik, weil sie sofort Spannung erzeugt. Wenn die Hauptfigur, zu der wir eine emotionale Bindung aufgebaut haben, ein Bedürfnis oder Ziel hat und etwas zwischen ihr und der Befriedigung dieses Bedürfnisses oder der Erlangung dieses Zieles liegt, kann beim Zuschauer durch cleveres Schreiben Spannung erzeugt werden. Dieses Gefühl wird dann durch den Intellekt gesteuert – ein recht komplexer Prozeß. Ein Akkord der richtigen Musik hingegen geht sofort in den »Bauch« und erzeugt spontan Spannung.

Was genau geschieht also, um das Gefühl oder den Zustand der Spannung zu erzeugen? Wir fühlen Emotionen, wenn wir im Kino sitzen und beobachten, wie die Figur auf der Leinwand diese Gefühle spielt. Manchmal sind wir im Besitz von Informationen, über die die betreffende Figur nicht verfügt, so daß ihr nicht bewußt ist, daß der Bösewicht ihr gleich um die Ecke mit einer Axt auflauert. Wir durchleiden entsprechend die größere Angst.

Unser Nerven- und unser endokrines System bereiten uns auf Kampf oder Flucht vor, obwohl uns bewußt ist, daß wir zusammen mit unseren Liebsten im dunklen Zuschauersaal unseres heimischen Kinos sitzen, uns einen Film ansehen und dabei Popcorn futtern. Wir haben Angst, sind angespannt, gestreßt oder was auch immer. Ein guter Autor oder Regisseur wie Robert Ludlum wird in seinen Thrillern im voraus spüren, wann der Streß seinen Höhepunkt erreicht, und die Sequenz nicht zu sehr in die Länge ziehen.

Ludlum ist besonders gut darin, den Leser auf die Erwartung hinzuführen, daß sich gleich etwas Dramatisches ereignen wird. Das geht soweit, daß der Leser das Ereignis richtiggehend ersehnt. Exakt an diesem Punkt ereignet sich jedoch etwas völlig anderes, Unerwartetes, das jedoch noch glaubwürdiger ist. Mit anderen Worten, der Autor muß den Leser oder das Publikum dazu bringen, das anzuwenden, was Coleridge als »*willing dispension of disbelief*« – freiwilliges Aufgeben der Skepsis – bezeichnet. Ist das Drehbuch so gut, daß der Zuschauer wenig Kontrolle über seine eigenen Emotionen hat, wird er das Kino befriedigt verlassen.

Wenn die Figuren ihr Ziel erreichen oder auch nur in Sicherheit gelangen, sinkt der Streßpegel ab, ein Energieschub durchströmt den Körper, und die »Glückshormone« werden freigesetzt. Dies ist ein Augenblick der Freude, der Erleichterung und der Befreiung. Das Gefühl unterscheidet sich nicht merklich von dem Energieschub und dem Wohlbefinden nach einer Trainingseinheit im Fitneßstudio, die mit Müdigkeit beginnt und mit Dynamik endet.

Wenn die Spannung sich in einem Film zu lange fortsetzt, kann es passieren, daß das Publikum anfängt, sich unwohl zu fühlen und unruhig wird. Endet die spannende Sequenz hingegen zu früh, erlebt der Zuschauer nicht den Energieschub und das Wohlbefinden, die er mit seinem Kinobesuch angestrebt hat. Für eine maximale Wirkung muß das Timing stimmen.

Die Spannung erhalten

Ich möchte nicht darauf hinaus, daß Autoren Medizin studiert haben müssen, bevor sie anfangen zu schreiben! Aber so viele Drehbücher, die Agenten angeboten werden, sind derart schwach, daß eins klar ist: Je mehr die Autoren von der Dynamik des Publikums verstehen, desto größer ist die Wahrscheinlichkeit, daß sie in der Lage sind, erfolgreich für das Publikum zu schreiben.

Die Struktur der Sequenzen richtig hinzukriegen ist wichtig, aber nicht so wichtig, daß Autoren andere Aspekte ihres Berufes ignorieren dürften. Spannung und Erwartungshaltung in ein Drehbuch einzubringen ist Gold wert. Joe Esterhas' Arbeit bei *Das Messer* und *Basic Instinct* ist hierfür ein Paradebeispiel. Er wußte, daß er ein unaufgefordertes, aber ausreichend gutes Drehbuch meistbietend würde verkaufen können, da es mehr als ein potentieller Käufer würde haben wollen (die meistbietende Veräußerung von Rechten wird in Kapitel 15 behandelt).

Die leichteste Art, sich auf den Aufbau von Spannung zu konzentrieren, ist die, für einen Konflikt zu sorgen. Außerdem brauchen Sie einen Protagonisten, mit dem das Publikum sich identifizieren oder zu dem es eine Beziehung aufbauen kann. Dann können Sie dem Zuschauer eine Erwartungshaltung suggerieren, und *während der Zuschauer versucht vorauszuahnen, was geschehen wird, ist er gespannt.* Das ist der Punkt, an dem Atmung, Pupillen und Puls sich verändern.

Wenn der Zuschauer *exakt* vorhersehen kann, was passieren wird, verliert der Film an Spannung, weil die Handlung durchschaubar wird. Es ist spannend, darauf gefaßt zu sein, daß ein Killer sich hinter einer Tür versteckt hält, der sich gerade ein hilfloser Protagonist (beispielsweise eine blinde junge Frau) nähert, denn obgleich der Angriff vom Zuschauer erwartet und gefürchtet wird, kann er nicht wissen, was genau passieren wird.

Wenn der Protagonist kurz davor steht, die Tür zu öffnen und die Spannung ihren Höhepunkt erreicht, ändert sich die Kameraeinstellung, und plötzlich sehen wir, daß der Killer sich von hinten an sein Opfer heranschleicht – aufgrund des Überraschungseffekts wird der Adrenalinschub noch größer sein.

Wie stark die Bindung ist, die ein Zuschauer zu einer Filmfigur herstellt, hängt davon ab, welche Entscheidungen der Autor ihr auferlegt. Wenn ein sympathischer Protagonist in seinem Bestreben, einem Los zu entfliehen, das schlimmer ist als der Tod, schrecklich leidet, fällt es dem Publikum leicht, sich mit ihm zu identifizieren, mitzufühlen und mitzuleiden. Wenn der Protagonist das Dilemma jedoch innerhalb weniger Minuten problemlos überwindet, ist der Film gestorben. Vermindern Sie die Hindernisse, die der Protagonist überwinden muß, spielen Sie die Gemeinheit und Stärke des Antagonisten herunter, und Sie verlieren sofort den Draht zum Publikum und zerstören sich Ihre Karrierechancen.

Sie können Ihre Karriere hingegen fördern, indem Sie sich originelle Ideen ausdenken, die einfach zu kommunizieren sind; Handlungen, bei denen viel auf dem Spiel steht, einen Antagonisten, den der Zuschauer fürchtet und der die meiste Zeit Oberhand zu haben scheint. Dann sind Sie auf dem besten Wege, einen kommerziell erfolgreichen Film zu schaffen.

Sie brauchen immer eine sorgfältig ausgewählte und charakterisierte Hauptfigur, mit der der Zuschauer sich auf emotionaler Ebene identifizieren kann. Das heißt, daß der Zuschauer das fühlt, was Sie möchten, daß er empfindet, anstatt nur emotionslos zu beobachten, wie der Protagonist Gefühle durchlebt.

Indem Sie sich darüber im klaren sind, welche Emotionen Sie bei Ihrem Publikum erzeugen möchten, werden Sie bei der Auswahl und Beschreibung ihrer Figuren, Kernhandlungen, Verstrickungen und Wendepunkte klarer sehen. Und wahrscheinlich werden Sie auch ein besseres Drehbuch schreiben.

---

[1] Leiter des Drehbuch-Fachbereichs der UCLA, in seinem Buch *Screenwriting* (Plume/Penguin, 1988).
[2] Hrsg. von RL Gregory (OUP 1987).
[3] *The Oxford Companion to the Mind*.
[4] Ich stehe tief in der Schuld von Terry Kelleher, der am Jesus College in Oxford die Biologie der Gefühle studiert, zum Zwecke einer »medizinischen« Analyse dieses Prozesses.
[5] Vortrag beim PILOTS-Workshop 1994, vorauss. Veröff. im Sammelband 2, *Vorträge über Langzeitserien*, MEDIA BUSINESS SCHOOL.

Quoten und Zuschauerforschung

Zuschauer haben dieselben Hoffnungen, Ängste, Träume und Leidenschaften wie Drehbuchautoren. Die Macher von Filmen zählen nicht zu einer besondere Rasse. Solange Sie ihnen nicht die Chance geben, die Erfahrungen zu machen, die sie machen wollen, haben die Zuschauer nicht das Gefühl, daß Sie Ihren Teil des Vertrages erfüllt haben. Aber wie können Sie dies erreichen und immer noch schreiben, was Sie schreiben wollen? Diese Frage stellt sich ebenso für einen Regisseur oder einen Produzenten, wenn er eine Geschichte auswählt oder entscheidet, wie sie erzählt werden soll. Es ist ein Fehler zu glauben, daß es funktionieren wird, nur weil es eine gute Idee zu sein scheint. Eine Geschichte muß die Bedürfnisse des Publikums treffen. Eine schlechte Idee, die gut erzählt wird, ergibt mit ziemlicher Sicherheit ein besseres Drehbuch als eine gute Idee, die schlecht erzählt wird. Gutes Geschichtenerzählen funktioniert nur in der Verbindung mit dem Publikum.

In den Beziehungen zwischen dem Autor, den Figuren und dem Publikum ist die wichtigste Verbindung die, die der Autor zum Publikum hat. Der geläufigste und am weitesten verbreitete Fehler von Autoren in Europa ist es, sich ihrer Beziehung zu den Figuren hinzugeben und dabei das Verhältnis zum Publikum zu vernachlässigen. Daraus entstehen relativ unattraktive und unzugängliche Drehbücher.

Obwohl es ebenfalls wie eine Verallgemeinerung klingen mag, hat die Disziplin, die das amerikanische System Autoren auferlegt, sie dazu gebracht, sich mehr mit dem Publikum auseinanderzusetzen. Einerseits weil in diesem Markt mehr Geld zu verdienen ist, und andererseits weil allgemein klar ist, daß alles, was produziert wird, Geld einbringen soll. Das amerikanische Modell gilt auch für kommerzielles Fernsehen in anderen Ländern. Die Programme existieren, um den Firmen, die die Werbezeiten einkaufen, Zuschauer zu liefern. Das öffentlich-rechtliche Fernsehen, das nicht zu allen Sendezeiten Werbung ausstrahlen darf, hat einen anderen Auftrag und kann es sich leisten, auf Kosten des Unterhaltungswerts mehr auf Bildung zu achten. Ob dies besseres Fernsehen hervorbringt, kommt auf den Standpunkt des Betrachters an. Festzuhalten ist, daß die meisten Fernsehprogramme, wie auch die meisten Romane, nicht nur für den eigenen Geschmack bestimmt sind.

Autoren sollten sich über Zuschauerzahlen informieren und durchaus auch auf dem laufenden sein, was die Einschaltquoten von Serien, von TV-Movies und Fernsehspielen betrifft. Das gibt ihnen einen Hinweis darauf, was das Publikum sehen will und in welche Richtung sich das Zuschauerverhalten in der nächsten Zeit entwickeln wird. Dieses Wissen ist nicht nur für sie selbst wichtig, sondern auch für die Kommunikation mit Producern und Redakteuren. Erstens können Sie einem Redakteur, mit dem Sie einen Termin haben, keine größere Freude machen, als ihn auf die wunderbaren Zuschauerzahlen seines letzten TV-Movies anzusprechen (Flops sollten Sie besser nicht erwähnen), und zweitens zeigt das Wissen um die Zahlen, daß Sie in den gleichen Kategorien denken wie Ihr Gegenüber. Auch wenn Sie natürlich noch andere Dinge im Kopf haben (nämlich eine gute Geschichte und interessante Figuren).

Der Marktanteil ist für die Sender überaus wichtig. Er berechnet sich aus dem prozentualen Anteil aller Zuschauer an diesem Abend, die einen bestimmten Sender eingeschaltet hatten. So kann ein Sender 25 Prozent Marktanteil um 20.30 Uhr haben und einen Anteil von 30 Prozent um 22.00 Uhr, obwohl die Anzahl der Zuschauer geringer war.

Die aktuellen Zahlen sind bei den meisten Sendern im Videotext abrufbar, oder Sie können sie der Fachpresse entnehmen.

Zuschaueranalyse

Am 15. und 16. März 1998 zeigte SAT.1 einen mit einem Budget von 11 Mio. Mark aufwendig produzierten Zweiteiler nach einem Roman von Joseph Haslinger: *Opernball*. Das Drehbuch schrieb Gundula Lehni Ohngemach, in Szene gesetzt wurde der Film von Urs Egger und produziert von Bernd Eichinger. Die Hauptrollen spielten Heiner Lauterbach sowie Franka Potente und Gudrun Landgrebe.

Die Geschichte hatte schon beim Erscheinen des Buches für Aufsehen gesorgt. Ein Terroranschlag beim Wiener Opernball fordert 4.000 Menschenleben. Vor laufender Kamera brechen die Menschen tot zusammen. Darunter auch der Sohn des bekannten Fernsehjournalisten Kurt Frazer (Heiner Lauterbach). Am nächsten Tag präsentiert die Polizei die fünf Attentäter – erstickt an ihrem eigenen Giftgas. Frazer beginnt zu recherchieren. Während seiner Nachforschungen kommt ihm der Verdacht, daß das Attentat hätte verhindert werden können. Als die Polizei den Fall kurze Zeit später abschließt, ist er sich sicher, daß Korruption auf höchster Ebene mit im Spiel ist. Er trifft auf die junge Kollegin Gabrielle (Franka Potente), die sich mit der Story profilieren will. Frazer verfolgt eine Spur, die ihn bis zu einer Finca auf Mallorca führt. Dort trifft er auf einen jungen Mann, den »Ingenieur«. Mit der Waffe in der Hand erzählt er Frazer die Geschichte seiner Kameraden und ihres charismatischen Anführers.

Aber dann deckt der Junge ein weiteres Komplott auf: einer der höchsten Polizeijuristen hat den Anführer bei seinem Vorhaben unterstützt. Als der »Ingenieur« erkennt, daß auch er nur Teil eines Plans ist, erschießt er sich. Frazer fliegt mit den Tonbändern zurück nach Wien, wo ihn eine böse Überraschung erwartet.

Zahlen

Die Zahlen (siehe Tab. 1 bis 4) zeigen, daß *Opernball* besonders gut bei den Zuschauern ab 30 Jahren abgeschnitten hat.

Tab. 1: Opernball – Teil 1: Die Opfer, So. 20.15 Uhr

Grundgesamtheit: TV-Bev. der BRD ab 3 Jahren, Zeitraum: 15.03.1998,
Anzahl der Sendungen: 1

Zielgruppe	TV-Bevölkerung		Sendungspublikum			
	Basis[1] Mio.	Struktur[2] in %	Reichweite[3] Mio.	in %	Marktanteile[4] in %	Struktur[5] in %
Zuschauer BRD Gesamt	71,37	100,0	8,81	12	24,8	100,0
Zuschauer BRD West	56,71	79,5	7,31	13	26,5	82,9
Zuschauer BRD Ost	14,66	20,5	1,50	10	19,0	17,1
Hamburg	1,37	1,9	0,21	15	30,1	2,4
Bremen	0,57	0,8	0,07	12	24,0	0,8
Schleswig-Holstein	2,48	3,5	0,36	15	30,6	4,1
Niedersachsen	6,99	9,8	0,96	14	27,5	10,9
Nordrhein-Westfalen	15,25	21,4	1,99	13	26,1	22,6
Hessen	5,03	7,0	0,70	14	28,0	7,9
Rheinland-Pfalz	3,51	4,9	0,39	11	25,2	4,5
Saarland	0,96	1,3	0,13	13	26,0	1,4
Baden-Württemberg	8,47	11,9	1,09	13	25,7	12,4
Bayern	10,36	14,5	1,20	12	25,4	13,6
Mecklenburg-Vorpommern	1,76	2,5	0,14	8	16,2	1,6
Brandenburg	2,38	3,3	0,19	8	15,5	2,2
Sachsen-Anhalt	2,59	3,6	0,28	11	19,3	3,1
Thüringen	2,43	3,4	0,32	13	22,4	3,6
Sachsen	4,35	6,1	0,40	9	17,7	4,6
Berlin	2,86	4,0	0,37	13	26,8	4,2

[1] *TV-Bevölkerung Basis*
gibt an, daß es 71,37 Mio. deutsche Personen ab 3 Jahren mit TV-Empfang gibt. Davon sind zum Beispiel 34,74 Mio. im Alter zwischen 14 bis 49 Jahren, und 32,56 Mio. haben einen Volks- bzw. Hauptschulabschluß.
[2] *TV-Bevölkerung Struktur*
zeigt die prozentuale Zusammensetzung der deutschen TV-Bevölkerung.
[3] *Sendungspublikum Reichweite in Mio.*
gibt an, wieviel Personen SAT.1 während der Sendung gesehen haben.
[4] *Marktanteile in %*
gibt an, wieviel Prozent aller zu dieser Zeit tatsächlich fernsehenden Personen SAT.1 gesehen haben.
[5] *Struktur in %*
zeigt die prozentuale Zusammensetzung des Publikums von SAT.1 während der Sendung.

Tab. 2: Opernball – Teil 2: Die Täter, Mo. 20.15 Uhr

Grundgesamtheit: TV-Bev. der BRD ab 3 Jahren, Zeitraum: 16.03.1998, Anzahl der Sendungen: 1

Zielgruppe	TV-Bevölkerung		Sendungspublikum			
	Basis[1] Mio.	Struktur[2] in %	Reichweite[3] Mio	in %	Marktanteile[4] in %	Struktur[5] in %
Zuschauer BRD Gesamt	71,37	100,0	6,57	9	20,7	100,0
Zuschauer BRD West	56,71	79,5	5,35	9	21,8	81,4
Zuschauer BRD Ost	14,66	20,5	1,23	8	17,1	18,6
Hamburg	1,37	1,9	0,19	14	29,2	2,9
Bremen	0,57	0,8	0,06	11	24,2	0,9
Schleswig-Holstein	2,48	3,5	0,27	11	28,2	4,1
Niedersachsen	6,99	9,8	0,72	10	22,0	10,9
Nordrhein-Westfalen	15,26	21,4	1,44	9	21,0	21,9
Hessen	5,03	7,0	0,49	10	21,9	7,4
Rheinland-Pfalz	3,51	4,9	0,38	11	25,4	5,8
Saarland	0,96	1,3	0,07	8	16,3	1,1
Baden-Württemberg	8,47	11,9	0,71	8	19,7	10,8
Bayern	10,35	14,5	0,85	8	20,9	12,9
Mecklenburg-Vorpommern	1,76	2,5	0,11	6	13,3	1,6
Brandenburg	2,38	3,3	0,16	7	14,4	2,4
Sachsen-Anhalt	2,59	3,6	0,24	9	17,3	3,6
Thüringen	2,43	3,4	0,23	10	19,2	3,5
Sachsen	4,35	6,1	0,34	8	16,2	5,1
Berlin	2,86	4,0	0,32	11	24,7	4,9

[1] *TV-Bevölkerung Basis*
gibt an, daß es 71,37 Mio. deutsche Personen ab 3 Jahren mit TV-Empfang gibt. Davon sind zum Beispiel 34,74 Mio. im Alter zwischen 14 bis 49 Jahren, und 32,56 Mio. haben einen Volks- bzw. Hauptschulabschluß.
[2] *TV-Bevölkerung Struktur*
zeigt die prozentuale Zusammensetzung der deutschen TV-Bevölkerung.
[3] *Sendungspublikum Reichweite in Mio.*
gibt an, wieviele Personen SAT.1 während der Sendung gesehen haben.
[4] *Marktanteile in %*
gibt an, wieviel Prozent aller zu dieser Zeit tatsächlich fernsehenden Personen SAT.1 gesehen haben.
[5] *Struktur in %*
zeigt die prozentuale Zusammensetzung des Publikums von SAT.1 während der Sendung.

Tab. 3: Opernball – Teil 1: Die Opfer, So. 20.15 Uhr

Grundgesamtheit: TV-Bev. der BRD ab 3 Jahren, Zeitraum: 15.03.1998, Anzahl der Sendungen: 1, Altersgruppen-Mittelwert: 44,9

Zielgruppe	TV-Bevölkerung		Sendungspublikum			
	Basis[1]	Struktur[2]	Reichweite[3]		Markt-anteile[4]	Struktur[5]
	Mio.	in %	Mio.	in %	in %	in %
Zuschauer BRD	71,37	100,0	8,81	12	24,8	100,0
Kinder 3 - 13 Jahre	8,97	12,6	0,20	2	20,7	2,2
Erwachsene ab 14 Jahre	62,39	87,4	8,62	14	24,9	97,8
Erw. 14 - 49 Jahre	34,74	55,7	5,18	15	31,8	60,1
Erw. 14 - 19 Jahre	4,54	7,3	0,27	6	23,3	3,1
Erw. 20 - 29 Jahre	9,32	14,9	0,94	10	30,9	10,9
Erw. 30 - 39 Jahre	11,41	18,3	2,18	19	34,0	25,3
Erw. 40 - 49 Jahre	9,47	15,2	1,79	19	31,5	20,7
Erw. 50 - 64 Jahre	15,60	25,0	2,31	15	23,1	26,8
Erw. ab 65 Jahre	12,05	19,3	1,13	9	13,7	13,1
Frauen	32,72	52,4	4,85	15	25,3	56,3
14 - 19 Jahre	2,19	3,5	0,16	7	29,5	1,9
20 - 29 Jahre	4,53	7,3	0,54	12	30,1	6,3
30 - 39 Jahre	5,67	9,1	1,20	21	34,7	13,9
40 - 49 Jahre	4,75	7,6	0,94	20	33,0	10,9
50 - 64 Jahre	8,00	12,8	1,23	15	23,3	14,3
ab 65 Jahre	7,58	12,2	0,78	10	14,9	9,0
Männer	29,67	47,6	3,77	13	24,5	43,7
14 - 19 Jahre	2,35	3,8	0,11	5	18,0	1,3
20 - 29 Jahre	4,79	7,7	0,39	8	32,1	4,5
30 - 39 Jahre	5,74	9,2	0,98	17	33,2	11,4
40 - 49 Jahre	4,72	7,6	0,85	18	30,0	9,9
50 - 64 Jahre	7,60	12,2	1,08	14	22,8	12,6
ab 65 Jahre	4,47	7,2	0,35	8	11,6	4,1
Kinder						
3 - 9 Jahre	5,68	63,3	0,09	2	21,3	45,5
10 - 13 Jahre	3,29	36,7	0,11	3	20,3	54,5
Volksschule/Hauptschule	32,56	52,2	4,10	13	20,8	47,6
Weiterführende Schule ohne Abitur	19,30	30,9	3,06	16	29,6	35,6
Abitur/Hochschulreife	4,26	6,8	0,63	15	35,5	7,4
Studium	6,25	10,0	0,82	13	30,8	9,5
Pers. mit HH-Netto-EK						
bis 2000 DM	9,10	12,8	0,78	9	15,5	8,9
zw. 2000 - 3500 DM	24,95	35,0	3,00	12	21,8	34,0
zw. 3500 - 5000 DM	23,46	32,9	3,18	14	28,7	36,1
ab 5000 DM	13,85	19,4	1,85	13	33,0	21,0

Tab. 4: Opernball – Teil 2: Die Täter, Mo. 20.15 Uhr

Grundgesamtheit: TV-Bev. der BRD ab 3 Jahren, Zeitraum: 16.03.1998,
Anzahl der Sendungen: 1, Altersgruppen-Mittelwert: 45,6

Zielgruppe	TV-Bevölkerung		Sendungspublikum			
	Basis[1] Mio.	Struktur[2] in %	Reichweite[3] Mio.	in %	Markt- anteile[4] in %	Struktur[5] in %
Zuschauer BRD	71,37	100,0	6,57	9	20,7	100,0
Kinder 3 - 13 Jahre	8,97	12,6	0,17	2	20,5	2,6
Erwachsene ab 14 Jahre	62,39	87,4	6,40	10	20,7	97,4
Erw. 14 - 49 Jahre	34,74	55,7	3,64	10	26,5	56,9
Erw. 14 - 19 Jahre	4,54	7,3	0,19	4	22,1	3,0
Erw. 20 - 29 Jahre	9,32	14,9	0,62	7	22,1	9,7
Erw. 30 - 39 Jahre	11,41	18,3	1,54	13	28,1	24,1
Erw. 40 - 49 Jahre	9,47	15,2	1,29	14	28,2	20,1
Erw. 50 - 64 Jahre	15,61	25,0	1,83	12	20,3	28,6
Erw. ab 65 Jahre	12,05	19,3	0,93	8	11,5	14,5
Frauen	32,72	52,4	3,66	11	21,1	57,2
14 - 19 Jahre	2,19	3,5	0,12	6	30,1	1,9
20 - 29 Jahre	4,53	7,3	0,42	9	24,8	6,6
30 - 39 Jahre	5,67	9,1	0,87	15	28,6	13,6
40 - 49 Jahre	4,75	7,6	0,69	15	29,3	10,8
50 - 64 Jahre	8,00	12,8	0,93	12	19,8	14,6
ab 65 Jahre	7,57	12,1	0,62	8	12,1	9,6
Männer	29,67	47,6	2,74	9	20,2	42,8
14 - 19 Jahre	2,35	3,8	0,07	3	15,0	1,1
20 - 29 Jahre	4,79	7,7	0,20	4	17,9	3,1
30 - 39 Jahre	5,74	9,2	0,67	12	27,4	10,4
40 - 49 Jahre	4,72	7,6	0,59	13	26,9	9,3
50 - 64 Jahre	7,60	12,2	0,90	12	20,7	14,1
ab 65 Jahre	4,47	7,2	0,31	7	10,4	4,8
Kinder						
3 - 9 Jahre	5,67	63,2	0,09	2	25,0	52,7
10 - 13 Jahre	3,30	36,8	0,08	2	17,1	47,2
Volksschule/ Hauptschule	32,56	52,2	3,13	10	17,4	48,8
Weiterführende Schule ohne Abitur	19,30	30,9	2,22	12	24,8	34,7
Abitur/ Hochschulreife	4,27	6,8	0,37	9	25,2	5,7
Studium	6,25	10,0	0,69	11	27,3	10,7
Pers. mit HH-Netto-EK						
bis 2000 DM	9,09	12,7	0,68	7	14,0	10,3
zw. 2000 - 3500 DM	24,97	35,0	2,21	9	17,6	33,6
zw. 3500 - 5000 DM	23,45	32,9	2,34	10	24,9	35,6
ab 5000 DM	13,87	19,4	1,34	10	27,3	20,4

Durch die Wahl des Sujets und die Alterstruktur der Hauptfiguren hat die Sendung eher ein älteres Publikum angesprochen. Und hatte bei diesem auch einen sehr signifikanten Erfolg bei den Zuschauern mit Abitur und einem Einkommen über 5.000 Mark. Das Profil der Zuschauer läßt darauf schließen, daß der Hintergrund der Geschichte ein eher intellektuelles Publikum angesprochen hat. Dieser Trend setzt sich fort in der Analyse der Zuschauer nach räumlicher Verteilung. Überdurchschnittlich gut lief *Opernball* in Hamburg, Schleswig-Holstein und Hessen. Besonders schlecht hingegen in Mecklenburg-Vorpommern, Brandenburg und Sachsen. Erfolgreich war die Sendung also in Stadtstaaten oder Ländern mit einem hohen Anteil von städtischem Publikum.

Marktanteile

Die unterschiedlichen Zahlen des Marktanteils von SAT.1, die in der Tab. 5 aufgeführt sind, ergeben sich daraus, daß sie sich nicht nur auf die Sendung *Opernball* beziehen, sondern auf den gesamten Zeitraum von 20.15 bis 23.00 Uhr.

Diese Zahlen zeigen, daß *Opernball* für den Sender SAT.1 ein Erfolg war. Obwohl natürlich nicht gesagt ist, ob sich die Produktion mehr von dem TV-Movie erhofft hatte.

Wenn Sie eventuell selbst planen, einen Thriller für das Fernsehen zu schreiben, sollten Sie als Autor diese Zahlen kennen. Sie können den Erfolg auch als Verkaufsargument

Tab. 5: Marktanteile in der Sendezeit von 20.15 bis 23.00 Uhr				
Sender	15. März ab 3 Jahre	15. März Erw. 14 - 49	16. März ab 3 Jahre	16. März Erw. 14 - 49
SAT.1	22,4	26,5	18,6	23,2
RTL	11,5	15,3	12,7	16,5
Pro 7	8,0	13,5		11,6
ARD	11,0	7,2	14,0	4,4
ZDF	15,1	7,1	13,9	11,6

für Ihre Geschichte nutzen. Wäre *Opernball* ein Mißerfolg geworden, hätten Sie immer noch behaupten können, daß Ihre Geschichte besser sei.

Es reicht nicht, wenn die Geschichte, an der Sie gerade schreiben, nur Sie selbst interessiert. Sie müssen sich auch im klaren darüber sein, daß es ein Publikum für Ihren Film geben muß. Zumindest über das potentielle Publikum sollten sich Autoren Gedanken machen. Die Zahlen von *Opernball* machen deutlich, daß die Sendung tatsächlich ein spezielles Publikum angesprochen hat. Die Frage stellt sich, ob es Ihnen gelingt, das von Ihnen angestrebte Publikum auch zu erreichen. Oder auch, ob es Ihnen möglich ist, durch kreative Entscheidungen, die Sie treffen, noch eine weitere Zielgruppe anzusprechen. Wie sieht es z.B. mit dem Alter des Antagonisten aus? Kann ich ein jüngeres Publkum erreichen, wenn er nicht 40, sondern 20 Jahre alt ist? Vielleicht ist es kein Zufall, daß neben Heiner Lauterbach und Gudrun Landgrebe auch noch eine sehr junge Figur (Franka Potente) einen großen Raum in der Geschichte einnimmt.

Fazit

Sie schreiben Ihre Drehbücher für ein Publikum. Darum sollten Sie sich auch Gedanken darum machen, wer dieses Publikum sein soll. Bietet die Geschichte etwas, das diese Menschen erreicht und berührt?

Informieren Sie sich über die Zuschauerzahlen. Aber hüten Sie sich auch davor (wie vielleicht viele Redakteure), diese Zahlen für das Orakel von Delphi zu halten. Sie sollten Ihnen helfen, und Sie nicht in Ihrer Kreativität einschränken.

Agenten

Wie man einen findet, zusammenarbeitet oder sich trennt

Die Meinungen über Agenten sind nicht immer nur positiv. Diejenigen, an die wir verkaufen, finden, daß wir zu hohe Provisionen kassieren, während manche Autoren meinen, daß wir ihnen nicht genug Arbeit verschaffen – und unsere Rechnungen zu hoch ausfallen. Zwischen zwei Stühlen zu sitzen hat unweigerlich seine Nachteile. Und die Tage sind lang, weil man während der Bürostunden nicht zum Lesen kommt. Über 80 Arbeitsstunden sind für einen Agenten kein seltener Wochendurchschnitt.

Trotzdem haben die meisten Agenten, die ich kenne, Spaß an ihrer Arbeit. Es gibt viele erhebende Momente, und es gibt wirklich keine Arbeit, die ich lieber täte. Wir lernen, uns von Ablehnungen nicht persönlich betroffen zu fühlen, auch wenn es sich um Werke handelt, die uns besonders am Herzen liegen. Wir freuen uns über Erfolge, die großen und die kleinen. Und der größte Teil der Agenturkunden scheint die meiste Zeit zufrieden zu sein.

Warum einen Agenten haben?

Die Antwort, die sich hier als erstes aufdrängt, ist die, daß ein guter Agent Ihnen – ebenso wie ein guter Anwalt oder Steuerberater – mehr Geld einbringen wird, als er Sie kostet. Anstatt sich über die Provision zu beklagen, die Sie zahlen, sollten Sie also vielmehr an das Umsatzplus denken, das Sie an jedem Jahresende verbuchen werden. Das ist natürlich eine idealisierte Darstellung, aber wenn Sie gut schreiben und Ihren Teil zu einer erfolgreichen Zusammenarbeit mit Ihrem Agenten beitragen, wird es aller Wahrscheinlichkeit nach tatsächlich so aussehen.

Die meisten Autoren sind sich bewußt, daß es eine große Konkurrenz auszustechen gilt, um produziert oder veröffentlicht zu werden. Ein guter Agent sollte in der Lage sein, trotz des regen Wettbewerbs das Drehbuch oder Manuskript in die Hände eines potentiellen Käufers oder Auftraggebers zu legen. Und zwar nicht in die irgendeines Käufers, sondern des richtigen, der angemessen für die Rechte bezahlen wird, bevor das Werk produziert oder verlegt wird.

Gute Agenten werden regelmäßig von Produzenten und Verlegern angesprochen, die sich erkundigen, welche Autoren sie vertreten und was an neuem Material verfügbar ist. So hat ein Autor, der von einer guten Agentur betreut wird, sofort Zugang zu einer ganzen Reihe potentieller Käufer.

In Anbetracht der großen Anzahl von Drehbüchern und Manuskripten, die im Umlauf sind, ist es für einen Autor sicherlich von Vorteil, einen Agenten zu haben. Aber ob ein Autor nun einen Agenten hat oder nicht, es ist wichtig für ihn zu wissen, wie die Arbeit eines Agenten aussieht.

Manche Autoren arbeiten Vollzeit und haben keine Zeit, selbst aktiv zu werden; auch verabscheuen viele Autoren das Hin und Her von Verhandlungen oder das Fachchinesisch von Verträgen. Für sie kann es eine Erleichterung sein, sich von einem Agenten vertreten zu lassen.

Agenten sind keine Therapeuten, wenngleich manche Kunden sie so behandeln. Eine gute Beziehung zwischen Agent und Klient kann alles beinhalten: Kindermädchen spielen, Kredite vergeben, eheliche Ratschläge erteilen, Seelenforschung, Essen und Trinken, Urlaub – sowie selbstverständlich redaktionelle und geschäftliche Beratung.

Agenten müssen realistisch sein, um den gesunden Optimismus ihrer Klienten auszugleichen, die das, was sie geschrieben haben, manchmal für schlicht einmalig halten.

Auch müssen sie in der Lage sein, die Qualität der Arbeit jener Autoren hervorzuheben, die wenig Selbstvertrauen haben. Und so kommt es, daß Agenten zuweilen Geschriebenes im kalten Licht der Realität betrachten müssen. Ein Agent, der etwas von seinem Beruf versteht, wird seine Kunden nicht »am langen Arm verhungern lassen«.

Nur weil Ihr Agent begeistert ist von Ihrer Arbeit, ist diese noch lange nicht veräußerbar. Wir verkaufen nicht immer alles, was uns gefällt (und uns gefällt nicht immer, was wir verkaufen, auch wenn wir gewöhnlich den Autor mögen). Machen Sie nicht den elementaren Fehler vieler Autoren, zu denken, daß Sie, wenn Sie erst einen Agenten haben, Sie sich nur noch ums Schreiben zu kümmern brauchen und alle geschäftlichen Dinge wie rechtliche Fragen, Steuern und andere Aspekte Ihrer Karriere sich von allein regeln. Wenn dem so wäre, würden Autoren niemals ihre Agenten fallenlassen und Agenten nie einen Kunden feuern. Und beides geschieht verhältnismäßig oft. Sie können sich nicht das notwendige Wissen und die Erfahrung über Verträge und Verhandlungen aneignen oder genügend Kontakte und Beziehungen aufbauen, wenn Sie nur Ihr eigenes Material verkaufen.

Das mag voreingenommen klingen, aber ich denke schon, daß Agenten die Karriere ihrer Klienten entscheidend beeinflussen können.

Einen Agenten zu haben bringt nicht automatisch Erfolg und heißt auch nicht unbedingt, daß Sie besser schreiben. Ob es Ihnen in diesen Bereichen hilft, wenn Sie einen guten Agenten haben, das hängt von Ihrer Arbeit und Einstellung ab. Eine Klage, die häufig geäußert wird, ist die, daß man keinen Agenten bekommt, wenn man ihn am dringendsten braucht, sprich, wenn man ganz am Anfang steht und nicht weiß, was man für welche Zielgruppe schreiben soll oder welches Honorar man fordern sollte.

Abgesehen von einer Reihe von Seminaren und einigen neu eingerichteten Studiengängen gibt es relativ wenige Möglichkeiten, das Drehbuchschreiben zu erlernen. In Deutschland gibt es keine marktorientierten Hochschulstudiengänge für kreatives Schreiben wie in den USA. Die Zusammenarbeit mit Agenten kann Autoren unter anderem einiges Basiswissen vermitteln.

Auch Agenten sind Geschäftsleute!

Man sollte jedoch nicht vergessen, daß Agenten in erster Linie Geschäftsleute sind. Sie müssen mit den zehn bis 15 Prozent Anteil an den Einkünften Ihrer Klienten Gewinn machen. Und sie müssen von ihrer Provision alle Fixkosten bestreiten, bevor sie Gewinne verbuchen. Agenten können langfristig planen, aber sie sind daran interessiert, in einer bestimmten Branche erfolgreich zu sein, und das bedeutet, daß sie Zeit und Geld investieren, wenn sie der Meinung sind, daß sich der Einsatz lohnt und sie letztendlich (über ihre Klienten) Geld verdienen werden.

Der Erfolg eines Agenten richtet sich nach der Zahl seiner Verkäufe. Agenten halten sich dies gewöhnlich vor Augen, wenn sie Manuskripte oder Drehbücher lesen. Es spielt nicht unbedingt eine Rolle, ob das vorliegende Material besonders originell und komplex ist oder nur eine einfache Folge für eine Serie. Die Karriere des Klienten voranzutreiben, zu verkaufen, was er geschrieben hat, das Honorar zu kassieren und abzüglich der Provision weiterzuleiten – das sind die Kernfunktionen eines Agenten.

Ich weiß nicht, wie hoch unsere Einreich-Verkaufs-Relation ist, aber die meisten Drehbucheinreichungen von Agenten enden mit einer Absage. Jeder Agent hat schon erlebt, daß ein Manuskript oder Drehbuch erst beim zwanzigsten oder dreißigsten Versuch verkauft wurde. Die durchschnittliche Anzahl der Einreichungen pro Manuskript oder Drehbuch liegt vermutlich deutlich darunter. Wenn ein Buch sich nicht innerhalb eines gewissen Zeitraums verkauft, landet es in der Schublade, es sei denn, daß es einem Agenten besonders gut gefällt.

Agenten, die Material einreichen, das abgelehnt wird, tragen dies gemeinhin mit Fassung und versuchen es woanders. Es wäre sinnlos, Ablehnungen persönlich zu nehmen oder sich darüber zu ärgern. Auch wenn der Agent weiß, daß er das Material der richtigen Person angeboten hat, kann es sein, daß diese die Vorzüge nicht erkennt oder aber interessiert ist, sich den Erwerb jedoch zum gegebenen Zeitpunkt nicht leisten kann, so daß er sich anderweitig umsehen muß.

Natürlich kann sich etwas, das nicht gleich einen Käufer findet, trotzdem noch verkaufen lassen. Agenten befinden sich gewöhnlich in einer besseren Position als Autoren, die selbst versuchen, potentielle Käufer aufzutreiben. Die Probleme fangen an, wenn man alle in Frage kommenden Möglichkeiten ausgeschöpft hat, ohne einen Käufer gefunden zu haben. Autoren glauben oft, daß ihr Agent das Material weiter einreicht, aber es kommt der Augenblick, da einem Agenten kein ernsthafter Interessent mehr einfällt, der das Skript noch nicht gesehen hat. Wie weit der Agent seine Bemühungen dennoch fortsetzt, hängt davon ab, wie gut ihm selbst das Material gefällt und wieviel ihm an dem betreffenden Autor liegt.

Wenn ein Drehbuch keine gute Resonanz findet, kann es sein, daß ein Agent es nicht weiter einreicht, um den Ruf des Autors bei anderen Gesellschaften nicht zu schädigen. Jede Materialeinreichung kostet eine Agentur Geld. Der Betrag kann sich, wenn man Telefonanrufe, Diktieren und Tippen der Begleitschreiben, die Zeit für Fotokopien und Verpackung, die Versandkosten und einen Anteil der laufenden Betriebskosten addiert, auf bis zu 200 bis 300 Mark pro Einreichung belaufen.

Wenn ein Drehbuch oder Manuskript keinen Käufer findet – auch wenn es den einen oder anderen Interessenten gegeben hat –, wird der Agent aufhören, es einzureichen. Wenn der Autor hiermit nicht einverstanden ist, sollten er und sein Agent sich darüber unterhalten. Wenn sie zu keiner Einigung kommen können, sollte der Autor sich vielleicht einen neuen Agenten suchen. Gewöhnlich ist es aber besser, wenn die beiden sich zusammensetzen und gemeinsam ein neues Projekt entwickeln, das vielleicht bessere Chancen auf dem Markt hat, um dann später, wenn die Situation sich geändert hat, erneut zu versuchen, das erste Skript zu verkaufen. Der Autor braucht nur einen Treffer zu landen, und die Chancen, auch andere, bis dato abgelehnte Werke von ihm zu verkaufen, steigen deutlich.

Weitere Vorteile

Ein Bereich, in dem ein Klient von einem Agenten sofort profitieren können sollte, sind die weitverzweigten Beziehungen des Agenten in der Branche, sowohl zu potentiellen Käufern als auch zu Vertretern der Film- und Fernsehindustrie allgemein. So ist unsere Agentur beispielsweise Mitglied folgender Vereinigungen:

Association of Authors' Agents
London Screenwriters' Workshop
New Producers' Alliance
Romantic Novelists Association
Society of Authors
Society of Bookmen
Women in Publishing
Writers' Guild

Meine Partnerin Carole Blake war früher Vorsitzende der *Association of Authors' Agents*. Darüber hinaus sind oder waren wir in verschiedenen Buch-, Film- oder Fernsehkomitees in Großbritannien und auf dem europäischen Festland und sind somit in einer guten Position, um an branchenbezogene Informationen heranzukommen, die wir zugunsten unserer Klienten verwenden können. Autoren sollten aus demselben Grund aktive Mitglieder der großen Autorenorganisationen und -verbände sein.

Ein Agent sollte aber nicht nur in der Lage sein, einen Käufer zu finden und das Angebot für ein Drehbuch oder einen Roman möglichst in die Höhe zu treiben, er sollte seinem Klienten auch helfen können, gewisse Rechte an seinem Material zu bewahren und zu verwerten. Wenn es sich um ein Buch handelt, sind Übersetzungs-, Fortsetzungs- und Filmrechte selten Bestandteil des Paketes, das an den Verleger verkauft wird. Wenn es sich um ein Drehbuch handelt, das an einen Fernsehsender verkauft wird, sollte der Agent die Rechte oder Lizenzen des Käufers einschränken und Sorge tragen, daß die Merchandising-, Publikations- und Buchrechte (evtl. auch die Pay-TV-, Bühnen- und Radiorechte) dem Autor erhalten bleiben. Jeder gute Agent sollte in der Position sein, diese »vorbehaltenen Rechte« zugunsten seines Klienten zu verwerten.

Verkäufe aus vorbehaltenen Rechten bei Veröffentlichungsverträgen können für den Kunden neue »Profitzentren« schaffen, die die Einnahmen erhöhen, weil diese Gelder nicht gegen die im Rahmen des ursprünglichen Vertrages geflossenen Vorauszahlungen aufgerechnet werden. Sollte der Herausgeber sich sämtliche Rechte weltweit gesichert haben, gehen nachfolgende Verkaufseinnahmen, anstatt direkt an den Autor zu fließen, erst an den Herausgeber, um die ursprüngliche Zahlung oder die Vorauszahlung auszugleichen.

Nachdem die Vorauszahlungen wieder eingenommen worden sind, steht dem Autor sein Anteil zu. Dieser wird jedoch erst zu den im Vertrag vereinbarten Fälligkeitsdaten ausgezahlt, gewöhnlich zweimal jährlich.

Agenten können darüber hinaus den realen »Markt«-Preis für ein Werk, an dem reges Interesse besteht, dadurch festlegen, daß sie es versteigern. In der Buchbranche ist dies nicht ungewöhnlich, und es finden in London, New York, Deutschland und anderen Ländern regelmäßig solcher Buchauktionen statt. Auktionen erfüllen im Hinblick auf die Höhe des Abschlusses nicht immer die Erwartungen des Anbieters. Werden sie jedoch vernünftig geführt, können sie sich für Autor und Agent als unschätzbar wertvoll erweisen, um den Höchstpreis festzulegen, der sich auf dem Markt erzielen läßt.

Es kommt vor, daß ein Vorschuß höher ausfällt als die zu erwartenden Bucheinnahmen. Gewöhnlich zahlt der Herausgeber einen Bonus, um einen bestimmten Autor »einzukaufen«, in der Hoffnung, daß über mehrere Bücher erhebliche

Gewinne erzielt werden (auch wenn eine Vorschußsumme nicht wieder hereinkommt, kann ein Buch für einen Herausgeber profitabel sein).

In der Film- und Fernsehwelt hingegen sind Auktionen selten. Shane Black und Joe Eszterhas haben Anfang der Neunziger Drehbücher meistbietend angeboten. Vermutlich war dies der Anfang eines Trends hin zu höheren Zahlungen an die einträglichsten Autoren, die Drehbücher ohne Aufträge und finanzielle Unterstützung schreiben. Für den Durchschnittsautor wird das keinen großen Unterschied machen, es sei denn, sein Skript ist eindeutig kommerziell und in den Händen eines guten Agenten, der es versteht, die Käufer gegeneinander auszuspielen.

Ich glaube also, daß es aus vielen Gründen für einen ernsthaften und professionellen Autor wünschenswert und vorteilhaft ist, einen Agenten zu haben. Im Team können sie viel mehr erreichen als jeder für sich.

Wie man einen Agenten findet

Was einen Autor für Agenten gemeinhin attraktiv macht, ist seine Arbeit, weniger seine Person. Manchmal wird eine prominente Person in die Klientel eines Agenten aufgenommen, weil allein ihr Name garantiert, daß Herausgeber oder Produzenten sich für ihre Arbeit interessieren werden. Aber weit wichtiger ist die Qualität des Geschriebenen.

Hier einige grundsätzliche Punkte, die Sie berücksichtigen sollten, wenn Sie sich einen Agenten nehmen oder von einem Agenten zu einem anderen wechseln:

1 Nach welchen Kriterien wählen Sie Ihren Agenten aus? Wenn Sie keine Empfehlung bekommen können, versuchen Sie Autoren zu finden, deren Werke Ihnen am meisten gefallen und kontaktieren Sie deren Agenten. Dies ist zumindest ein Hinweis und mag auch dem Agenten ein wenig schmeicheln. Ihre Arbeit sollte allerdings von glei-

cher Qualität sein wie die der Autoren, die Sie bewundern.
Wenn Sie einen Roman lesen, der Ihnen gefällt, rufen Sie den Verleger an, erkundigen Sie sich nach dem Agenten des Autors und setzen Sie sich mit diesem in Verbindung. Es kann sein, daß der Autor keinen Agenten hat, und in diesem Fall wird vermutlich der Herausgeber die Rechte des Autors verwalten. Sie können auch die Danksagungen studieren – es kommt vor, daß Autoren ihren Agenten auf diesem Wege ihren Dank aussprechen. Möglicherweise müssen Sie in der Lage sein, bestimmte Namen zu erkennen, da den Danksagungen nicht immer zu entnehmen ist, welche der genannten Personen der Agent ist.
Wenn es sich bei dem Werk um einen Spielfilm oder einen Fernsehfilm handelt, rufen Sie die Sendeanstalt oder den unabhängigen Produzenten an – beide sollten in der Lage sein, Ihnen Auskunft zu erteilen.
Autoren sollten einer Agentur nie eine Lesegebühr zahlen. Es gibt einige Dramaturgen, die gegen eine bestimmte Gebühr eine Analyse des Projektes erstellen und Verbesserungsvorschläge machen, aber eine Agentur, die Material hinsichtlich einer potentiellen Vertretung sichtet, sollte sich hierfür nicht bezahlen lassen.
Was Sie nicht wissen können, ist, ob die betreffende Agentur neue Klienten sucht oder ausgebucht ist. Aber selbst wenn eine Agentur grundsätzlich ausgebucht ist, kann es sein, daß sie dennoch einen etablierten Autor oder auch einen unerfahrenen Autor, den sie für brillant hält, in ihre Kartei aufnimmt. Die meisten etablierten Agenturen nehmen jedoch nur verhältnismäßig wenige neue Klienten im Jahr auf.
2 Es ist ratsam, sich einen bestimmten Agenten empfehlen zu lassen. Wenn Sie andere Autoren kennen, fragen Sie sie, was sie von ihren Agenten halten und ob diese auch neue Klienten aufnehmen. Wenn Sie keine anderen Autoren kennen, schließen Sie sich einer Autorenvereinigung an.

Es kann hilfreich sein, wenn Sie in einem Anschreiben an einen Agenten anführen können, daß er Ihnen von X oder Y empfohlen wurde. Aber achten Sie darauf, daß dieser X oder Y dem Agenten auch wirklich bekannt ist!

3 Ich persönlich denke, daß Ihr erster Schritt nicht der sein sollte, den Agenten anzurufen. Ungebetene Anrufe sind nicht die beste Annäherung, auch wenn manche Agenten sie entgegennehmen. Telefonate sind nur unter ganz bestimmten Umständen sinnvoll. Dieser gehört nicht dazu. Ich rede nicht mit einem potentiellen neuen Klienten, bevor ich nicht etwas von ihm gelesen habe. Am Telefon könnte ich dem Anrufer vielleicht sagen, daß sein gewähltes Thema mich nicht interessiert oder anspricht oder sich (meiner Meinung nach) nicht vermarkten läßt, mehr aber auch nicht. Einen Brief zu lesen dauert eine Minute, aber ein höfliches Telefonat kann zehn oder 15 Minuten beanspruchen. Jemand, der mich anruft, verschafft sich dadurch keinen Vorteil. Also schicken Sie etwas Schriftliches, sei es auch nur Ihr Lebenslauf und ein Schreibmuster. Das gleiche gilt vermutlich auch für die Kontaktaufnahme mit Produzenten. An diesem Punkt der Beziehung geht es um schriftstellerisches Können und nicht um verbales Geschick. Wir bekommen wöchentlich über 100 Anfragen von Autoren. Es ist wohl nachvollziehbar, daß wir nicht von allen diesen Leuten Anrufe entgegennehmen können. Vorrangig muß ich frei sein, um Anrufe von Produzenten entgegennehmen zu können, die auf der Suche nach Autoren sind.

4 Es ist unbedingt erforderlich, daß Sie dem Agenten oder Produzenten in Ihrem Schreiben exakt darlegen, welche Art von Geschichte Sie schreiben oder geschrieben haben. Wenn diese dem Agenten nicht zusagt, ersparen Sie Ihnen beiden Zeit und Geld. Wenn Sie in der Lage sind, gute Zusammenfassungen zu schreiben, liefern Sie damit bereits den Verkaufsmotor, und das könnte den Agenten reizen. Allgemein wird davon abgeraten, sofort ein Skript oder Treatment einzusenden. Wenn Ihr Einführungsschreiben kurz und überzeugend ist und einige reizvolle Zeilen

über Ihr Projekt enthält, sollten Sie eine Anfrage der Agentur erhalten, in der Sie aufgefordert werden, ihr das Material zu schicken.

Hierdurch könnte sich der Agent verpflichtet fühlen, Ihr Material sorgfältiger zu behandeln, als wenn Sie es unaufgefordert eingesandt hätten. Ich halte dies allerdings für umständlich. Das Leben ist zu kurz für Umwege. Ich persönlich finde es nicht höflicher, einen Agenten vorab zu fragen, ob er daran interessiert ist, das Material zu sehen. Sie sollten ihn nur nicht damit »erschlagen«. Agenten neigen gewöhnlich dazu, eingereichtes Material möglichst schnell zu lesen. Ihre oberste Priorität gilt dem Material ihrer bestehenden Klientel, vor allem dem, das in Auftrag gegeben oder bereits gekauft wurde. Erst dann kommt das Material potentieller Neuklienten.

Es ist schon vorgekommen, daß uns die Qualität des Geschriebenen in einem Skript oder Kapitel ausnehmend gut gefallen hat, wir aber die Idee oder Geschichte nicht mochten. Hätten wir nur das Treatment oder eine Zusammenfassung vorgelegt bekommen, hätten wir das Material von vorneherein abgelehnt. Im allgemeinen lesen wir beides, allerdings nicht bis zum Ende, wenn uns die Schreibweise des Kapitels oder Drehbuchs nicht gefällt.

In Ihrem Begleitschreiben können Sie auch darlegen, warum Sie das eingereichte Material geschrieben haben, ob Sie schon vorher etwas verfaßt haben, das verfilmt oder veröffentlicht wurde und welche beruflichen Ziele Sie anstreben. Aber übertreiben Sie nicht, sonst werden Sie um so strenger bewertet, wenn der Agent anschließend Ihr Material liest.

Außerdem sollten Sie dem Agenten mitteilen, wie lang das Drehbuch oder Manuskript ist (bei einem Drehbuch wird die Länge gewöhnlich nur in Seiten angegeben, während bei einem Manuskript neben der Seitenanzahl zusätzlich die Anzahl der Wörter angegeben werden sollte). Erwähnen Sie, ob Sie Ihr Material auch anderen Agenten/Produzenten/Verlegern angeboten haben. Manche Agenten le-

sen grundsätzlich nichts, das gleichzeitig anderen Agenten vorliegt.
5 Legen Sie immer einen adressierten, frankierten Rückumschlag bei. Unsere Agentur schickt wie so viele andere unaufgefordert eingesandtes Material nur dann zurück, wenn ein solcher frankierter Umschlag beiliegt. Wir bekommen jährlich unaufgefordert über 5.000 Briefsendungen zugeschickt, und es ist meiner Ansicht nach verständlich, daß wir es ablehnen, die Kosten für die Rücksendung zu tragen.
6 Schicken Sie keinen vollständigen Roman ein, auch wenn Sie ihn fertiggeschrieben haben. Handelt es sich dagegen um ein Drehbuch für einen Spielfilm oder eine 30-60minütige Folge, reichen Sie das vollständige Skript ein. Und legen Sie grundsätzlich eine kurze Zusammenfassung oder ein Treatment bei.

Wir erhalten immer wieder Material in mangelhafter Aufmachung. Sie sollten also folgendes berücksichtigen:

a) Das Material muß getippt und jedes Blatt nur einseitig beschrieben sein.
b) Verwenden Sie einen doppelten Absatz und einen großzügigen Rand auf allen vier Seiten.
c) Tippen Sie Dialoge und Regieanweisungen korrekt: Das ist vor allem bei Film- und Fernsehdrehbüchern wichtig (es gibt unterschiedliche Layouts, die Sie in den meisten Büchern über das Drehbuchschreiben nachschlagen können).
d) Achten Sie auf Rechtschreibung, Überschriften, das Einrücken von Absätzen, Großschreibung usw.
e) Lesen Sie Ihr Material Korrektur, um Rechtschreib- und Tippfehler zu berichtigen. Zeigen Sie, daß Ihre Arbeit Ihnen am Herzen liegt. Das macht wirklich einen besseren Eindruck.
f) Sie sollten kein Material binden, heften, klammern oder ähnliches, jedoch die Seiten numerieren. Es ist der Alptraum eines jeden Agenten und Redakteurs, wenn er beim Lesen ein Drehbuch oder Manuskript zu Boden (oder in die Badewanne) fallen läßt und

feststellen muß, daß die Seiten nicht durchnumeriert sind.

g) Achten Sie darauf, daß Ihr Name, Adresse, Telefon/Faxnummer deutlich auf der Titelseite vermerkt sind.

h) Vermerken Sie, wenn Sie wollen, den Hinweis »Alle Rechte bei ...«, gefolgt von Ihrem Namen und dem Jahr, auf der Titelseite, aber bitte nicht auf jeder einzelnen Seite.

7 Legen Sie immer eine kurze Zusammenfassung oder ein Exposé bei, länger als nur ein Absatz, aber maximal drei Seiten. Daraus muß ein potentieller Agent ein wenig über das Thema, die Figuren, den zeitlichen Hintergrund und die Location erfahren, aber langweilen Sie den Agenten nicht mit überflüssigen Details. Tatsächlich macht es Sie attraktiver, wenn Sie beweisen, daß Sie in der Lage sind, kurz und präzise auf den Punkt zu kommen. Ein vollständiges Treatment könnte in dieser Phase bereits zu lang sein.

Ich nehme mir ein Drehbuch oder Manuskript erst vor, nachdem ich eine kurze Zusammenfassung gelesen habe. Das hilft mir, Art oder Genre der Arbeit einzuschätzen und zu entscheiden, ob sie für unsere Agentur überhaupt in Frage kommt. Anhand dieser Zusammenfassung und der Lektüre der Anfangsszenen oder -kapitel kann ich außerdem beurteilen, ob es dem Autor gelungen ist, umzusetzen, was er sich vorgenommen hat.

8 Schicken Sie nicht wahllos zusammengewürfelte Seiten des Drehbuches oder Manuskriptes ein (Das kommt tatsächlich vor!). Eine willkürliche Auswahl von einzelnen Seiten läßt einen Autor nicht im besten Licht erscheinen. Schicken Sie auch nicht das erste Kapitel oder die erste Szene, gefolgt vom letzten Kapitel oder der Schlußszene. Die ersten aufeinanderfolgenden zehn bis 30 Seiten vermitteln dem erfahrenen Leser eine Vorstellung von Ihrem Schreibstil und Ihren Fähigkeiten.

9 Fügen Sie Ihrem Schreiben immer einen kurzen Lebenslauf bei, der Ihrem Agenten einen Eindruck Ihres Werde-

gangs vermittelt. Das kann die Entscheidung beeinflussen, sich das Drehbuch oder Manuskript anzusehen. Es kann hilfreich sein, wenn Sie Erfahrungen nachweisen können, die für das Thema Ihrer Arbeit relevant sind oder aber sich auf das Gebiet des Schreibens beziehen.

10 Gehen Sie davon aus, daß jeder gute Agent sehr beschäftigt ist. Es kann zwei Wochen, aber auch zwei Monate dauern, bevor Ihr Material gelesen wird. In unserer Agentur lesen wir immer zuerst das Material unserer Stammklientel. Wir haben 140 Klienten, von denen die meisten durchgängig arbeiten. Das heißt, daß von ihnen ständig neues Material eintrifft, das gelesen werden muß.
Erst wenn das erledigt ist, wenden wir uns dem Material potentieller Neukunden zu. Normalerweise wird es in der Reihenfolge gelesen, in der es bei uns eingetroffen ist. Wir bemühen uns, möglichst schnell zu sein, aber es gibt Zeiten, da mehrere aufeinanderfolgende Geschäftsreisen (und Urlaub) uns wenig Zeit zum Lesen lassen. Wir beschäftigen keine freiberuflichen Leser, weil wir der Meinung sind, daß uns niemand abnehmen kann, zu beurteilen, ob uns die Schreibweise eines Autors gefällt oder nicht.
Warten Sie also mindestens vier Wochen ab, bevor Sie ein höfliches Erinnerungsschreiben an die Agentur richten. Und wenn Sie anrufen müssen, bestehen Sie nicht darauf, den Agenten persönlich zu sprechen. Wenn ich von jemandem angerufen werde, der von mir eine Stellungnahme zu unaufgefordert eingesandtem Material verlangt, kann ich nicht mehr tun, als ihn darauf hinzuweisen, daß bei unserer Agentur im Laufe der vergangenen Wochen über 400 Anfragen eingegangen sind. Weder ich noch meine Kollegen haben die Einzelheiten im Kopf, so daß wir den Anrufer zurückrufen müssen. Hinterlassen Sie, wenn Sie unbedingt wollen, eine Nachricht, aber besser ist es, wenn Sie schreiben, anstatt anzurufen. Wir können uns vorstellen, daß das Warten frustrierend sein muß.

11 Wenn Sie aktiv sind, können Sie Zufallsbegegnungen mit Agenten herbeiführen. Wenn Sie Seminare und Work-

shops, Veranstaltungen und Festivals besuchen, werden Sie dort auf Agenten treffen. Im allgemeinen haben sie nichts gegen ein kurzes Gespräch darüber, ob sie an neuen Klienten interessiert sind, einzuwenden.

Üben Sie sich aber in Zurückhaltung. Nichts ärgert einen Agenten mehr als ein Autor, der ein Gespräch des Agenten stört, um ihm ein Drehbuch oder Manuskript anzubieten. Auch wenn Sie ein Meisterwerk geschrieben haben, machen Sie sich auf diese Art bei diesem Agenten nur unbeliebt.

Vergessen Sie auch nicht, daß Agenten auf einem Festival für ihre Klienten tätig sind. Die Zeit, die Sie beanspruchen, lenkt sie hiervon ab. Halten Sie eine einseitige Beschreibung Ihrer Arbeit und bisherigen Laufbahn bereit, die Sie dem Agenten überreichen können. Achten Sie darauf, daß auf dem Blatt auch Ihr Name mit Adresse und Telefonnummer vermerkt ist (Sie wären überrascht, wie oft diese Angaben fehlen).

Wenn Sie das Interesse eines Agenten geweckt haben, sollten Sie sich mit ihm verabreden. Es ist wichtig herauszufinden, wie gut Sie miteinander klarkommen. Bereiten Sie sich auf das Gespräch vor. Denken Sie über ihre beruflichen Ziele nach, lesen Sie ein paar Bücher über die Branche und entsprechende Fachzeitschriften. Machen Sie sich Notizen, damit Sie nichts vergessen. Im allgemeinen ist ein Agent gern bereit, sich mit einem neuen Klienten über dessen Karrierestrategie zu unterhalten. Immerhin liegt dies auch in seinem eigenen Interesse.

Hören Sie auf die Ratschläge des Agenten – Sie hören ja auch auf Ihren Steuerberater oder Zahnarzt. Wenn Sie anderer Meinung sind, sagen Sie das ruhig, aber weisen Sie einen Ratschlag nicht von vornherein zurück: »Ich weiß nicht, ob ich dem zustimmen kann, aber ich werde darüber nachdenken« oder »Das ist interessant. Das werde ich mir durch den Kopf gehen lassen.«

Wenn ein Agent Änderungen vorschlägt, denken Sie daran, daß er Zeit und Geld investiert hat, Ihre Arbeit zu lesen. Ein Agent wird diese Änderungen nur deshalb vorschlagen, weil er überzeugt ist, daß das Drehbuch oder Manuskript davon profitieren wird. Auch werden die Änderungsvorschläge auf Kenntnissen der Branche und des Marktes beruhen und stellen keine willkürliche Einmischung in Ihre Arbeit dar.

Wenn Sie ein erstes Treffen mit einem Agenten als Gelegenheit betrachten, sich Informationen zu beschaffen, werden Sie von der Begegnung profitieren, auch wenn Sie und der betreffende Agent letztlich nicht zusammenkommen sollten. Sie könnten Informationen über andere Gebiete bekommen, auf denen Sie sich versuchen könnten, wie beispielsweise Serien (sehen Sie sich hiervon genügend an?), oder den Rat, neben dem Drehbuchschreiben vielleicht auch das Schreiben von Romanen ins Auge zu fassen.

In Amerika sind alle seriösen Agenten bei der *Writers' Guild* registriert, über die Sie eine vollständige Liste beziehen können. In Amerika besitzt die *Guild* eine viel größere Verhandlungsmacht als die entsprechenden europäischen Vereinigungen oder Verbände, vor allem deshalb, weil amerikanische Autoren viel mehr politisiert sind als ihre europäischen Kollegen.

Anhand des oben Aufgeführten sollten Sie in der Lage sein, einen geeigneten Agenten auszumachen, dem Sie Ihre Arbeit in der Hoffnung vorlegen können, daß Ihr Können sein Interesse weckt und er darüber hinaus noch Platz hat für einen Klienten wie Sie. Seien Sie aber nicht überrascht, wenn die erfolgreichen Agenturen ausgebucht sind.

Wie man einen Agenten einsetzt

Für Autoren ist es wichtig zu verstehen, warum Agenten bestimmte Vorgehensweisen anderen vorziehen. Wenn der Autor dies nicht versteht oder anderer Meinung ist, sollte er mit seinem Agenten darüber sprechen. Nehmen Sie nicht blind jeden Rat an.

Agenten haben ihren Klienten gegenüber bestimmte treuhänderische und rechtliche Verpflichtungen. Kenntnisse darüber sind hilfreich, vor allem, wenn es zu Unstimmigkeiten kommt. Ich werde später noch darauf eingehen; in dem Abschnitt darüber, wie man seinen Agenten feuert.

Manchmal haben Autoren Zeitpläne, die sie nicht mit ihrem Agenten besprochen haben. Das mag daran liegen, daß der Autor nicht wirklich weiß, warum er schreibt oder wie er Prioritäten setzt. Wenn ein Klient sagt: »Ich brauche so schnell wie möglich diese bestimmte Geldsumme«, kann der Agent versuchen, diesem Wunsch nachzukommen (auch wenn dabei ein schlechter Deal herauskommt). Im allgemeinen sollte man sich aber, wenn man seine Einkünfte maximieren will, auf eine längere Zeitspanne gefaßt machen. Das gilt natürlich ebenso, wenn Sie Ihre Arbeit selbst anbieten.

Die Hauptaufgaben eines Agenten sind die, für seine Klienten Arbeit und Geld zu beschaffen, das jeweilige Material zu verkaufen, das seine Klienten ohne Auftrag geschrieben haben oder gerade schreiben – und das zu den bestmöglichen Konditionen –, sowie dafür zu sorgen, daß Produzent oder Verleger (und der Klient) nach Vertragsabschluß ihren eingegangenen Verpflichtungen nachkommen.

Es spielt keine Rolle, ob der Agent den Käufer aufgetan hat oder der Käufer den Autor und sein Werk entdeckt hat. Agenten bekommen ihre Provision nicht nur dafür, daß sie einen Käufer auftreiben. Wenn ein Autor eine geringere Provision zahlen will, weil er selbst einen Käufer gefunden hat, sollte er auch bereit sein, einen Teil der Kosten für die Einreichungen zu tragen, die nicht zu einem Verkauf geführt haben.

Die Verluste, die sie durch vergebliche Einreichungen machen, müssen Agenten über Verkäufe wieder wettmachen. Sie sollten Autoren vertreten und nicht Drehbücher oder Manuskripte. Nicht nur ein schneller Abschluß sollte für den Agenten oberstes Gebot sein, sondern die Karriere seines Klienten.

Die Arbeit eines Agenten umfaßt somit viel mehr als nur Vertragsabschlüsse. In unserer Agentur verwenden wir sehr viel Zeit auf kreative dramaturgische Arbeit. Das liegt teils daran, daß wir Freude daran haben, aber der eigentliche

Grund ist der, daß es Geld bringt. Welcher Art die Motivationen des Autors zu schreiben auch sein mögen (und Agenten teilen einige der persönlicheren und subjektiveren Beweggründe), Agenten führen letztendlich ein Geschäft mit dem Ziel, Geld zu verdienen.

Sie sollten immer daran denken, daß Sie Ihren Agenten, wenn er Ihnen weitestmöglich nutzen soll, immer auf dem laufenden halten sollten. Das heißt, daß der Agent vom Autor und nicht vom Produzenten oder Verleger erfahren sollte, wenn es Probleme gibt oder ein Abgabetermin nicht eingehalten werden kann.

Sie sollten nicht den Fehler machen, zuzulassen, daß Produzent oder Verleger sich zwischen Sie und Ihren Agenten stellen. Agent und Autor sollten als ein Team arbeiten. Das heißt aber auch, daß zwischen ihnen Raum für Unstimmigkeiten in kreativen wie in geschäftlichen Fragen ist. Unstimmigkeiten können konstruktiv sein, und Ihr Agent wird weit häufiger auf Ihrer Seite stehen als auf der Ihres Produzenten oder Verlegers. Trifft doch einmal letzteres zu, gibt es hierfür vermutlich gute Gründe, und Sie sollten den Rat Ihres Agenten sehr ernsthaft in Betracht ziehen. Aber Sie sind die Hauptperson, und es liegt bei Ihnen, einen Rat oder Handel zu akzeptieren oder nicht.

Wenn ein Agent einen Autor bei einem Produzenten »unterbringen« will, ist es hilfreich, wenn er anführen kann, daß sein Klient an etwas arbeitet, das verfilmt werden wird, oder daß der Klient ein Auftragsdrehbuch für einen bekannten Produzenten schreibt. Darum reden wir einem Klienten manchmal zu, auf einen Handel einzugehen, der vielleicht nicht so gut ist, wie der Autor es gerne hätte, der ihm aber langfristig Türen öffnen wird. Hierüber wird immer vorab gesprochen.

So funktioniert dieses Geschäft. Jeder, der Ihnen etwas anderes erzählt, lügt. Nur Material herumzuschieben ist eine sehr undankbare Aufgabe. Es ist hilfreich, wenn ein Autor sich einen guten Ruf erworben hat und Produzenten seinen Agenten anrufen, um sich sein Material anzusehen. Darum hebe ich auch so nachdrücklich hervor, wie wichtig es für einen Autor ist, sich einen Ruf zu erarbeiten und seine Kenntnisse der Branche zu vertiefen. Das führt zu sogenannten »Nachfolgegeschäften«, die viel profitabler sind. Es zahlt sich aus und führt nicht selten dazu, daß weniger talentierte Autoren mehr zu tun haben als ihre talentierteren Kollegen.

Agent und Klient sollten ihre Strategien und Taktiken immer vorab miteinander besprechen. Wir nehmen uns gerne die Zeit, einem Klienten zu erklären, warum wir der Ansicht sind, er solle etwas Bestimmtes tun, oder warum wir mit seiner Arbeit auf eine ganz bestimmte Art und Weise verfahren.

Es kann sein, daß der Autor anderer Ansicht ist. Wenn wir glauben, daß die Entscheidung des Autors seiner Karriere und seinem Ruf schaden wird, kann es sein, daß wir ihm die Zusammenarbeit aufkündigen. Immerhin müssen wir auch unsere eigene Karriere und unseren eigenen Ruf im Auge behalten. Wenn ein guter Agent sich negativ zu einer bestimmten Geschichte oder der Art, wie sie geschrieben ist, äußert, kann das bedeuten, daß sie noch nicht gut genug ist.

Hüten Sie sich davor, nur das zu hören, was Sie hören wollen. Suchen Sie die Kritik; versuchen Sie immer, Ihre Arbeit zu verbessern, dann haben Sie die richtige Einstellung, um Agenten für sich zu interessieren – wenn Sie zudem gut genug schreiben ...

Wenn ein Produzent, Redakteur oder Verleger sich direkt an einen Autor wendet, der einen Agenten hat, sollte der Autor den Agenten hierüber informieren, da dieser möglicherweise Hintergrundinformationen über den Betreffenden besitzt, über die der Autor nicht verfügt. Und teilen Sie dem Produzenten immer mit, daß Sie von einem Agenten vertreten werden.

Kleinere Produzenten, die noch nicht lange im Geschäft sind, haben im allgemeinen nicht viel Geld. Sie sollten wissen, daß es einen Agenten Geld kostet, einen Vertrag aufzusetzen. Warum sollte er einen Vertrag abschließen wollen, der ihm wenig oder gar nichts einbringt? Er will es nicht. So einfach ist das. Aber Agenten tun es trotzdem, weil sie und ihre Klienten der Ansicht sind, daß das Risiko und die Investition sich lohnen.

Autoren sollten sich über den Unterschied zwischen der Umsetzung eigener Ideen und dem Schreiben eines Drehbuches auf Grundlage der Idee oder des Treatments eines Produzenten im klaren sein. Sie besitzen die Urheberrechte an ersterem, an letzterem nicht. Die Urheberrechte am eigentlichen Drehbuch gehören Ihnen, aber stammt die Idee, die dem Skript zugrunde liegt, nicht von Ihnen, so können Sie das Skript nicht vermarkten, bevor Sie nicht die Nebenrechte erworben oder die Genehmigung desjenigen eingeholt haben, der diese Rechte inne hat.

Eine Idee hat selten einen großen Wert. Der tatsächliche Wert ergibt sich erst aus ihrer Umsetzung. Im allgemeinen sollten Autoren und Produzenten dem Schreiben mehr Aufmerksamkeit schenken und größere Bedeutung beimessen als der Idee.

Zusammen mit Ihrem Agenten sollten Sie einen Preis für Ihre Arbeit und Ihre Zeit festlegen. Wenn selbst Sie das, was Sie tun, nicht wertschätzen, warum sollte es dann ein anderer tun? Wenn ein Produzent Sie aus heiterem Himmel fragt, wieviel Sie für eine bestimmte Arbeit verlangen, sollten Sie entweder eine konkrete Vorstellung haben oder den Produzenten bitten, sich diesbezüglich an Ihren Agenten zu wenden. Es ist absolut akzeptabel, wenn ein Autor sagt, daß er sich nicht zu Geldfragen äußert.

Wie gut Ihre Beziehung zu Ihrem Agenten auch sein mag, respektieren Sie seine Zeit. Wenn Sie eine Information von der Agentur brauchen, überlegen Sie, ob einer der Angestellten Ihnen diese beschaffen kann. Ich schätze es nicht besonders, wenn Autoren mich anrufen und mich um eine Kopie ihrer letzten Tantiemenabrechnung bitten. Hierfür ist die Buchhaltung der Agentur zuständig. Meine Aufgabe besteht in dem Versuch, Geld zu verdienen, wenn nicht für den betreffenden Autor, dann für einen anderen. Von einer erfolgreichen Agentur profitieren gewöhnlich alle Klienten. Wir teilen allen neuen Klienten mit, wer in der Agentur wofür zuständig ist. Alle Angestellten sind in dem Autor/Agentur-Vertrag aufgelistet, den wir und unsere Klienten unterzeichnen.

Noch ein abschließender Gedanke dazu, wie man Agenten einsetzt: Nachdem Verträge aufgesetzt und unterzeichnet wurden, schicken manche Agenten ihren Klienten keine Durchschrift zu. Sie sollten immer eine Kopie für Ihre Ablage verlangen, für den Fall, daß Ihnen etwas zustößt. Dies könnte die einzige Möglichkeit für Ihren Steuerberater sein, Ihre Steuern zu regeln (vorausgesetzt, Sie sammeln auch sämtliche Tantiemenabrechnungen und anderen Dokumente). Es ist auch die einzige Möglichkeit, bei einem Agenturwechsel Ihren neuen Agenten umfassend zu informieren oder wie Ihr Vermögensverwalter Ihr Vermögen ermitteln kann, falls Sie plötzlich tot umfallen.

Agent in eigener Sache

Autoren sind manchmal zu ängstlich, sich einen Agenten zu nehmen. Viele typische Situationen können auch ohne Agenten geregelt werden, vor allem, wenn der Autor sich entsprechend vorbereitet hat.

Beispielsweise ist es nicht ungewöhnlich, daß ein Produzent einen Autor dazu überredet, ein Drehbuch für einen geringen oder ganz ohne Vorschuß zu schreiben. Das geschieht besonders häufig, wenn die Idee ursprünglich vom Produzenten stammt.

Wie wollen Sie das Ihnen zustehende Honorar oder Ihren Vorschuß berechnen, wenn Sie nicht über die üblichen Tarife für Drehbücher oder die Höhe der Vorschüsse, die für einen Roman angemessen sind, informiert sind? Viele neue Autoren sind so dankbar, daß sich jemand für ihre Arbeit interessiert, daß sie sich weit unter Preis verkaufen.

Andere Autoren wiederum haben völlig überzogene Honorarforderungen. So oder so könnten Sie letztlich als Verlierer dastehen, wenn Sie ein ungeschickter Verhandlungspartner sind. Der Autor muß einiges über die Branche wissen und sollte auch darauf vorbereitet sein, den Produzenten zu manipulieren. Wenn also ein Produzent Interesse an einer Arbeit von Ihnen zeigt, sollten Sie sich nicht überschlagen vor Dankbarkeit. Bleiben Sie cool, sonst laufen Sie Gefahr, das Drehbuch »zu verschenken«. Sie sollten ruhig erwähnen, daß Sie ein Honorar erwarten, das nicht unter den Sätzen der Regelsammlung oder den Erfahrungswerten der Autorenverbände liegt. Wenn Sie bereits Mindesthonorare erhalten haben, versuchen Sie, sich zu steigern, vielleicht um zehn oder sogar 20 Prozent, auch wenn Sie noch nicht sehr erfahren sind. Wenn der Produzent behauptet, er könne sich nicht mehr als das Mindesthonorar leisten, erklären Sie sich ihm zuliebe bereit, dieses Honorar zu akzeptieren, vorausgesetzt, daß Sie nach Projektabschluß einen Bonus erhalten. Dieser wird üblicherweise am ersten Tag der Hauptdreharbeiten gezahlt (dies ist ein quasi-legaler Begriff, der manchmal mit »1. HDT« abgekürzt wird und den Beginn der Film- oder Tonaufnahmen bezeichnet).

Seien Sie darauf vorbereitet, einen Handel auszuschlagen oder zumindest zu bluffen. Das bringt oft ein paar Extraprozente ein. Wenn Ihnen ein höheres Honorar vorschwebt, der Produzent jedoch nicht bereit ist, auf Ihre Forderung einzugehen, ändern Sie großmütig Ihre Meinung. Das ist leichter, als Sie vielleicht glauben – vielleicht nicht beim erstenmal, aber wenn Sie es bereits ein- oder zweimal praktiziert haben, wird es Ihnen nicht mehr so ehrenrührig erscheinen. Auf einem höheren Honorar zu bestehen als dem, das Ihnen angeboten wurde, mag anfangs nervenaufreibend erscheinen, aber die Gegenseite ist möglicherweise ebenso nervös. Seien Sie ruhig ein wenig risikofreudig, und Sie werden das eine oder andere Mal gewinnen.

Das Problem bei Autoren ist, daß es für sie nicht leicht ist, herauszufinden, welche Honorare andere Autoren beziehen oder was bestimmte Produzenten für angemessen halten. Hier sind Agenten im Vorteil.

Ein Produzent, der um jeden Pfennig kämpft und dann auch noch mit Verzögerung bezahlt, ist nicht die Art von Produzent, dem Agenten ihr interessantestes Material vorlegen werden. Agenten wissen gewöhnlich besser darüber Bescheid, welcher Produzent für ein bestimmtes Werk in Frage kommt, als Autoren selbst. Wenn Sie auf sich allein gestellt sind, müssen Sie ein wenig recherchieren. Sie können dies z.B. bei den Produzentenverbänden, evtl. aber auch über die Sendeanstalten tun.

Wenn ein Produzent Ihnen ein Auftragsangebot unterbreitet und Sie um ein höheres Honorar bitten, woraufhin der Produzent sein Angebot mit der Begründung zurückzieht, Ihre Forderung sei zu hoch, sagen Sie ihm, daß Ihnen das Projekt wirklich gut gefällt und Sie gern 24 Stunden Bedenkzeit hätten, um bezüglich anderer Arbeiten umzudisponieren oder etwas in dieser Art. Die Ausrede braucht nicht wahr zu sein, muß aber plausibel klingen.

Keinen Agenten zu haben sollte einen guten Autor nicht davon abhalten, seine Arbeit zu verkaufen und angemessen dafür bezahlt zu werden. Ob der Autor Lust hat, ausstehenden Zahlungen hinterherzulaufen, zuviel gezahlte Mehrwertsteuer zurückzufordern, Steuerbefreiungsformulare auszufüllen und sich um den ganzen Papierkram zu kümmern, der mit Vertragsabschlüssen und -prüfungen einhergeht, steht auf einem anderen Blatt. Manche Autoren lassen ihre Verträge von einem Anwalt aufsetzen und auch ihre Honorare von ihm kassieren. Ein einmaliges Anwaltshonorar kann deutlich unter zehn oder 15 Prozent des Geldes liegen, das ein langfristiger Vertrag einbringt.

Es gibt viele Fälle, in denen ein Abschluß durch einen Agenten einen erheblichen Unterschied ausmachen kann. Wir haben 1994 einen Erstlingsroman in Großbritannien verkauft. Als er ein Jahr später veröffentlicht wurde, hatten unsere Partner und wir ihn bereits in 24 Länder verkauft, für insgesamt etwa 1 Mio. Pfund. Der Roman *Free Trade* von Michael Ridpath hätte sich zweifellos auch ohne Agenten verkaufen lassen. Aber es ist unwahrscheinlich, daß die verschiedenen Verleger bei direktem Angebot durch den Autor so viel gezahlt hätten. Durch eine Auktion war es möglich, die Verleger zu zwingen, gegeneinander für das Skript zu bieten, so daß der tatsächliche Marktwert ermittelt werden konnte. Solche Geschäfte schließt man nicht jede Woche ab, schon allein deshalb, weil nicht so viele vielversprechende Manuskripte im Umlauf sind.

Wenn Sie sich selbst vertreten möchten und Ihre Arbeit auf den Schreibtischen der richtigen Leute landen soll, müssen Sie einfallsreich sein. Treten Sie nicht zu forsch auf, aber mit zu großer Zurückhaltung werden Sie auch nicht weit kommen. Vorbereitung, Recherche und Kontakte werden Ihnen hier nützlich sein.

Der Autor/Agentur-Vertrag

Sie sollten die Einzelheiten der Zusammenarbeit mit Ihrem Agenten in einem Vertrag regeln.

Autoren fragen oft, warum ein Vertrag mit ihrem Agenten so wichtig sein soll. Das ist die einfachste und effektivste Art und Weise für beide Parteien, festzulegen, wo ihre Pflichten und Verantwortlichkeiten liegen.

Im folgenden sind einige Schlüsselpunkte aufgeführt, die in einem Autor/Agentur-Vertrag enthalten sein sollten:

1 Sollten Sie wünschen, die Zusammenarbeit zu beenden, sollten Sie den Vertrag jederzeit kündigen können. Der Autor muß vor allem seine eigene Karriere steuern können. Allerdings ist eine Kündigungsfrist von 30 Tagen üblich.
2 Alle Anfragen bezüglich Ihrer Arbeit sollten an Ihren Agenten weitergeleitet werden.
3 Der Agent sollte Sie nicht ohne Ihr ausdrückliches Einverständnis zu einer geschäftlichen Vereinbarung verpflichten.
4 Sie sollten garantieren, daß Sie Autor und alleiniger Inhaber aller Rechte an Ihrer Arbeit sind, die der Agent in Ihrem Auftrag verkaufen soll, und daß es sich um Originalwerke handelt, die keinen ungesetzlichen Inhalt aufweisen, die Rechte Dritter und bestehende Urheberrechte nicht verletzen, keine blasphemischen, unanständigen, diffamierenden, rufschädigenden, widerlegbaren oder sonstwie rechtlich anfechtbaren Inhalte enthalten. Darüber hinaus müssen Sie dafür einstehen, daß alle Fakten, die Sie als solche dar-

stellen, auch tatsächlich der Wahrheit entsprechen. Wenn Sie gegen obengenannte Garantien verstoßen, sind Sie dem Agenten gegenüber im Falle von finanziellen Einbußen und sonstigen Schädigungen schadenersatzpflichtig.
5 Umfang und Art der Agenturprovision sollten klar umrissen sein.
6 Der Agent ist berechtigt, Ihnen folgende Dienstleistungen und Kosten in Rechnung zu stellen:
   a) Bücher und Muster, die die Agentur zu Werbezwecken oder zur Vorlage bei ausländischen Verlegern gekauft hat
   b) Fotokopien von Manuskripten und Verkaufsmaterial (Zeitungsausschnitte usw.)
   c) Kurierdienste
   d) andere Ausnahmekosten, die an Ihre vorherige Einwilligung gebunden sein können. Wobei Verwaltungs-, Porto-, Telefon-, Telex-, Faxkosten und andere allgemeine Kosten den Klienten nicht in Rechnung gestellt werden sollten.
7 Die Repräsentationspflicht setzt sich stillschweigend fort, bis eine der Parteien den Vertrag unter Wahrung einer 30tägigen Frist schriftlich kündigt, woraufhin die Agentur, sofern nichts anderes vereinbart wurde, nicht weiter für den Autor tätig wird. Sie hat jedoch Anspruch auf Erhebung einer Provision auf alle künftigen Einkünfte, die sich aus den Verträgen zur Verwertung der Arbeit des Autors ergeben, welche während der Gültigkeit des Agenturvertrages geschlossen wurden, sowie auf Einkünfte aus allen Erweiterungen und Verlängerungen dieser Verträge.

Wie Sie sich von Ihrem Agenten trennen

Wie trennt man sich von seinem Agenten? Ganz einfach. Lesen Sie den Vertrag, den Sie unterzeichnet haben. Ist darin eine 30tägige Kündigungsfrist enthalten, schicken Sie Ihrem Agenten ein Schreiben, in dem Sie den Vertrag fristgemäß kündigen.

Wenn diesbezüglich keine schriftliche Vereinbarung mit Ihrem Agenten besteht, schreiben Sie ihm, daß Sie ihm das Recht entziehen, Sie zu vertreten. Sie können den Vertrag fristlos kündigen, aber besser ist es, wenn Sie eine Frist von 30 Tagen einräumen, um dem Agenten Zeit zu lassen, Antworten und Angebote auf bereits verschicktes Material abzuwarten.

Sie haben das Recht, diese Angebote dann anzunehmen oder abzulehnen. Wenn Sie während der Kündigungsfrist ein Angebot annehmen, ist der Agent für dieses Geschäft zuständig – er handelt den Vertrag aus, kassiert für die Dauer des Vertrages das Honorar und leitet es abzüglich der vereinbarten Provision an Sie weiter.

Es ist wichtig, daß Sie sich klar vor Augen halten, daß Sie der Boß sind. Sie unterzeichnen den Vertrag, nicht Ihr Agent. Wenn Sie nicht irrtümlich einen Vertrag unterschrieben haben, der Sie verpflichtet, eine Kündigungsfrist von mehr als 30 Tagen einzuhalten, steht es Ihnen frei, Ihren Agenten zu feuern, wann immer es Ihnen beliebt.

Die Beendigung der Zusammenarbeit mag Sie nervös machen, das ist ganz natürlich. Den meisten Menschen widerstrebt es, jemandem zu kündigen, vor allem, wenn auch danach noch eine irgendwie geartete Beziehung weiterbesteht. Aber es ist Ihre Karriere, und Sie müssen sich an erste Stelle setzen, vor Ihren Agenten.

Sie sollten auch nicht vergessen, daß ein Agent von Rechts wegen seinen Klienten gegenüber gewisse Pflichten hat. Diese lassen sich wie folgt zusammenfassen (die Liste ist nicht erschöpfend):

1 Ein Agent hat seinen Klienten gegenüber vertragliche und treuhänderische Pflichten.
2 Rechte und Pflichten von Klient und Agent müssen in einem Vertrag zwischen beiden Parteien festgelegt werden. Gibt es keine schriftliche Vereinbarung, impliziert die Existenz einer geschäftlichen Beziehung zwischen beiden Parteien einen Vertrag.
3 Oberste Pflicht eines Agenten ist es, die mit seinem Mandanten vereinbarten geschäftlichen Schritte zu unterneh-

men und seinen Mandanten unverzüglich zu informieren, wenn er hierzu nicht in der Lage sein sollte.
4 Der Agent muß immer zum größtmöglichen Nutzen eines Klienten handeln.[1] Der Agent muß entweder die Anweisungen seines Klienten befolgen oder, wenn das Einholen spezifischer Anweisungen nicht möglich ist, im Sinne seines Klienten handeln und dessen Interessen wahren.
5 Der Agent ist verpflichtet, über sämtliche Schritte Buch zu führen und diese Unterlagen dem Klienten auf Wunsch offenzulegen.
6 Der Agent ist verpflichtet, seinen Klienten über Interessenskonflikte zu informieren.[2]
7 Der Agent muß seinem Klienten sämtliche in der Agentur eingehenden und für diesen Klienten relevanten Informationen zukommen lassen.
8 Der Agent darf im Zusammenhang mit dem Vertrag eines Klienten keine heimliche Provision und kein Bestechungsgeld annehmen.
9 Der Agent sollte seinen Klienten nicht vertraglich zu etwas verpflichten, es sei denn, er besitzt hierzu allgemeine oder spezifische Vollmacht.[3]
10 Ein Agent sollte bei allen Schritten, die er für seinen Klienten unternimmt, Umsicht, Sorgfalt und Vorsicht walten lassen.

Das meistverbreitete Mißverständnis bei der Kündigung eines Agenturvertrages scheint sich darauf zu beziehen, ob ein Agent berechtigt ist, auch weiterhin Provisionen von Geldern zu kassieren, die aus bestehenden Verträgen fließen. Wenn keine gegenteilige, von beiden Parteien unterzeichnete Vereinbarung besteht, hat der Agent, der den Vertrag ausgehandelt hat, für die gesamte Dauer dieses Vertrags Anspruch auf Provision auf alle Einkünfte, die aus ihm fließen.

Wenn nach Kündigung eines Agenturvertrages der Vertrag, beispielsweise über die Publikationslizenz eines Buches oder die Rechte an einem Drehbuch, ausläuft, steht es dem Inhaber der Rechte – dem Autor – jedoch frei, dem Agenten diesen Vertrag zu entziehen.

Ob Sie bei der Kündigung des Vertrages dem Agenten eine 30tägige Kündigungsfrist einräumen, um Angebote aus bereits erfolgten Einreichungen abzuwarten, oder nicht, Sie können auf jeden Fall den Agenten anweisen, in dieser Zeit keine weiteren Einreichungen vorzunehmen. Auch steht es Ihnen frei, sämtliche Angebote abzulehnen, die der Agent Ihnen unterbreitet, nachdem er von Ihnen gefeuert wurde (d.h. während der Kündigungsfrist).

Bestehen jedoch laufende Vertragsverhandlungen, die der Agent in Ihrem Namen führt, ist es ratsam, eine freundschaftliche Trennung anzustreben. Wenn dies nicht möglich ist, können Sie den Produzenten oder Verleger anweisen, das Honorar direkt an Sie zu zahlen anstatt an Ihren Ex-Agenten – das Honorar *abzüglich der Agentenprovision*, die direkt an den Agenten gezahlt werden sollte.

Sollen Sie sich einen neuen Agenten suchen, bevor Sie den alten feuern? Selbstverständlich können Sie Kontakt zu anderen Agenten aufnehmen, bevor Sie Ihren derzeitigen Agenten über die Aufkündigung der Zusammenarbeit informieren. Ich habe die Erfahrung gemacht, daß Agenten solche Gespräche vertraulich behandeln. Sprechen Sie, bevor Sie sich entscheiden, ruhig mit mehreren anderen Agenten, wenn Sie sich dann sicherer fühlen. Sagen Sie ihnen, daß Sie zwar einen Repräsentanten haben, Ihren Agenten jedoch wechseln möchten. Im allgemeinen werden solche Dinge absolut vertraulich behandelt. Würde bekannt, daß eine bestimmte Agentur gegen das Gebot der Vertraulichkeit verstoßen hat, würde sie sich schwertun, neue Klienten zu finden.

Möglicherweise erwägen Sie einen Agenturwechsel, weil ein anderer Agent Sie »abwirbt«. Das kann vorkommen, wenn ein Agent etwas von Ihnen gelesen hat, das ihm gefallen hat. Möglicherweise weiß der betreffende Agent nicht, daß Sie bereits eine Vertretung haben.

Es kann auch passieren, daß man versucht, Sie abzuwerben, indem man Ihnen lukrativere Verträge verspricht. Das bewußte Abwerben von Klienten anderer Agenten kommt immer wieder vor. Es verstößt jedoch gegen einen branchenüblichen Vertrauenskodex, und zwar nicht nur in

Deutschland, sondern auch in den angelsächsischen Ländern, in denen Agenten sehr viel üblicher sind.

Werden Sie, unter welchen Umständen auch immer, von einem Agenten angesprochen, dann nutzen Sie diese Gelegenheit, um sich von dem neuen Agenten Informationen über seine Einschätzung des Marktwerts Ihrer Arbeit zu verschaffen. Wenn Ihre Beziehung zu Ihrem derzeitigen Agenten gut ist, erzählen Sie ihm von der Annäherung des anderen Agenten und daß Sie einen Agenturwechsel abgelehnt haben. Geben Sie alle Informationen, die Sie dem anderen Agenten entlocken konnten, an Ihren Vertreter weiter. Ihr Agent wird Ihnen vielleicht sagen können, ob diese übertrieben oder realistisch sind; gleichzeitig könnten Sie hierdurch Ihren Agenten anspornen, sich noch mehr für Sie einzusetzen.

Wenn Sie das Gefühl haben, daß Ihr Agent sich nicht genügend für Ihre Karriere einsetzt, wird das Ihre Beziehung sehr bald belasten. Aus welchem Grund auch immer – und er kann von beiden Parteien ausgehen –, wenn Ihre Beziehung nicht die beste ist, könnte der Augenblick gekommen sein, sich zu trennen. Vollziehen Sie die Trennung so geschäftsmäßig und nüchtern wie möglich. Immerhin ist Ihr alter Agent noch mit Ihren alten Verträgen betraut und sollte mit Ihrem neuen Agenten kooperieren. Der neue Agent sollte Einsicht in Ihre sämtlichen Verträge verlangen. Kümmern Sie sich darum, alle Unterlagen Ihres Ex-Agenten zu kopieren. Besitzen Sie selbst bereits Kopien sämtlicher Unterlagen, beschleunigt dies den Prozeß.

Sie werden nicht der erste Autor sein, der einen Agenten feuert. Machen Sie sich deswegen nicht zuviel Sorgen. Gehen Sie nur vernünftig und konstruktiv vor. Sie und Ihr Agent werden es beide überleben.

Andere Arten von Agenten

Manche Autoren in Los Angeles finden es besser, einen Agenten zu haben, der außerdem noch Vertreter anderer Bereiche der Filmbranche vertritt, wie Schauspieler und Regisseure. Solche Agenten bezeichnet man als »Packaging agents«. Ein solcher Packaging-Agent kann manchmal von Vorteil sein, aber wenn eine Agentur nicht groß genug ist und nicht über genügend hochkarätige Agenten und Klienten verfügt, ist es vermutlich besser, sich von einem Agenten vertreten zu lassen, der mehr auf Ihr Schreiben spezialisiert ist.

Ob es sich bei Ihrem Agenten um eine Einzelperson handelt oder um eine große Agentur wie CAA, ICM oder William Morris, Ihre persönliche Beziehung ist immer überaus wichtig. Wenngleich einige der großen Agenturen aus L.A. und New York Zweigstellen in Europa unterhalten, ist Packaging in Europa viel seltener. Außerdem können im allgemeinen nur Autoren mit wirklich hochprofiliertem Background im »Paket« vermarktet werden.

Es gibt außerdem Agenturen, die nur Schauspieler vertreten, und solche, zu deren Klienten auch noch Regisseure zählen. Ich persönlich denke, daß Schreiben an sich als Spezialgebiet ausreicht, weshalb unsere Agentur auch ausschließlich Autoren vertritt. Sie können auch Ihre Bücher von einer auf Literatur spezialisierten Agentur vertreten lassen und Ihre Drehbücher von einer anderen Agentur, die Film- und Fernseharbeiten handhabt. Vertritt eine Agentur neben Autoren auch Top-Regisseure und Stars, wird sie manchmal auch eher als andere wissen, daß eine bestimmte Art von Geschichte oder Autor gefragt ist.

Es gibt auch »Personal Manager«, die die Arbeit von Agenten übernehmen können, obgleich sie in den USA zumeist eng mit Agenten zusammenarbeiten und nur große Stars (meist Schauspieler) betreuen. Solche Manager regeln gewöhnlich die Finanzen ihrer Klienten, wozu viel mehr gehören kann als ihre Provision. Beispielsweise kann ein Star verschiedene Investitionen zu verwalten haben, sich mit Steuerproblemen herumschlagen und dergleichen, alles Dinge, die der Manager regelt. Nur sehr wenige Literaturagenturen kümmern sich um derlei Angelegenheiten.

Klienten, die sehr große Summen verdienen, wird manchmal geraten, sich neben einem Agenten auch einen Steuerberater zu suchen, der auf derlei Finanzangelegenheiten spezialisiert ist.

Manchmal können auch Anwälte die Funktion von Agenten erfüllen. Gewöhnlich wird akzeptiert, daß Verträge auf audiovisuellem Gebiet, wie viele andere rechtliche Vereinbarungen, von einem Fachmann gehandhabt werden. Wenn Sie also keinen Agenten engagieren möchten, können Sie auch mit einem Rechtsanwalt zusammenarbeiten, der allerdings nicht nur über Kenntnisse im Urheber-und Vertragsrecht verfügen sollte, sondern auch über Erfahrungen in der Film- und Fernsehbranche.

Beide sind in der Lage, Verträge auszuhandeln. Es gibt jedoch einige entscheidende Unterschiede. Erstens berechnen Agenten nur eine Provision auf Gelder, die ihren Klienten aus Verträgen zukommen, die während der Gültigkeit des Agenturvertrages abgeschlossen worden sind. Die Provision wird im voraus festgelegt, und der Anteil des Agenten richtet sich prozentual nach den Einkünften, egal, wie hoch oder niedrig diese ausfallen.

Zweitens sind Agenten verpflichtet, ihre Klienten aktiv zu vermarkten, was Rechtsanwälte für gewöhnlich nicht tun. Das heißt, daß Ihr Agent auch außerhalb laufender Vertragsverhandlungen für Sie tätig ist.

Drittens werden Anwälte gewöhnlich nach der Rechtsanwalts-Gebührenordnung (BRAGO) und ihrem Zeitaufwand bezahlt. Wenn Sie keinen Agenten haben und es nur um einen Vertrag geht, der langfristig viel Geld einbringen wird, kommen Sie zweifellos mit einem Anwalt billiger weg. Er wird Ihnen den Aufwand für die Verhandlungen in Rechnung stellen, womit seine Ansprüche abgegolten sind, sofern nicht weitere Arbeit hinzukommt. Sie sind selbst dafür verantwortlich, an Ihr Geld zu kommen oder dieses gegebenenfalls einzutreiben (etwas, worauf Agenten unglaublich viel Zeit verwenden).

Es kostet Sie nichts, Ihren Agenten von Zeit zu Zeit anzurufen, und sei es nur für einen kleinen Plausch. Versuchen Sie das bei einem Anwalt, und die Uhr läuft mit. Einen Agenten zu engagieren kann also auch ein Bequemlichkeitsfaktor sein.

Geht es allerdings um einen Rechtsstreit vor Gericht, ist eindeutig ein Rechtsanwalt vorzuziehen.

Fazit

Gute Agenten streben eine langfristige Zusammenarbeit mit ihren Klienten an. Wieviel ein Klient einem Agenten innerhalb einer bestimmten Zeit einbringt, ist nicht der einzige Faktor, den ein Agent berücksichtigt, vor allem, wenn er an die Fähigkeiten seines Klienten glaubt und entschlossen ist, seiner Arbeit zum Erfolg zu verhelfen. Es gibt viele Fälle, in denen Agenten Jahre mit Autoren zusammengearbeitet haben, bevor diese Beziehung sich geschäftlich für sie ausgezahlt hat. Leider kommt es auch vor, daß ein Autor, der plötzlich zu Ruhm gelangt, meint, er sei jetzt zu prominent für seine alte Agentur – das heißt, er wechselt den Agenten wegen des Erfolges, den er seinem alten Agenten verdankt.

Zweifelsohne ist eine Klient/Agent-Beziehung dann am effektivsten, wenn beide Parteien sich respektieren. Sie sollten im Team arbeiten, so daß beide zufrieden sind, wenn sich der Erfolg einstellt. Aber vergessen Sie nicht, daß Ihre Karriere die einzige ist, die Sie haben, während der Agent noch andere Klienten vertritt.

---

[1] Es sollte klar sein, daß Agenten mehr als einen Klienten haben. Der Klient sollte also begreifen, daß, während der Agent für einen Klienten tätig ist, er gleichzeitig noch andere vertritt. Das gilt natürlich nur, wenn der Agent seinen Klienten nicht in dem Glauben gelassen hat, er wäre sein einziger Klient.

[2] Die Tatsache allein, daß dies offen ausgesprochen wurde, schafft das Problem allerdings für den Agenten nicht aus der Welt.

[3] Dritte, die in Vertragsverhandlungen miteinbezogen werden, sind berechtigt, sich über die Vollmachten ihrer Verhandlungspartner zu informieren. Das heißt, daß Ihr Agent möglicherweise bevollmächtigt ist, Verträge abzuschließen, die für Sie, den Autor, bindend sind. Allgemein gilt, daß Literaturagenten berechtigt sind, Verhandlungen zu führen, jedoch nicht, einen Vertrag zu unterzeichnen. Klienten können ihren Agenten Generalvollmacht erteilen oder auch eine Vollmacht zur Unterzeichnung eines bestimmten Vertrages. Besser ist es aber, wenn ein Autor seine Verträge immer selbst unterzeichnet, vorzugsweise nachdem er sie gelesen hat.

Geschäftliche Besprechungen – Meetings

Die meisten Autoren, auch jene, die nur »halb-professionell« arbeiten, haben solchen Meetings bereits beigewohnt. Trotzdem lohnt es sich, einige Grundregeln zu beachten, da ein solches Meeting über Erfolg oder Mißerfolg eines Projektes entscheiden kann. Die Kapitel über »Pitching« und »Verhandlungen« setzen sich mit der Praxis von Besprechungen auseinander; hier möchte ich kurz auf die Theorie eingehen.

Die Erläuterungen über den Umgang mit Meetings sowie auch die Erläuterungen über das Pitchen müssen dem Kontext angepaßt werden. Wenn Sie der Bittsteller sind, müssen Sie die Besprechung anders angehen, als wenn beispielsweise ein Produzent ganz wild darauf ist, Ihr Skript oder Buch zu kaufen und der Konkurrenz zuvorzukommen.

In der Theorie des »Bewerberinterviews« wird, wenn man jemanden dazu bringen will, mehr zu verraten, als er beabsichtigt, allgemein dazu geraten, immer wieder Pausen einzulegen, die der Gesprächspartner ausfüllen wird. Mit anderen Worten, stellen Sie eine Frage und schweigen Sie, auch nachdem diese beantwortet wurde. Gewöhnlich spricht Ihr Gegenüber dann von sich aus weiter, wodurch sehr Aufschlußreiches zutage kommen kann.

Bei den meisten geschäftlichen Besprechungen werden Sie wohl kaum so manipulativ sein müssen. Nutzen Sie erste Begegnungen, vor allem bei einem gemeinsamen Essen, um den anderen einzuschätzen, vor allem dann, wenn Sie eine enge Geschäftsbeziehung mit einem Ihnen noch völlig Fremden ins Auge fassen. Die Kleinigkeiten, die man ganz beiläufig bei entspannten Zusammenkünften aufschnappt, können den Zielen beider Parteien überaus nützlich sein.

Je mehr Sie reden, desto besser wird Ihr Gegenüber Sie kennenlernen; je mehr Sie zuhören, desto besser lernen Sie *ihn* kennen. Gehen Sie also nicht in die Ego-Falle, anderen Ihre Lebensgeschichte zu erzählen (woraus man schließen könnte, daß Sie ein Mensch sind, der Wert darauf legt, bewundert zu werden und bei anderen beliebt zu sein).

Es gibt zahlreiche Bücher und Kurse, die das Thema »Meetings« behandeln. Grundwissen wird sich hier zweifellos als nützlich erweisen.

Vor der Besprechung

Eine häufige Unterlassungssünde bei Besprechungen ist mangelnde Vorbereitung oder Planung. Das wird Sie wahrscheinlich die Kontrolle der Situation kosten. Die Vorbereitung kann einfach darin bestehen, alle Hintergrundinformationen zu lesen und eine Liste zu erstellen, so daß Sie die wichtigsten Punkte während des Hin und Her des Meetings oder der Verhandlungen immer griffbereit haben.

Wenn es bei dem Meeting um die Besprechung von Vertragsinhalten geht, ist es unverzichtbar, daß Sie sich vorher sorgfältig mit dem Vertrag vertraut machen. Sollten Sie nicht vorbereitet sein, können Sie allerdings auch darauf bestehen, den Inhalt Klausel für Klausel durchzugehen. Es ist durchaus möglich, zu überspielen, daß man den Vertrag vor einem Meeting nicht gelesen hat, aber das wird weniger beeindrucken, als wenn Sie in der Lage sind, eine detaillierte Kenntnis des Dokumentes zu nachzuweisen.

Bereiten Sie eine eigene Checkliste von Gesprächspunkten und eventuellen Fragen vor. Das ist in den meisten Fällen sehr nützlich und beeindruckt die Gegenseite. Sie können sogar Kopien ziehen und diese während der Besprechung verteilen. Wenn die Gegenseite ebenfalls eine solche Liste aufgestellt hat, ist es interessant festzustellen, wer gründlicher war. Auch wenn Sie Ihre Liste nur als reine Checkliste für sich selbst verwenden, wird sie Ihnen insofern nützlich sein, als sie verhindert, daß Sie den einen oder anderen Punkt vergessen, den Sie ansprechen wollen.

Die auf Ihrer Liste aufgeführten Punkte vor dem Meeting zu durchdenken, kann Ihnen während der Besprechung das Gefühl vermitteln, alles unter Kontrolle zu haben. Bevor Sie bei dem Meeting erscheinen, sollten Sie sich über Ihre angestrebten Positionen, Ihre Minimal- bzw. Maximalforderungen im klaren sein. Sie sollten aber auch vorher schon über alternative Verhandlungsvarianten bzw. -positionen nachdenken.

Mitten drin

Wenn die Besprechung beginnt, sollten Sie die Initiative ergreifen (es sei denn, dies wäre aufgrund der Umstände unpassend). Das können Sie schon erreichen, indem Sie einfach Ihre Liste der zu besprechenden Punkte verteilen.

Auch Beharrlichkeit (erst recht in höflicher Form) ist wünschenswert. Beispielsweise kann es vorkommen, daß Sie mit der Abhandlung eines bestimmten Aspektes nicht recht glücklich sind, aber jemand anders zum nächsten Punkt übergeht. In diesem Fall müssen Sie schnell reagieren und darum bitten, den vorangegangenen Punkt ausführlicher zu behandeln. Vielleicht gelingt es Ihnen dann, die Gegenpartei von Ihrem Standpunkt zu überzeugen. Scheuen Sie sich nicht, dies zu versuchen. Es mag Ihnen schwierig erscheinen, sich gegen mehrere Verhandlungspartner durchzusetzen, aber wenn man höflich vorgeht, wird dies für gewöhnlich respektiert.

Auf der anderen Seite kann es auch sein, daß Sie einen Punkt für sich entschieden haben und selbst gern zum nächsten Punkt der Tagesordnung übergehen würden. Wenn Sie den Verlauf des Meetings kontrollieren, ist es viel leichter, die Dinge dann voranzutreiben, wenn der Zeitpunkt für Sie am günstigsten ist. Der Gesprächsleiter hat beträchtliche Macht inne, und wenn Sie es mit jemandem zu tun haben, mit dessen Entscheidungen Sie nicht einverstanden sind, müssen Sie sich höflich, aber bestimmt an ihn selbst wenden, um sicherzugehen, auch gehört zu werden.

Die meisten Film/Fernseh-Meetings sind viel weniger förmlich, und es gibt keinen Vorsitzenden, aber manchen Personen gelingt es mehr oder weniger subtil, diese Meetings zu steuern. Sie sind es gewohnt, ihren Willen durchzusetzen, also seien Sie gewappnet, um agieren zu können.

Außerdem müssen Sie bei Besprechungen kreativ sein. Die meisten Meetings, um die es hier geht, gehören einer der folgenden drei Kategorien an:

a) das Pitchen einer Idee,
b) redaktionelles Feedback und
c) Besprechung und Verhandlung des Vertrags.

Wenn Sie »verkaufen«, können Flexibilität und Kreativität gegenüber den Wünschen des »Käufers« sehr wirkungsvoll sein.

Die Grundvoraussetzung, um in einer solchen Situation kreativ sein zu können, ist Zuhören. Wenn ein Käufer eine Bemerkung macht, können Sie beispielsweise das, was Sie verkaufen, neu definieren oder so umformulieren, daß es den Vorstellungen des Käufers mehr zu entsprechen scheint. Natürlich muß Ihre Arbeit grundsätzlich auch wirklich den Forderungen des Käufers entsprechen, sonst wird sie später doch abgelehnt, ganz gleich, wie geschickt Sie beim Pitching waren (außerdem bringt Ihnen das den Ruf ein, vorschnell übertriebene Zusicherungen zu machen).

Um das Beste aus dieser Taktik zu machen, können Sie Ihre Gesprächspartner bitten, Ihnen ihre Vorstellungen darzulegen, damit Sie etwas haben, worauf Sie reagieren können. Dann können Sie mit Ihren eigenen Worten formulieren, was Sie glauben, daß sie hören wollen.

Fragen stellen

Fragen zu stellen ist beinahe ebenso wichtig wie Zuhören. Es gibt viele verschiedene Möglichkeiten, Fragen zu stellen, je nachdem, welches Resultat Sie erzielen möchten. Marion Haynes hat dies besonders anschaulich formuliert:
Es gibt vier Grundtypen von Fragen:

- *Allgemeine* Fragen mit einer breiten Palette potentieller Antworten.
- *Spezifische* Fragen, die sich auf einen bestimmten Punkt konzentrieren, mit nur einer begrenzten Auswahl an möglichen Antworten.
- An eine *Gruppe von Personen* gerichtete Fragen, auf die antworten kann, wer mag.
- *Direkte* Fragen, die sich an eine bestimmte Person richten.

Allgemeine Fragen und solche, die an *eine Gruppe von Personen* gerichtet werden, werden als weniger bedrohlich empfunden und sind daher für die Eröffnung einer Diskussion besser geeignet. *Direkte* und *spezifische* Fragen sollten besser erst später vorgebracht werden, wenn durch die Gruppendiskussion bereits eine etwas entspanntere Atmosphäre herrscht.[1]

Ob Sie Fragen nun benutzen, um eine Diskussion herbeizuführen, in eine bestimmte Richtung zu lenken oder abzubrechen – oder auch um jemanden einzubeziehen, dessen Ansichten Sie gern hören würden –, indem Sie Fragen stellen, zeigen Sie Initiative und behalten die Kontrolle.

Der Umgang mit Einschüchterungsmethoden

Was passiert, wenn die Gegenseite die Kontrolle übernimmt, wenn sie schwere Geschütze auffährt und sich von vornerein dominant verhält? Die Ruhe zu bewahren, wenn man unter Druck gesetzt wird, ist vielleicht noch wichtiger, als in der Lage zu sein, die Gegenseite unter Druck zu setzen.

Hier eine kurze Checkliste, die von Gavin Kennedy vorgeschlagen wird, für den Fall, daß Sie bei einem Meeting mit unangenehmem, einschüchterndem und aggressivem Verhalten der Gegenpartei konfrontiert werden:

- Sprechen Sie bewußt leiser als Ihr Gegenüber.
- Sprechen Sie bewußt langsamer als Ihr Gesprächspartner.
- Geben Sie nach, wenn Sie unterbrochen werden, legen Sie jedoch jedesmal, wenn Ihr Gesprächspartner fertig ist, eine Pause von einigen Sekunden ein.
- Lassen Sie sich nicht dazu hinreißen, Beschimpfungen zu erwidern.
- Widersprechen Sie den Attacken der Gegenseite nicht, wenn Sie mit Anschuldigungen überhäuft werden.
- Verteidigen Sie sich nicht gegen Unterstellungen.
- Ignorieren Sie Drohungen.[2]

Kontrolle ist der Schlüssel zur erfolgreichen Abwicklung von Meetings. Auch wenn Sie Meetings hassen – warum sie von vornherein als verlorene Zeit betrachten? Ihre Fähigkeit, mit Meetings umzugehen, wird Ihrer Arbeit in vieler Hinsicht sehr zugute kommen.

---

[1] *Effective Meeting Skills*, Marion E. Haynes, Kogan Page, 1988.
[2] *Pocket Negotiator*, Gavin Kennedy, Economist Books/Hamish Hamilton, 1993.

Verhandeln

In *The Oxford Companion to the Mind* wird der Begriff »Verhandeln« wie folgt umschrieben:

»... die Kommunikation zwischen verschiedenen Parteien zum Ziel einer Einigung ... ein hochspezialisiertes gesellschaftliches Talent und Teil des alltäglichen Umgangs unter Menschen. Es handelt sich um einen sehr komplexen Prozeß, der die ganze Palette menschlicher Motivationen, Qualitäten und Verhaltensweisen miteinbezieht.«[1]

In Büchern und Kursen werden die verschiedensten Ratschläge zum Thema Verhandlungsgeschick erteilt. Das Problem besteht darin, daß die meisten von uns glauben, daß sie diesbezüglich keinen Rat nötig haben. Das führt dazu, daß wir bei fast jeder Verhandlung, an der wir teilnehmen, Geld und Punkte verlieren.

Spezialisten wie beispielsweise Manager und Anwälte werden in der Kunst des Verhandelns geschult. In einem Buch über Verhandlungstaktiken für Rechtsanwälte heißt es, es gebe nachgewiesenermaßen »ein grundlegendes Wissen ..., das Rechtsanwälte darin unterstützen kann, effektiver zu verhandeln.« In dem Buch werden außerdem drei Hauptverhandlungsarten angeführt, zusammen mit Ratschlägen, wie man sie anwendet oder unterläuft:

»Eine Analyse der Literatur läßt darauf schließen, daß es mindestens drei gängige Hauptverhandlungsarten gibt, wobei jede dieser Arten entsprechende Strategien beinhaltet. Diese Strategien sind nicht unbedingt ausschließlich an einen speziellen Verhandlungsstil gebunden, sondern untereinander austauschbar. Die drei Hauptverhandlungsarten lassen sich jedoch klar unterscheiden, zumal jede für sich einem ganz bestimmten Zweck dient ... ›Wettbewerb‹, ›Kooperation‹ und ›Problemlösung‹.«[2]

Wenn Verhandlungsstrategien für Anwälte so wichtig sind, ist es wohl ratsam, daß Produzenten, Autoren und Agenten sie ebenfalls zumindest ein wenig ernst nehmen! Sie verbringen bereits einen großen Teil ihres Privat- und Berufslebens mit Verhandlungen, ob Sie sich dessen bewußt sind oder nicht. Wenn Sie im Privatleben ein guter Verhandlungsstratege sind, wird das vermutlich auch im Berufsleben der Fall sein.

Die meisten Autoren (und einige Produzenten) bereiten sich nur mangelhaft oder überhaupt nicht auf Verhandlungen vor. Das ist, als würde ein Autor sich an seinen Computer setzen, die erste Zeile tippen und einfach davon ausgehen, daß der Rest sich wie von selbst schreibt.

Es gibt sehr einfache Schritte, die Sie unternehmen können, um Ihre Verhandlungstechniken zu verbessern. Wenn Sie drei Monate darauf verwenden, ein Drehbuch zu schreiben, wäre es unsinnig, es hinterher zu verschenken. Und doch wird Verhandeln oft als eine geheimnisvolle Tätigkeit betrachtet, mit der sich Agenten, Rechtsanwälte und Produzenten befassen, aber nicht Autoren.

Das mag stimmen, aber daß Agenten soviel Zeit mit Verhandlungen verbringen, liegt nicht zuletzt auch daran, daß Autoren und Produzenten offenbar davor zurückschrecken, kein großes Verhandlungsgeschick besitzen oder es ihnen einfach an Erfahrung mangelt. Es besteht die Gefahr, daß Sie, wenn Sie erst einen Agenten (oder Anwalt) haben, diesen vorschieben und nicht persönlich an den Verhandlungen teilnehmen, obwohl sie vor allem Ihre eigene Karriere betreffen.

Hinzu kommt, daß, gleich wie geschickt ein Verhandlungspartner ist, die Haltung, die Ihr Agent oder Anwalt einnimmt, bis zu einem gewissen Grad Ihre Position bei den Verhandlungen reflektieren wird. Informieren Sie sich über die Einzelheiten, auch wenn Sie nicht persönlich an den Verhandlungen teilnehmen. Es kann im übrigen leichter sein, stellvertretend für jemanden zu verhandeln, wenn dieser nicht anwesend ist.

Ich finde es höchst erstaunlich, daß die Fähigkeit, Verhandlungen führen zu können, einen so geringen Stellenwert innerhalb der Ausbildung zum Produzenten einnimmt. Beim MEDIA-Programm der EU zur Ausbildung von Produzenten – EAVE – wurde bei den Nachwuchsproduzenten aller EU-Länder eine mangelhafte Ausbildung in Sachen Verhandlungstechniken festgestellt.

Wo können also Autoren Verhandlungsgeschick lernen? Bücher und Kurse über Verhandlungstechniken haben gewöhnlich nichts mit dem Film- oder Fernsehgeschäft zu tun. Dennoch vermitteln sie Selbstvertrauen und Einblick in die Materie.

Grundwissen

In diesem Kapitel sind verschiedene Basisrichtlinien aufgeführt, wobei es sich nicht um ein festes Regelwerk handelt. Die einzelnen Punkte bilden jedoch eine Gesamtstruktur, die auf alle Verhandlungsarten anwendbar ist. Mit Hilfe dieser Richtlinien sollten Sie in der Lage sein, vor und in Verhandlungen fundiertere Entscheidungen zu fällen. Es ist ähnlich wie bei der Strukturierung einer Geschichte – sie ist hilfreich bei der Wahl des nächsten Schritts.

Die Richtlinien sind in willkürlicher Reihenfolge aufgeführt, fangen wir also mit einer der wichtigsten an:

1. Kennen Sie sich selbst

Um als Autor das Beste aus sich herauszuholen, müssen Sie sich selbst kennen. Beispielsweise müssen Sie wissen, ob Sie dazu neigen, auf Aggression und Konfrontation feige zu reagieren. Gehören Sie zu den Menschen, denen es sehr wichtig ist, beliebt zu sein, und die zu fast allem bereit sind, um Ablehnung zu vermeiden? Das kann sich ebenso beim Schreiben auf die Wahl Ihrer Figuren und deren Verhaltensweisen auswirken, wie auch auf die Art, wie Sie verhandeln.

Jeder hat seine ganz persönlichen Stärken und Schwächen. Wenn Sie sich Ihrer eigenen bewußt sind, ist die Wahrscheinlichkeit geringer, daß Sie sich selbst im Weg stehen, wenn die Gegenseite Sie unter Druck setzt.

Wenn Sie es hassen zu feilschen, dringend Geld brauchen oder erkennen, daß Sie der Lage nicht gewachsen sind, wird man Ihnen wahrscheinlich anmerken, daß Sie aus einer schwachen Position heraus verhandeln. Das können Sie vermeiden, indem Sie von vorneherein wissen, was Sie tun, und sich entsprechend vorbereiten.

Wenn viel auf dem Spiel steht und jemand glaubt, er befinde sich in der schwächeren Position (oder sogar im Unrecht), kann es sein, daß er sich aggressiv und feindselig verhält, während andere, obgleich sie vernünftig und »im Recht« sind, vielleicht nachgeben, weil Sie sich schwertun, bei Verhandlungen mit Aggressionen umzugehen. Versuchen Sie, bestimmt aufzutreten, aber nicht aggressiv.

Wenn es um etwas geht, das Ihnen sehr wichtig ist, haben Sie vielleicht Angst zu versagen. Sie wollen den Vertrag unbedingt abschließen. Sie wollen sich nicht über den Tisch ziehen lassen, aber Sie wollen, daß man Sie mag. Sie möchten nicht, daß man Sie für gierig hält. Sie sind ein netter Mensch.

Aufgrund dessen geraten Sie wahrscheinlich ins Hintertreffen, wenn Sie mit jemandem verhandeln, der mehr Erfahrung hat als Sie (jemand, der vielleicht auch ein netter Mensch ist, aber dennoch ein zäher, erfolgreicher Verhandlungspartner) und der bei den Verhandlungen professioneller auftritt als Sie.

Wenn ein Produzent an Drehbuchrechten interessiert ist, wird es ihm nicht gefallen, wenn sein Angebot abgelehnt wird. Niemandem gefällt es, abgelehnt zu werden. Und doch ist Ablehnung unausweichlicher Bestandteil des Geschäfts.

Sie müssen Selbstvertrauen aufbauen, damit Ablehnung Sie nicht gleich aus der Bahn wirft. Würden Sie Stühle zimmern, die niemand kaufen wollte, würden Sie die Ablehnung weniger persönlich nehmen. Haben Sie aber Ihre innersten und intimsten Gedanken zu Papier gebracht, ist es verletzend, von jemandem zu hören: »Das gefällt mir nicht.«

Um Ihnen zu helfen, Ablehnung besser zu verkraften, finden Sie unten ein berühmtes Ablehnungsschreiben. Es stammt, glaube ich, aus einer chinesischen Wirtschaftszeitung:

> »Wir haben Ihr Manuskript mit grenzenlosem Entzücken gelesen. Würden wir Ihre Arbeit jedoch veröffentlichen, wäre es uns hiernach unmöglich, Werke minderer Qualität zu veröffentlichen. Da undenkbar ist, daß wir in den nächsten tausend Jahren ein Kunstwerk zu sehen bekommen, das dem Ihren ebenbürtig ist, sehen wir uns leider gezwungen, Ihnen Ihre meisterhafte Komposition zurückzuschicken und Sie tausendmal zu bitten, unsere Kurzsichtigkeit und mangelnde Courage zu entschuldigen.«[3]

Wenn Sie Standard-Ablehnungsschreiben erhalten oder Verhandlungen zu nichts führen, müssen Sie nach vorn blicken. Welche persönlichen Eigenschaften können Ihnen helfen, die Angst, bei Verhandlungen zu versagen, oder die Deprimiertheit nach einer Absage zu überwinden?

Dies erfordert *Selbstvertrauen, Entschlossenheit und Risikobereitschaft* sowie selbstverständlich den Glauben an sich selbst und die eigenen Fähigkeiten. Wenn es Ihnen an einigen oder allen diesen Eigenschaften mangelt – oder wenn Sie es nicht fertigbringen, sie zu Verhandlungszwecken zu mobilisieren –, sind Sie im Nachteil. Dann kann es erforderlich sein, daß Sie jemand zu Verhandlungen begleitet oder Sie diese gänzlich einem Agenten oder Rechtsanwalt überlassen. Letzteres sollten Sie jedoch möglichst vermeiden, da Sie einige Einsichten in die Branche und in Ihr Karrierepotential gewinnen werden, wenn Sie an dem zwischenmenschlichen und professionellen Prozeß teilhaben, der sich bei Verhandlungen über Ihre Arbeit vollzieht.

2. Kennen Sie den Feind

Meist finden Verhandlungen zwischen Menschen statt, die einander gut kennen. Die Film- und Fernsehbranche ist eine sehr kleine Branche, und wenn man regelmäßig in Erscheinung tritt, lernt man die anderen Mitspieler in der Regel gut kennen. Wenn man schon länger dabei ist, wird man zusammen mit einigen anderen groß. Irgendwann wird einem bewußt, daß Leute, die man seit Jahren kennt, inzwischen die Zügel in der Hand halten. Das ist dann der Punkt, an dem man erkennt, daß man alt wird.

Diese Vertrautheit kann Verhandlungen sinnvoll verkürzen. Sie wissen, daß X nachgiebig ist und Y hart, also können Sie sich entsprechend auf die Konfrontation einstellen. Obwohl Konfrontation der Kern jeder Verhandlung ist, gibt es viele Möglichkeiten, beiden Seiten einen Gesichtsverlust zu ersparen und unwiderrufliche Entzweiungen zwischen den Parteien zu vermeiden, solange man Raum für Kompromisse und Zugeständnisse läßt. Mit anderen Worten, man kann während einer Verhandlung entgegengesetzte Positionen beziehen, aber letztlich sollten beide Parteien gemeinsam auf den Erfolg des verhandelten Projekts hinarbeiten.

Gewöhnlich werden Verhandlungen abgeschlossen, wenn beide Parteien der Ansicht sind, genügend Punkte für sich verbucht zu haben. Es kann einiges »Gesichtwahren« im Spiel sein. Manchmal muß man der Gegenseite so viel geben, daß sie ihre Position vor ihrem Boß (oder Klienten) vertreten kann, sonst schaltet sie auf stur und Sie verlieren etwas, das Sie gewinnen wollten.

Zu wissen, mit wem man es zu tun hat, ist hilfreich. Natürlich kann man auch mit einem völlig Fremden verhandeln, aber ich würde vorschlagen, daß Sie zu Beginn eines Meetings einige Zeit darauf verwenden, Ihre Verhandlungspartner kennenzulernen. Wenn Sie beispielsweise wissen, daß Ihnen zähe

Verhandlungen mit einer Ihnen völlig fremden Person bevorstehen, laden Sie diese zum Essen ein. Bestellen und gemeinsames Essen tragen dazu bei, ein pseudosoziales Umfeld zu schaffen, in dem man anfängt, den Gegner kennenzulernen. Vergessen Sie nicht, daß die Branche, in der wir arbeiten, sehr gesellig und kontaktfreudig ist. Wir essen und trinken häufig mit den Leuten, mit denen wir Geschäfte machen. Wir mögen bei Verhandlungen aneinandergeraten, aber gewöhnlich ist uns daran gelegen, daß wir in Zukunft wieder zusammenarbeiten können. Letztendlich besteht also eine stillschweigende Übereinkunft, daß man zwar hart verhandeln kann, aber ansonsten einen höflichen und freundlichen Umgang miteinander pflegt.

Lassen Sie sich nicht von einem scheinbaren Mißverhältnis der Macht beunruhigen, das auf Erfahrung und Status beruht. Sie sollten wissen, wann Ihre Verhandlungspartner Spielchen spielen. Dazu gehört, Sie unnötig warten zu lassen, sich auf einem höheren Stuhl zu plazieren, so daß Sie zu ihnen aufblicken müssen, unvernünftige Ultimaten zu stellen und lang und breit über die eigenen Erfolge und sein Vermögen zu reden, um dann ein lächerliches Angebot zu machen. Lassen Sie sich weder beeindrucken noch einschüchtern. Das Ganze ist nur Theater. Im Grunde geht es (hoffentlich) darum, daß sie kaufen wollen, was Sie anzubieten haben.

Bestätigen Sie das Meeting sowie die vereinbarte Uhrzeit am Morgen des Stichtages, damit es keine Mißverständnisse gibt und die Gegenpartei an den Termin erinnert wird. Prüfen Sie die zur Verfügung stehenden Sitzmöglichkeiten, wenn Sie einen Besprechungsraum betreten, und versuchen Sie möglichst, Ihren Platz selbst zu wählen. Wenn Sie sich an einem bestimmten Platz unwohl fühlen, wechseln Sie. Dies hier ist kein Höflichkeitswettbewerb.

3. Die Verhandlungsvorbereitungen

Im folgenden eine kurze, nicht erschöpfende Checkliste für die Vorbereitungen:

1 Welches Resultat möchten Sie erzielen?
2 Was wissen Sie über die Gegenseite?
3 Was zahlt sie gewöhnlich für diese Art von Projekt?
4 Was ist Ihre Mindestforderung?
5 Gibt es spezielle Punkte, in denen Sie sich unbedingt durchsetzen wollen, und andere, bei denen Sie bereit sind nachzugeben?
6 Gliedern Sie Ihre Ziele nach Prioritäten: Fällen Sie Entscheidungen, was bestimmte Aspekte des Vertrages betrifft, wie Honorar, Zahlungsweise, Wiederholungshonorar, Gewinnbeteiligung, Rücktrittsrecht, Titelnennung usw. Mit anderen Worten, haben Sie die Verhandlungen ausreichend durchdacht? Das ist die Basisstrategie, die Ihnen hilft zu gewinnen.
7 Ob Sie Autor, Produzent oder Agent sind – haben Sie eine Checkliste erstellt? Folgendes sollte durchdacht sein, bevor Sie mit der Gegenseite über den Vertrag sprechen (auch telefonisch):
a) Was kaufen/verkaufen Sie?
- Handelt es sich um eine Lizenz (eine Genehmigung an eine Einzelperson?)
- Handelt es sich um eine Abtretung (gewöhnlich von Rechten, intellektuellem Gut?)
- Mit welchen Einschränkungen? (Sollen beispielsweise die Bühnen-, Radio- und Buchrechte ausgeschlossen werden?)

Mit anderen Worten, wenn Sie kaufen, versuchen Sie, möglichst viel zu erwerben; wenn Sie verkaufen, lizensieren Sie oder verkaufen Sie nur eingeschränkte Rechte.
b) Für wie lange kaufen/verkaufen Sie die Rechte? Arbeiten Sie drei Positionen aus: ideal (was Ihnen am meisten zusagen würde), realistisch (was Sie zu bekommen erwarten) und Minimum (das für Sie gerade noch akzeptable Minimum).
8 Kennen Sie Ihre eigenen Argumente, und bereiten Sie sich auf die zu erwartenden Antworten vor. Behalten Sie für den Notfall immer ein As im Ärmel, um der Gegenseite Paroli zu bieten.

Mit Hilfe dieser kurzen Liste sollten Sie angemessen vorbereitet in ein Meeting gehen. Aber beachten Sie auch die anderen Punkte in diesem Kapitel – es gibt noch viel mehr, das Ihnen nützlich sein wird.

4. Strategien

Verhandlungen zu führen beinhaltet viele allgemeine Strategien. Die meisten dieser vernünftigen Haltungen werden Ihnen von Nutzen sein. Beispielsweise:

1 Seien Sie aufgeschlossen.
2 Lassen Sie die Gegenseite ihren Standpunkt erläutern und unterbrechen Sie nicht, sonst wird es aussehen, als würden Sie deren Vorschläge von vorneherein ablehnen (d.h., vermitteln Sie ihr das Gefühl, Sie würden darüber nachdenken).
3 Machen Sie nur realistische Gegenvorschläge.
4 Nehmen Sie einen Kollegen in Anspruch, um sich Zeit zu erkaufen, wenn Sie der Ansicht sind, daß alles viel zu schnell geht oder außer Kontrolle gerät. Einen Anruf zu tätigen (oder dies vorzugeben), um Rat einzuholen, kann sehr effektiv sein.
5 Wenn die Gegenseite den Vertragsabschluß forcieren will, müssen Sie möglicherweise manipulieren. Kommt es beispielsweise zu einer Pattsituation, so sagen Sie, Sie müßten dies erst mit Ihrem Boß, Klienten, Partner usw. besprechen. Kehren Sie am nächsten Tag mit einem klaren und fairen Kompromißangebot zurück.»Wir erklären uns mit X einverstanden, wenn Sie sich mit Y einverstanden erklären.« Wenn Sie Ihre Vertragspartner durchschaut haben, können Sie Punkt X, der Ihnen weniger wichtig ist, gegen Y eintauschen, der Ihnen mehr am Herzen liegt. Auch können Sie erklären, daß Ihr Boß nicht bereit sei, über einen gewissen Punkt hinauszugehen, was so viel heißt wie: »Take it or leave it!« Aber seien Sie vorsichtig, wenn Sie ein Ultimatum stellen; wenn Sie sich verschätzen, können Sie sich da-

durch ein Geschäft vermasseln, das Sie gern abschließen würden.
6 Lügen Sie nicht (oder wenn doch, lassen Sie sich nicht erwischen!). Das untergräbt Ihre Glaubwürdigkeit, die sehr wichtig ist, wenn Sie es zu einem späteren Zeitpunkt wieder mit denselben Leuten zu tun haben.
7 Scheuen Sie sich nicht, während des Meetings und auch später schriftlich das Gesagte zu rekapitulieren. Es kann leicht zu Mißverständnissen kommen, und zu rekapitulieren hilft, dies zu vermeiden. Sie sollten jede wichtige Verhandlungsphase schriftlich festhalten und der Gegenpartei eine Zusammenfassung dessen, was vereinbart wurde, noch vereinbart werden muß und wozu sich jede Partei verpflichtet hat, faxen oder zuschicken. Bestätigen Sie jeden Verhandlungsschritt, vor allem die Termine, zu denen bestimmte Verpflichtungen erfüllt sein müssen. Dies ist besonders wichtig, wenn der Zeitfaktor eine große Rolle spielt.
8 Scheuen Sie sich nicht, eine Frist (Deadline!) zu setzen (auch als »Guillotine« bezeichnet), vor allem dann, wenn Sie bereit sind, die Verhandlungen platzen zu lassen. Wenn Sie bereit sind, einen nicht zufriedenstellenden Vertrag abzulehnen, verschaffen Sie sich hierdurch sofort eine stärkere Verhandlungsposition.

Agenten können sich bei Verhandlungen immer Rückendeckung bei ihren Klienten holen. »Ich glaube nicht, daß ich meinen Klienten überreden kann, diesen Punkt zu akzeptieren. Wenn Sie mir aber im Gegenzug bei X entgegenkommen, könnte ich es versuchen.« Wenn Sie Verhandlungen allein führen, kann es hilfreich sein, wenn Sie einen fiktiven Partner vorschieben.

Auch ist es hilfreich, wenn Sie sich in die Gegenpartei hineinversetzen, sei es auch nur zum Schein. Das fördert die zwischenmenschliche Beziehung. Wenn beide Parteien den Vertrag abschließen wollen, ist es für beide von Vorteil, dies auf freundschaftlicher Ebene zu tun. Das könnte auch die Verhandlungen über den nächsten Vertrag beschleunigen.

Seine Prioritäten zu kennen, in der Lage zu sein, den Ball im Spiel zu halten (d.h. die Verhandlungen in Gang zu halten, auch wenn es schlecht aussieht) und zu beurteilen, wann es an der Zeit ist, den Vertrag zum Abschluß zu bringen, erfordert eine Mischung von analytischen Fähigkeiten, Einfühlungsvermögen und Menschenkenntnis. Es ist nützlich, wenn Sie hierin Erfahrung haben, weil es Dinge gibt – wie beispielsweise zu wissen, wann der richtige Zeitpunkt gekommen ist, eine Arbeit auf den Markt zu bringen –, die man nur lernen kann, indem man sie tut und die Resultate abwartet.

5. Erkennen Sie die Gunst der Stunde – der richtige Vermarktungszeitpunkt

Hier geht es darum, sich einen weiteren kleinen Vorteil zu verschaffen. Wenn Sie versuchen, etwas zu verkaufen, das noch nicht fertig ist, werden Sie vermutlich nicht das Maximum aus dem Vertrag herausholen. Wenn der Markt für Ihre Arbeit noch nicht bereit ist, müssen Sie ihn erst darauf vorbereiten. Warten Sie andererseits zu lange, könnte Ihnen jemand zuvorkommen.

Darum verschicken Agenten selten Material auf Verdacht. Ich beginne gewöhnlich damit, daß ich mit dem potentiellen Käufer über den Autor und das Drehbuch bzw. Buch spreche. Dann wäge ich anhand der ersten Reaktionen ab, wie interessiert er an einem bestimmten Werk oder Autor ist und wie sehr ich meinerseits an ihm als potentiellem Käufer interessiert bin.

Ich versuche darüber hinaus, das Interesse des Käufers in Relation zu setzen zu seinen Ressourcen und Fähigkeiten, das Material umzusetzen. Das alles ist wichtig für die Beurteilung des richtigen Zeitpunkts, eine Arbeit zu vermarkten.

Der Umstand, daß ein Autor ein Drehbuch fertiggestellt hat, bedeutet noch nicht, daß dies auch der richtige Zeitpunkt ist, es zu anzubieten. Im Idealfall gefällt mir das Drehbuch oder Manuskript schon, bevor es fertig ist, was bedeutet, daß ich es frühzeitig ins Gespräch bringe. Das verschafft uns den

Vorteil, Informationen des Käufers verwerten zu können, so daß wir auf Kommentare zum Drehbuch oder Manuskript positiv reagieren können, wenn uns an einem Angebot gelegen ist.

Da die meisten Produzenten auf dem Recht bestehen, Kürzungen durchzusetzen (und den Autor zu feuern, wenn Änderungen nicht den Erwartungen des Produzenten entsprechen), informiere ich mich gern über die potentiellen Änderungen des Drehbuchs oder der Geschichte, bevor ich verkaufe (manchmal kommt es auch vor, daß meiner Ansicht nach nicht genügend Änderungen verlangt werden).

Das Timing des Verkaufsangebotes kann sowohl den Abschluß an sich beeinflussen als auch die geschäftliche Beziehung, die sich daraus ergibt.

Erstens: Bevor Sie ein Drehbuch schreiben, sollten Sie den Markt sondieren. Recherchieren Sie, entwickeln Sie einen Handlungsstrang, aber dann, bevor Sie sich in die Arbeit stürzen, überprüfen Sie den Markt. Wenn das Feedback negativ ausfällt, denken Sie gründlich darüber nach, analysieren Sie es, und handeln Sie entsprechend. Ist das Feedback positiv, fahren Sie fort.

Zweitens: Wenn es Ihnen möglich ist, eng mit dem Produzenten, der Ihr Drehbuch kauft, zusammenzuarbeiten, haben Sie bessere Chancen, Ihre eigenen Ideen durchzusetzen. Gehen Sie nicht wie selbstverständlich davon aus, daß bei Uneinigkeiten bezüglich eines Drehbuchs der Autor unweigerlich im Recht ist. Ebenso häufig kommt es vor, daß der Produzent oder Redakteur im Recht ist. Allerdings verbessern Sie Ihre Möglichkeiten, sie zu überzeugen, wenn Sie schon früh zusammenkommen und Gelegenheit haben, die Gegenseite näher kennenzulernen. Besser noch: wenn es Ihnen gelingt, bei der Gegenseite Sympathie zu wecken.

Drittens: Wenn Sie sich gut mit dem Produzenten verstehen und umfangreiche Änderungen am Drehbuch erforderlich sind, stehen Ihre Chancen besser, selbst für diese Änderungen bezahlt zu werden, anstatt daß für die Überarbeitung ein anderer Autor hinzugezogen wird. Vielen Produzenten widerstrebt es, einem Autor mitzuteilen, daß umfassende Änderungen verlangt werden; es fällt ihnen leichter, sofort einen zweiten Autor hinzuzuziehen. Helfen Sie ihnen, an Ihnen festzuhalten, indem Sie sich offen zeigen, nicht feindselig.

Aus all diesen Gründen ziehe ich es vor, ein Drehbuch oder Buch zu verkaufen, noch bevor es fertiggestellt ist. Ohne einen Agenten haben Sie möglicherweise keinen guten Zugang zum Markt, aber Sie können trotzdem einiges tun, Ihre zu verhältnismäßiger Passivität verurteilte Position zu verbessern.

6. Vermeiden Sie möglichst, Ihre Honorarforderung zu nennen

Sie könnten überrascht feststellen, daß das Angebot des Käufers Ihre eigenen Vorstellungen übersteigt. Versuchen Sie trotzdem, *zusätzliche* Zugeständnisse herauszuschlagen, auch wenn das Angebot noch so gut ist. Wenn sie ein höheres Honorar anbieten, als Sie erwartet haben, sagen Sie ruhig, daß Sie mit mehr gerechnet haben. Sie können sich großzügig geben, indem Sie das Angebot annehmen und nicht noch ein wenig mehr verlangen (was Sie bestimmt bekommen würden), aber lassen Sie hierauf rasch eine höfliche Bitte um etwas anderes folgen, das Ihnen am Herzen liegt.

Das setzt voraus, daß Sie wissen, was Sie wollen, was nicht der Fall sein wird, wenn Sie sich nicht auf die Verhandlungen vorbereitet haben. Auch sollte an dieser Stelle darauf hingewiesen werden, daß Sie bei Verhandlungen *grundsätzlich feilschen* sollten. Wenn Sie der Gegenpartei entgegenkommen, muß sie wiederum Ihnen in einem anderen Punkt entgegenkommen und umgekehrt.

Wenn Sie nicht umhinkommen, Ihre Honorarforderung zuerst auszusprechen, ist es selbstverständlich vernünftig, diese hoch anzusetzen. Wenn Sie sich den Ruf erwerben möchten, fair und vernünftig zu sein, stellen Sie jedoch keine übertriebenen Forderungen. Trotzdem kann es sein, daß Ihre Verhandlungspartner auf Ihre Forderung schockiert reagieren (gleich, wie vernünftig sie auch sein mag). Diese Reaktion kann gespielt oder echt sein.

Einmal vorausgesetzt, daß Sie an einem Abschluß interessiert sind, muß Raum dafür sein, daß Sie mit Ihren Forderungen runtergehen. Sie müssen also eine Vorstellung von Ihrem Mindesthonorar haben. Aber nennen Sie diese Summe erst, wenn Sie Gegenforderungen haben, die Bestandteil des Kompromisses sein sollen, so wie etwa kürzere Optionszeiträume oder was auch immer.

7. Informieren Sie sich über die aktuelle Honorarsituation

Wenn Sie nicht wissen, was zur Zeit auf dem Markt gezahlt wird, wird es schwierig zu bluffen und keine Honorarforderung zu nennen. Im Zweifelsfalle müssen Sie in der Lage sein, entweder einen Preis zu nennen, den Käufer an Ihren Agenten zu verweisen oder die Gegenseite elegant dazu zu bringen, Ihnen ein Angebot zu machen.

Es gibt beispielsweise eine Faustregel für Autorenhonorare im Filmgeschäft (beim Fernsehen weniger verbreitet), die besagt, daß Drehbuchautoren etwa zwei bis drei Prozent des Gesamtbudgets zustehen. Wenn ein Autor gedrängt wird, ein Honorar zu nennen, kann die Antwort lauten: »2,5 Prozent des Budgets!«

Hiernach sind noch weitere Punkte zu klären, wie die Zahlungsweise, das Offenlegen des Budgets sowie Dutzende andere Vertragsklauseln. Ich gehe allerdings davon aus, daß Sie nicht den gesamten Vertrag im Detail besprechen, sondern sich auf die »Hauptinhalte« konzentrieren.

Hierbei handelt es sich um die wichtigsten Klauseln des Vertrages. Die meisten Einzelheiten werden erst abgeklärt, nachdem man sich in den grundsätzlichen Punkten geeinigt hat. Häufig ist es so, daß Produzenten die Kernpunkte persönlich aushandeln und die Verhandlung der restlichen Punkte Anwälten oder der Rechtsabteilung der Gesellschaft überlassen.

8. Setzen Sie Ihre Honorarforderung hoch an

Ich habe bereits mehrmals darauf hingewiesen, wie wichtig es ist, daß Sie sich nicht selbst im Wege stehen. Von dem Honorar, das Sie für ein Drehbuch oder Buch erhalten, kann so vieles abhängen – unter anderem das Honorar für Ihr nächstes Werk (sowie die Höhe des Wiederholungshonorars, das sich nach der ursprünglichen Summe richtet), daß es sich lohnt, sich näher mit diesem Punkt zu befassen.

Wenn Sie nicht mehr verlangen, als Sie zu bekommen erwarten, oder zumindest mehr als das Minimum, das Sie gewillt sind zu akzeptieren, werden Sie nie erfahren, wo der tatsächliche Marktpreis liegt. Marktpreise werden auf Märkten festgelegt. Ich spreche nicht von den Standard-Honorarsätzen z.B. der Regelsammlung, wenngleich Sie manchmal nicht mehr werden herausschlagen können. Aber Verhandlungen können den wahren Marktwert eines Drehbuches oder Treatments ans Licht bringen.

Wenn Sie die Initiative ergreifen, kann dies die Höhe Ihres Einkommens stark beeinflussen. Das ist einer der Gründe, weshalb Agenturen Bücher gern versteigern (bei Drehbüchern sind Versteigerungen sehr selten). Auf einer solchen Auktion wird festgestellt, was ein bestimmtes Buch in den Augen von zwei oder mehr Produzenten oder Verlegern wert ist.

9. Seien Sie darauf vorbereitet, nein zu sagen!

Sie müssen darauf vorbereitet sein, nein zu sagen, wenn es angebracht ist. Das verleiht Ihnen ein wunderbares Machtgefühl. Wie schon zuvor erwähnt, verschaffen Sie sich selbst eine stärkere Verhandlungsposition, wenn Sie grundsätzlich bereit sind, ein Geschäft platzen zu lassen. Wenn Sie es sich nicht leisten können, ein Angebot abzulehnen, wie schlecht es auch sein mag, können Sie immer noch bluffen. Wenn Sie mit Ihrem Bluff keinen Erfolg haben und Sie die Bedingungen der Gegenpartei akzeptieren müssen, tun Sie dies scheinbar großmütig und widerstrebend (sofern dies kein Widerspruch in sich ist) zugleich.

Wenn Sie als Verlierer aus den Verhandlungen hervorgehen, betrachten Sie dies nicht als Weltuntergang. Tun Sie, als wäre alles in bester Ordnung, behandeln Sie das Ganze als fairen Kampf, und bringen Sie zum Ausdruck, daß Sie sich auf die Zusammenarbeit freuen. Und richten Sie Ihr Augenmerk bereits auf das nächste Projekt.

Vergessen Sie nicht, daß man sich in diesem Geschäft in der einen Minute an die Gurgel geht, um sich in der nächsten miteinander gegen den Rest der Welt zu verbünden.

10. Körpersprache

Einer der wichtigsten Aspekte bei Verhandlungen – abgesehen davon, daß man wissen sollte, was man sagen wird –, besteht darin, zuzuhören und zu beobachten. Achten Sie auf jede stimmliche Nuance, beobachten Sie die Augen ihrer Verhandlungspartner und seien Sie sich Ihrer eigenen bewußt. Manchmal werden wir Verhandlungen betreffend, um Rat gebeten. Das ist, als trüge man eine Augenbinde. Blind kann man sich nicht die Informationen beschaffen, die man erhält, indem man genau beobachtet und zuhört, wenn jemand ein Angebot unterbreitet. Sie wissen, wie Verärgerung aussieht. Für die Autoren unter Ihnen sollte das kein Problem sein. Nervöses Fingertrommeln, ins Nichts starren und verkrampft über der Brust verschränkte Arme sind nicht unbedingt Zeichen für eine souveräne Verhandlungsposition. Menschen können Körpersprache ebenso leicht verfälschen, wie sie lügen können, aber Gesten zu ignorieren heißt, sich wichtige Informationen entgehen zu lassen, die für einen Gegenzug von Bedeutung sein können.

Auch können Sie bewußt Körpersprache einsetzen, um Ihre eigenen Gefühle zu bekunden. Manchmal werden Sie einem erfahrenen Verhandlungspartner zu viel verraten. Achten Sie also darauf, welche Signale Sie aussenden wollen und welche nicht. Sie können und sollten Gesten (und Worte) benutzen, um eine Situation, die außer Kontrolle zu geraten droht, zu entschärfen. Wenn Sie beispielsweise versuchen, ihren Punkt vorzubringen und dies eine sehr negative Reaktion zur Folge hat wie »Also, wenn das Ihr Standpunkt ist, hat es wohl keinen Sinn fortzufahren!«, wechseln Sie rasch den Kurs. Glätten Sie die Wogen. Lächeln Sie, strecken Sie beschwichtigend die Hände mit den Handflächen nach oben aus, geben Sie sich versöhnlich.

Weitere Informationen über Körpersprache finden Sie in Kapitel 7.

11. Kennen Sie die Parameter

Wenn Sie verschiedene Verhandlungspunkte diskutieren, wie sicher sind Sie sich des relativen Wertes der einzelnen Punkte? Lohnt es sich, bei Punkt A nachzugeben, wenn man im Austausch Punkt B bekommt? Hier erleichtert Erfahrung die Einschätzung, aber Sie können viele der Tricks lernen, die man sich normalerweise durch praktische Erfahrung aneignet.

Zwischen dem, was Sie bekommen (oder zahlen) und dem, was Sie verkaufen/lizensieren (oder erhalten), besteht eine sehr dynamische Beziehung. Gewöhnlich ist es so, daß Sie um so mehr abtreten (erhalten), je mehr Sie bekommen (zahlen). Ganz allgemein halte ich es immer für sinnvoll, ganz bestimmte Zugeständnisse im Verhältnis dazu zu sehen, wieviel sie der Gegenseite in Cash wert sind. Manchmal gibt es bei Verhandlungen Punkte, die als »Vertragshindernisse« gelten. Wenn jemand blufft und einen bestimmten Punkt zur Grundvoraussetzung für ein Zustandekommen des Vertrages macht, kann er von seiner Position nur schwerlich sofort zurücktreten, ohne das Gesicht (und entsprechende Verhandlungsmacht) zu verlieren.

Eine direkte Verhandlung könnte so aussehen: Sie bieten die audiovisuellen Rechte an einem Drehbuch zum Verkauf an und fordern den Käufer zu einem Angebot für eine »einmalige Filmlizenz« auf (d.h., Fortsetzungs- und Remake-Rechte werden nicht abgetreten. Es handelt sich, wie der Begriff schon sagt, um eine Lizenz an einem einzigen Film). Der potentielle Käufer macht ein Angebot X, besteht aber darauf, daß er hierfür die Abtretung sämtlicher üblicher Rechte einschließlich der Fortsetzungs- und Remake-Rechte usw. bekommt.

Wenn das für Sie kein Vertragshindernis ist und Sie grundsätzlich bereit sind, die Rechte abzutreten, unterbreiten Sie ein Gegenangebot, beispielsweise 2X. Hierauf kann ein zweites Angebot der Gegenseite erfolgen, das sich auf 1,5X beläuft. Das setzt sich fort, bis Sie sich auf einen Betrag geeinigt haben. Anders ausgedrückt, die zusätzlichen Rechte, die der Verkäufer verlangt, haben ihren Preis. Es geht nur darum, sich auf diesen Preis zu einigen.

Sie haben einige der Verhandlungsparameter in der Hand, und Ihre Initiative *vor Beginn der Verhandlung* kann nicht nur die Erwartungen der Gegenseite, sondern auch den Ausgang der Verhandlung beeinflussen. Überlegen Sie sich also vor der Verhandlung, an welchen Bedingungen Sie unbedingt festhalten wollen. Seien Sie flexibel, solange die Konditionen akzeptabel sind. Wenn Sie zu erpicht darauf sind, gleich zu welchen Konditionen, abzuschließen, werden Sie vermutlich den kürzeren ziehen.

Gelassenheit und Durchhaltevermögen zeichnen einen zähen »Verhandler« aus. Nervosität und Lautstärke hingegen lassen auf einen aggressiven (und vermutlich) schwachen Verhandlungspartner schließen. Ersterer ist zweifellos vorzuziehen, obgleich es Situationen geben kann, in denen es angebracht ist, Mißfallen zu signalisieren und die Gegenseite hierdurch (hoffentlich) dazu zu veranlassen, endlich auf den Punkt zu kommen. Aber seien Sie vorsichtig – in solchen Augenblicken denkt man selten klar. Glauben Sie nicht, daß Sie, weil Sie einen Anwalt oder Agenten haben, darauf verzichten können, sich mit Ihren Verhandlungen und Verträgen selbst zu befassen. Sie sollten sich mit Ihrem Berater immer über die jeweilige Strategie, über die Punkte, die Ihnen wichtig sind, und über Kompromißmöglichkeiten unterhalten.

Wenn Sie Ihren Berater nicht umfassend über Ihre Wünsche informieren, kann es zu Mißverständnissen kommen –

immerhin kann er nicht Ihre Gedanken lesen. Wenn Sie noch nicht lange mit Ihrem Berater zusammenarbeiten, ist Verständigung noch wichtiger. Sollte es Ihrem Berater lästig sein, Ihnen die Einzelheiten auseinanderzusetzen, vergessen Sie nicht, daß es hier um Ihre Karriere geht. Sie sind es, der für seine Dienste bezahlt, und es ist Ihr gutes Recht zu wissen, was in Ihrem Namen geschieht. Immerhin sind Sie die Hauptperson. Sie werden den Vertrag unterzeichnen, nicht Ihr Agent.[4] Trotzdem lesen nur wenige Autoren ihre Verträge sorgfältig von der ersten bis zur letzten Zeile durch.

Sie müssen immer bereit sein, die Initiative zu ergreifen. Das heißt, Sie müssen beurteilen können, wann dies erforderlich ist und in welcher Weise. In einer Pattsituation kann es dienlich sein, wenn Sie eine Lösung vorschlagen. Manchmal kommt es vor, daß Produzenten dem Komplettpreis für ein Drehbuch oder Buch zustimmen, aber dann völlig inakzeptable Dinge verlangen, wie beispielsweise eine sehr lange Optionsdauer oder hohe Rückzahlungen, wenn die Rechte nach der vereinbarten Dauer an den Autor zurückgehen.

Wenn wir spüren, daß jemand sich an dieser Stelle festbeißt, erklären wir gewöhnlich, daß wir einverstanden sind, vorausgesetzt, der Kaufpreis wird um soundsoviel tausend Mark erhöht. Angesichts eines solchen vernünftigen, aber wenig schmackhaften Kompromisses gibt der Vertragspartner manchmal nach.

Wenn Sie die Verhandlungsparameter nicht kennen, lesen Sie die Verträge ebenso aufmerksam wie ein Drehbuch. Erfragen Sie von Ihren Autoren- oder Produzentenfreunden, wie deren Verträge aussehen. Isolieren Sie sich nicht. Sie schaden nur Ihrer Karriere, wenn Sie sich ins Abseits stellen.

Lesen Sie Bücher über richtige Verhandlungsmethoden, besuchen Sie einen Kursus. Der Umstand, daß dies nicht direkt etwas mit Film und Fernsehen zu tun hat, ist irrelevant. Sie eignen sich Fähigkeiten an, die Sie in allerlei verschiedenen beruflichen sowie privaten Situationen nützen können.

Dies ist vielleicht auch der geeignete Augenblick, den Langzeit/Kurzzeit-Kompromiß anzusprechen. Bei vielen Verhandlungen muß man einen kurzfristigen Gewinn anstreben – und einen langfristigen Gewinn opfern. Oder umgekehrt. Wenn Sie dringend Geld brauchen, schließen Sie schnell ab, wenn es Ihnen kurzfristig einen hohen Betrag einbringt. Ein Agent kann Ihnen hierin nicht raten. Wenn Sie Geld brauchen, können nur Sie allein beurteilen, wie ernst Ihre finanzielle Lage ist.

Eine bessere Planung mag mit sich bringen, einige Drehbücher für Serien zu schreiben, die kurzfristiger Geld bringen, aber vielleicht nicht das sind, was Sie wirklich schreiben wollen. Es kann mehrere Monate brauchen, einen Auftrag für eine Daily-Soap zu ergattern, aber wenn Sie erst für den Produzenten schreiben und ein gutes Drehbuch abliefern, besteht die Chance von Wiederholungsaufträgen, die für einen gewissen Zeitraum ein sicheres Einkommen bedeuten können. Das kann Sie sogar in die Lage versetzen, bei den Verhandlungen zu Ihrem *magnum opus* einen härteren Kurs zu steuern. Es spricht einiges dafür, diesem Aspekt Ihrer Karriere ebenso große Aufmerksamkeit zu widmen wie Ihren Drehbüchern oder Manuskripten. Viele Monate fleißiger Schreibarbeit, die für sich allein genommen selten vergnüglich sind, haben die besten Chancen auf dem Markt verdient.

Geschäftliche Verhandlungen mögen unerquicklich erscheinen (ein 36 Seiten langer Vertrag voller Fachchinesisch ist sicher keine angenehme Lektüre), aber versuchen Sie nicht, sie zu umgehen oder zu delegieren. Sehen Sie statt dessen diese Herausforderung im selben Licht wie ein Problem mit der Kernhandlung oder der Charaktermotivation in Ihren Drehbüchern. Verhandlungen werden Ihnen mit der Zeit immer leichter erscheinen, sie lohnen sich finanziell, und für Autoren können Sie darüber hinaus ein Mikrokosmos jener Art von Konflikten sein, die Drehbücher füllen sollten.

Hierzu ein Auszug aus dem *Oxford Companion*: »Die Art des Drucks wird für die beiden Parteien kaum die gleiche sein ... stillschweigendes Einverständnis und das Wissen um den Druck, unter dem beide Seiten stehen, ist zwischen Verhandlungspartnern weitverbreitet ... (und) wenn der Druck, zu einem Abschluß zu kommen, zunimmt, konzentrieren sich

die Parteien auf die am leichtesten lösbaren Probleme und handeln (im Falle erfolgreicher Verhandlungen) den Rest in einer finalen Entscheidungskrise ab.«
Das könnte die Grundlage für ein Drehbuch sein.

Mit Produzenten verhandeln

Die meisten Verhandlungen haben Autoren mit Produzenten zu führen. Es gibt spezifische Situationen, die sich beispielsweise von ihren Verhandlungen mit Agenten unterscheiden (siehe vorheriges Kapitel).

Beginnen wir mit einigen Gedanken zu den Problemen, die manchmal zwischen Produzenten und Autoren auftreten. Ich sollte an dieser Stelle vielleicht darauf hinweisen, daß einige meiner besten Freunde Produzenten sind ...

1 Produzenten meinen oft, daß, weil sie bezahlen, sie am besten über Autor und Drehbuch Bescheid wissen.
2 Produzenten investieren gewöhnlich nicht genug Geld oder Zeit in Entwicklung, Änderungen oder »Packaging« ihrer Projekte.
3 Produzenten wählen oft die falschen Autoren. Beispielsweise kann es vorkommen, daß sie für eine Adaption einen Autor engagieren, der sehr gut ist bei Originalarbeiten, oder umgekehrt bei einem Autor, dessen Talente schwerpunktmäßig bei Adaptationen liegen, ein Originaldrehbuch in Auftrag geben.
4 Produzenten sind selten im Verfassen von Drehbuchanalysen ausgebildet, und die meisten sind nicht sehr geschickt im Umgang mit Autoren.
5 Produzenten verlassen sich, wenn sie es sich leisten können, zu oft auf namhafte Autoren, auch wenn Sie für den konkreten Zweck ungeeignet sind (vielleicht spekulieren sie darauf, daß der Produzent nicht zur Verantwortung gezogen wird, wenn das Drehbuch lausig ist, da der Autor doch so renommiert ist ...).

6 Produzenten sind oft mehr am Vertrag interessiert als am eigentlichen Drehbuch. Viel zu viele Produzenten tun so, als wäre ein Produzent laut Definition jemand, der nur Geld produziert.

Glücklicherweise gibt es auch einige sehr gute Produzenten. Aber Autoren haben nur sehr wenig Kontrolle über die Produktion ihrer Drehbücher und werden von Produzenten selten ermutigt, sich mit Dingen zu beschäftigen, die über das reine Schreiben hinausgehen.

Autoren können ebenso problematisch sein wie Produzenten. Erstens glauben auch Autoren oft, nur weil sie eine Idee haben, daß diese es auch wert sei, schriftstellerisch umgesetzt zu werden. Sie sondieren den Markt nicht immer sorgfältig. Und sie verstehen meistens nicht genug von den Problemen eines Produzenten, der versucht, das Geld aufzutreiben, um das Drehbuch des Autors zu verfilmen.

Aus diesem Grund profitieren Produzenten und Autoren nur selten von der Hilfe, die sie sich gegenseitig geben könnten.

Betrachten wir die Beziehung (und weniger die Verhandlungen) aus der Sicht eines Produzenten oder Redakteurs:

1 Sie müssen exakt wissen, was Sie von dem Autor wollen. Der Autor muß sicher sein, genau zu wissen, was verlangt wird.
2 Seien Sie klar und präzise bei Ihren Weisungen an den Autor. Lassen Sie auf Absprachen immer eine schriftliche Bestätigung folgen und bitten Sie den Autor, dies ebenfalls zu tun. Sie werden deprimiert sein, wie oft ein Autor nicht verstanden hat, was für Sie absolut klar ist – und die Schuld hierfür könnte bei Ihnen liegen.
3 Wenn der Autor, nachdem Sie ihm klar auseinandergesetzt haben, was an dem vorliegenden Entwurf mangelhaft ist, keine akzeptable überarbeitete Fassung abliefern kann, betreiben Sie Schadensbegrenzung und ziehen Sie einen anderen Autor hinzu. Achten Sie darauf, daß Sie vertraglich hierzu berechtigt sind. Wenn es sich um eine Idee des Au-

tors handelt, mag dies nicht so einfach sein, aber es läßt sich durchsetzen.

Ein gutes Drehbuch, eine gute Story, ist das wichtigste Element des Pakets. Auch ein großartiger Regisseur und großartige Schauspieler können ein schlechtes Drehbuch nicht retten. Leider gilt ein Drehbuch meist dann als gut, wenn es Geldgeber anlockt. Aber wie Sie sicher wissen, ist Geld noch keine Garantie für einen guten Film.

Ein Drehbuch in die bestmögliche Form zu bringen, ist einer der kostengünstigsten Posten eines Budgets. Und doch können Produzenten, denen es schwerfällt, Gelder für die Entwicklung aufzubringen, nur selten genügend finanzielle Mittel in das Drehbuch investieren, woraus resultiert, daß das Skript keine Chance hat und der Film floppt. Das ist auch der Grund, weshalb so viele schlechte Drehbücher verfilmt werden.

Zu viele Produzenten gehen aus Zeitmangel und wegen zu geringer Entwicklungsgelder viel zu früh in Produktion. Man kann ihnen in Anbetracht der Mühen, die sie auf sich nehmen, um die Gelder aufzubringen und Verträge auszuhandeln, keinen Vorwurf machen. Aber wenn dem Drehbuch zuwenig Aufmerksamkeit geschenkt wird, nachdem das Geld aufgebracht wurde, dann liegt die Schuld sehr wohl beim Produzenten. Autoren, Regisseure und Agenten, die in gleicher Weise verfahren, sind ebenfalls für ein Scheitern mitverantwortlich.

Um Vertragsverhandlungen angemessen führen zu können, muß ein Autor einiges über die Arbeit des Produzenten wissen. Dazu gehört auch das »Packaging«. Hierzu gehört, die verschiedenen Elemente wie Besetzung, Regisseur, Mitfinanziers oder Co-Produzenten zusammenzustellen, um die finanziellen Mittel für die Realisierung des Films aufzubringen. Große Hollywood-Filme lassen sich manchmal allein durch die richtigen Stars und den richtigen Regisseur voll finanzieren.

Jeder kann ein Paket schnüren. Autoren können und sollten lernen, wie man ein solches Paket schnürt. Es kann auch nur eine reine Phantasievorstellung sein, eine Art Wunschliste. Aber sie zeigt doch, daß der Autor sich über die konkrete Verfilmung seines Drehbuchs Gedanken gemacht hat.

Alles, was dazugehört, ist Überredungskunst, Verkaufen, Überzeugen und Verhandeln. Vergessen Sie nicht, Ziel der Übung ist es, jemandem Geld zu entlocken. Die Kernfragen lauten: Was glauben Sie, was Sie den Finanziers für ihr Geld bieten, und was glauben sie, was sie für ihr Geld bekommen?

Autoren sind gewöhnlich weniger vom Paketschnüren betroffen, aber es ist wichtig, daß sie darüber Bescheid wissen, und gute Ideen für die Besetzung können dazu beitragen, die Chancen auf eine Verfilmung ihres Drehbuchs zu erhöhen.

Schlüsselpunkte, die man sich vor Augen halten sollte

In der engen und oft sehr fruchtbaren Beziehung, die sich zwischen Autoren und Produzenten entwickelt, gibt es immer Situationen – beispielsweise bei Verhandlungen – in denen sie auf verschiedenen Seiten stehen. Gute Produzenten respektieren für gewöhnlich Autoren, die für sich selbst eintreten. Abgesehen von Uneinigkeiten bezüglich des Vertrages, ergeben sich auch meist Konflikte hinsichtlich des Skripts (diese werden oft über den Dramaturgen ausgetragen). Auch solche Konflikte müssen verhandelt werden, aber es gibt noch andere Bereiche der Produzent/Autor-Beziehung, die man nicht vergessen sollte:

1 Über den detaillierten Verhandlungen zu Dutzenden anderen Klauseln wird viel zu oft die Zahlungsweise vergessen. Sie können erreichen, daß die Gelder viel schneller fließen, vor allem dann, wenn Sie nicht ganz so viel bekommen, wie Sie gern gehabt hätten. Wenn die Gegenseite sich also standhaft weigert, von ihrem Angebot für ein bestimmtes Stadium der Arbeit abzurücken, nehmen Sie das Angebot an, jedoch nur unter der Bedingung, daß innerhalb einer kürzeren Frist gezahlt wird. Ein kleiner Betrag, der einem Autor frühzeitiger gezahlt wird, kann einen großen Unter-

schied machen; für eine Produktionsgesellschaft spielt dieser Aspekt nur eine untergeordnete Rolle.
2 Machen Sie sich immer reichlich Notizen. So verschaffen Sie sich Bedenkzeit und sind in der Lage, auf mündliche Verhandlungen eine schriftliche Bestätigung folgen zu lassen. Sie sollten schon am Telefon, noch vor Beginn der eigentlichen Vertragsverhandlungen, anfangen, sich Notizen zu machen, aber während eines Meetings ist es unverzichtbar. Sie können auch einen Kollegen als »Protokollführer« engagieren, während Sie sich ganz auf den verbalen Austausch konzentrieren. Das ist ein deutliches Signal Ihrer Ernsthaftigkeit.
3 Wenn Ihre Zusammenfassung der Verhandlungen akzeptabel erscheint, die Gegenpartei jedoch zu einem späteren Zeitpunkt versucht, eine Zusage zu bestreiten, können Sie (zu Recht) auf Ihren Brief oder Ihr Fax verweisen und darauf, daß damals kein Widerspruch erfolgt ist.
4 Sie können auch versuchen, »akzeptable« Tricks anzuwenden. Schinden Sie Zeit; bringen Sie die Gegenseite dazu, Aussagen zu erläutern, die im harten Licht des Tages extrem klingen, und formulieren Sie den Punkt dann mehr zu Ihren Gunsten um. Finden Sie Mittel und Wege, zu vermeiden, einem Punkt gegen Ihren Willen zuzustimmen, vielleicht indem Sie Zeit schinden oder ihn später, wenn die Gegenseite in einem anderen Punkt weder nachgeben noch eine Kompromiß eingehen will, wieder aufgreifen (»Ich verzichte auf X, wenn Sie auf Y verzichten«). Es ist nicht ungewöhnlich, im Laufe von Verhandlungen spezifische Forderungen zu stellen, mit dem alleinigen Zweck, sie gegen Zugeständnisse der Gegenpartei wieder fallen zu lassen.
5 Wenn Sie die Verhandlungen einem Anwalt oder Agenten überlassen wollen, sollten Sie dies von Anfang an bekanntgeben. Menschen reagieren manchmal ungehalten auf Überraschungen, auch wenn es sich um ganz vernünftige Dinge handelt.
6 Wenn beide Seiten bis auf einige wenige Punkte sämtliche Klauseln ausgehandelt haben, ziehen Sie Bilanz. Wenn Sie

glauben, die Gegenseite nicht zum Nachgeben bewegen zu können, verlangen Sie Zugeständnisse, die nicht die kurzfristigen Zahlungen betreffen, wie beispielsweise einen Gewinnbeteiligung (oder eine höhere Beteiligung, wenn Ihnen nur eine geringe eingeräumt wurde). Auch können Sie Produktionsbonusse verlangen, nachdem bestimmte Verkaufsziele erreicht wurden. Liegt dies weit genug in der Zukunft, wird es die Person, mit der Sie verhandeln, vermutlich nicht mehr persönlich betreffen, so daß die Chancen recht gut stehen, daß sie auf Ihre Forderungen eingeht.

7 Wenn der endgültige Vertrag eintrifft, sollte er mit dem Vermerk »Entwurf« versehen sein. Solange Sie keine Gelegenheit hatten, ihn zu prüfen, ist er »genehmigungspflichtig«. Es ist üblich (und wird immer akzeptiert), daß Agenten anführen, daß, auch wenn man sich auf die Hauptvertragsklauseln geeinigt hat, die tatsächliche Formulierung erst vom Klienten akzeptiert werden muß.

Sie sollten den Vertrag sorgfältig mit Ihren Notizen und den Kopien der Bestätigungsschreiben vergleichen, die Sie abgeschickt oder erhalten haben. Manchmal fehlen ganze Klauseln, nicht absichtlich, sondern durch Unachtsamkeit beim Tippen des Vertrages. Vielleicht stoßen Sie auf einen Fehler zu Ihren Gunsten. Weisen Sie darauf hin, bekunden Sie Integrität. Auch hohe Moralität ist eine Verhandlungstaktik.

8 Produzenten haben zum Zeitpunkt ihrer Verhandlungen mit einem Autor gewöhnlich bereits eine Vorstellung vom Budget, so daß das Autorenhonorar (sowie die Honorare aller anderen Beteiligten, einschließlich des Produzenten selbst) weitgehend feststehen sollte (wenngleich ein gewisser Spielraum bestehen sollte). Ob der Produzent mehr zahlen kann oder sollte, als ursprünglich im Budget vorgesehen, um einen bestimmten Autor zu bekommen, hängt davon ab, ob an anderer Stelle gespart oder das Budget angehoben werden kann, weil das Renommee des Autors dem Produzenten die Gewährung zusätzlicher finanzieller Mittel garantiert.

9 Schließlich gibt es noch die ärgerlichen Situationen, in denen vom Autor verlangt wird, umsonst zu arbeiten. Dieser

konkrete Fall wird im folgenden Abschnitt näher behandelt.

Schreiben ohne Honorar

Das erste, was Sie sich vor Augen halten sollten, ist, daß Ihr Werk so lange Ihnen gehört, bis Sie es lizensieren oder abtreten (es sei denn, Sie sind Angestellter, dann können die Rechte je nach den Vertragsbedingungen auch Ihrem Arbeitgeber gehören). Wenn Sie ein Originalwerk schreiben, treten Sie Ihre Rechte nicht ab, solange Sie nicht die vollständige Summe erhalten haben. Im Vertrag sollte eine Klausel enthalten sein, in der ausdrücklich erklärt wird, daß die Rechte erst an den Käufer übergehen, wenn die vereinbarte Vergütung beim Autor eingegangen ist.

Wenn Produzenten »kostenlose Optionen« oder kostenlose Optionsausweitungen verlangen und man überlegt, ob man sich darauf einlassen soll, gibt es Verschiedenes zu berücksichtigen. Wenn eine Optionserweiterung verlangt wird, wurde das Material offenbar bereits vorgelegt und abgelehnt. Trotzdem kann es Interessenten für eine überarbeitete Fassung geben. Da der Käufer Geld (und Stolz) in das Projekt investiert hat, hat er immer noch ein sehr reales Interesse daran, es zu verkaufen oder zu produzieren. Es kann also sein, daß man Sie auffordert, das Material kostenlos zu überarbeiten.

Wenn Sie dem Käufer das Material entziehen und es jemand anders anbieten, wird diese Partei genau wissen wollen, wem es bereits angeboten wurde. Wenn der Käufer eine Option erwirbt, ohne hierüber informiert zu sein und später auf Ablehnung stößt, wird das das Vertrauen in Sie und Ihr Projekt untergraben. Sofern der neue Produzent nicht über andere Finanzierungsmöglichkeiten verfügt als der vorausgegangene, könnte es ratsam sein, bei ersterem zu bleiben.

Es ist allerdings wichtig, darüber zu wachen, daß der Produzent auch die richtigen Schritte unternimmt, um die finanziellen Mittel aufzubringen. Dies können Sie nur beurteilen, wenn der Produzent Sie über alle seine Schritte informiert, das heißt, wenn er Ihnen nicht nur mitteilt, an wen er das Material geschickt hat, sondern auch, wie die Reaktionen darauf ausgefallen sind. Hat man Ihnen Kopien der Ablehnungsschreiben zugesandt? Diese Schreiben können sehr aufschlußreich sein und Ihnen helfen zu lernen, Ablehnung nicht zu persönlich zu nehmen. Außerdem haben Sie ein Recht darauf, zu erfahren, wie Ihre Arbeit präsentiert wird. Wenn ein Roman von Ihnen in ein Treatment oder Skript umgewandelt wurde, müssen Sie wissen, ob das Treatment oder das Drehbuch gut sind oder ob die Ablehnungen möglicherweise auf mangelhafte Präsentation zurückzuführen sind. Hat der Produzent vielleicht zu knapp kalkuliert, so daß das Budget unrealistisch ist? Sind vielleicht seine eigenen Honorarforderungen übertrieben? Ein unrealistisches Budget kann potentielle Geldgeber abschrecken.

Ist der Produzent renommiert genug, dem Projekt förderlich zu sein? Oder könnte es vielleicht sein, daß ein begeisterter und wunderbar kooperativer Produzent, der mit Ihrem Projekt herumläuft, von potentiellen Finanziers tatsächlich als Risiko betrachtet wird? Manchmal steigen Sender oder größere Produktionsgesellschaften nicht in ein Projekt ein, das ihnen gefällt, nur weil sie keinen zusätzlichen Produzenten im Team haben wollen, der nicht mehr einbringt außer den Rechten an dem betreffenden Werk.

Wenn ein Produzent Sie um die kostenlose Verlängerung einer Option bittet und Sie das Gefühl haben, Sie sollten dem zustimmen, handeln Sie im Gegenzug eine zweite Honorarzahlung nach Beendigung der Produktion aus (d.h., nachdem der Film abgedreht ist oder gesendet wird). An diesem Punkt wird es vermutlich nicht mehr sein Geld sein, und wahrscheinlich ist der Produzent schon allein deshalb geneigter zuzustimmen, weil die Zahlung noch in weiter Ferne liegt. Wenn man Ihnen erklärt, daß das Gesamthonorar dadurch zu hoch wird und dies einen Investor abschrecken wird, irrt der Produzent vermutlich, es sei denn, Ihre Forderungen sind wirklich übertrieben.

Wenn der Preis für die Option beispielsweise 10.000 Mark beträgt und der Kaufpreis für das Drehbuch 120.000 Mark und man Sie um eine kostenlose Optionsverlängerung um, sagen wir, ein weiteres Jahr bittet, verlangen Sie 8.000 Mark vom Verkaufspreis. Auch wenn Sie nur 4.000 Mark bekommen, ist das immer noch besser als nichts. Akzeptieren Sie nicht weniger als 4.000 Mark, da 3.000 Mark in der Branche üblich wären und Sie immerhin »Kredit« gewähren. Peilen Sie 8.000 Mark an! Ich glaube nicht, daß ein solcher Betrag einen ernsthaften Investor abschrecken wird, wenngleich der Produzent nicht ganz unrecht hat, wenn er darauf hinweist, daß das Paket sich etwas weniger interessant ausnimmt, wenn die Kosten nach Produktionsschluß zu hoch sind.

Wenn jemand eine kostenlose Optionsverlängerung von Ihnen verlangt, können Sie auch entgegenhalten: »Offenbar hat das Projekt keinen hohen Stellenwert für Sie.« Mit anderen Worten, vergessen Sie nicht, daß Sie beim Verhandeln (und gewöhnliche Unterhaltungen sind in diesem Kontext nichts anderes als Verhandlungen) manövrieren und manipulieren müssen. Vielleicht müssen Sie die Gegenpartei in die Defensive drängen, um sich selbst einen Vorteil zu verschaffen.

Während außer Frage steht, daß Professionalität in allen geschäftlichen Dingen korrekt ist, steht nirgendwo geschrieben, daß Sie nett sein müssen, wenn jemand versucht, Sie über den Tisch zu ziehen. Ob Sie ein Autor sind, der es mit einem Produzenten zu tun hat, oder ein Produzent, der es mit einem Sender zu tun hat (oder einem Autor), mit der Bürde des Beliebtseinwollens belastet zu sein, führt unweigerlich zum Abschluß schlechter Verträge.

Ein Produzent, der Ihnen größeren Respekt entgegenbringt, weil Sie nicht auf dem bestehen, was Ihnen von Rechts wegen zusteht, ist jemand, auf dessen Respekt Sie getrost verzichten können. Gibt es einen Unterschied zwischen dem Versuch, kostenlos eine Option verlängert zu bekommen, für die bereits gezahlt wurde, und dem Versuch, von vorneherein eine kostenlose Option zu bekommen? Jedenfalls keinen großen.

Partnerschaft

Es kann vorkommen, daß ein Produzent kein Geld hat, aber bereit ist, einiges Klinkenputzen auf sich zu nehmen, um die finanziellen Mittel aufzubringen. Sie müssen abwägen, ob dieser Produzent tatsächlich so zuverlässig, einfallsreich und gewissenhaft ist, wie Sie ihn gerne hätten. Wenn Ihr Drehbuch oder Ihre Idee in einem Regal verstaubt oder die Idee vom Produzenten stammt und Sie ein Treatment erstellen sollen, versuchen Sie, Ihre Beziehung zu dem Produzenten als Partnerschaft anzusehen.

Schlagen Sie eine Vereinbarung in Form einer solchen Partnerschaft vor. Mit anderen Worten, die Situation sollte vorteilhafter sein als die eines engagierten Autoren, der nicht bezahlt wird. Stellen Sie sich den Produzenten als Ihren Partner vor, der sich für Sie die Hacken wundläuft, anstatt sich selbst als Sklaven zu sehen, der umsonst für den Produzenten schuftet. Sorgen Sie dafür, daß der Produzent Sie über seine Schritte auf dem laufenden hält, aber sorgen Sie auch dafür, daß Sie einen Vertrag bekommen und zwar einen, der fair ist. Sie sollten immer einen Bonus oder eine Prämie dafür erhalten, daß Sie ursprünglich kostenlos gearbeitet haben. Heben Sie also die Honorarsumme, die am ersten Hauptdrehtag fällig wird, entsprechend an. Wenn der Produzent Sie respektiert, wird er dies sofort akzeptieren. Versuchen Sie, Bonuszahlungen nie auf einen späteren Zeitpunkt als den ersten Hauptdrehtag zu legen. Immerhin besteht die Möglichkeit, daß der Film nie in die Kinos kommt, so daß z.B. die Kinopremiere als Zahlungstermin denkbar ungünstig wäre.

Lassen Sie sich nicht darauf ein, kostenlos für den Produzenten zu schreiben, wenn dieser erst einen Vertrag mit Ihnen abschließen will, wenn er das Projekt unter Dach und Fach hat. Denken Sie immer daran, Ihren Namen als Rechteinhaber auf das Dokument zu setzen. Wenn die ursprüngliche Idee vom Produzenten stammt, sollten die Rechte an Ihrem Treatment oder Skript trotzdem Ihnen gehören, aber fügen Sie den Vermerk hinzu »Nach einer Idee von [Name des Produzenten]«. Hiermit ist eindeutig klargestellt, daß der Produzent das Treatment oder Drehbuch nicht verwerten kann, ohne Sie miteinzubeziehen. Ebensowenig wie Sie selbst es verwerten können, ohne den Produzenten miteinzubeziehen, da die Idee ja ihm gehört. Das ist nur fair.

Verlangen Sie immer, eine Kopie der fertigen Präsentationsunterlagen des Produzenten zu sehen, vor allem, wenn er Ihre Vorlagen neu tippen lassen hat. Überprüfen Sie den Text sowie den Rechtevermerk und die Titelnennung. Wenn der Produzent Änderungen vorgenommen hat, sollten diese gerechtfertigt sein.

Die meisten Produzenten arbeiten hart und sind fair, aber sie sind oft gezwungen, unter großem Druck zu arbeiten, in einem konkurrenzstarken Umfeld, in dem der Mangel an Entwicklungsgeldern ein sehr reales Problem darstellt. Teamarbeit ist effektiver als Machtkämpfe. Beide Seiten haben mehr davon, wenn sie am selben Strang ziehen, anstatt gegeneinander anzutreten.

Im Anhang 1 sind mehrere authentische Beispiele von Verhandlungsbriefen enthalten. Diese zeigen einige Möglichkeiten auf, Konflikte im Zusammenhang mit den Geschäftsbeziehungen zwischen Autoren und Produzenten zu lösen.

Fazit

Mit Produzenten zu verhandeln ist für Drehbuchautoren ein wichtiger Bestandteil erfolgreicher Geschäftsabschlüsse. Es kann ein komplexer Prozeß sein, aber auch ein sehr lohnender. Wissen ist Macht, sagt man. In diesem Fall kann Wissen auch Geld bedeuten. Autoren, die in der Lage sind, die Sprache des Produzenten zu sprechen, sind denen gegenüber im Vorteil, die diese Fähigkeit nicht beherrschen. Ebenso wie Autoren, die Verhandlungen vertraulich behandeln. Aus solchen Autoren werden manchmal hervorragende Produzenten. Scheuen Sie weder Verhandlungen noch die sorgfältige Prüfung von Verträgen. Beides sind Anzeichen für eine gesunde Karriere.

Mit Regisseuren verhandeln

Es kommt vor, daß Autoren nicht nur mit Produzenten zu tun haben, sondern auch mit Regisseuren. Das Machtgleichgewicht neigt sich gewöhnlich zu Ungunsten des Autors, weshalb es nützlich sein kann, den Produzenten zum Verbündeten zu haben, wenn ein Regisseur Änderungen Ihres Materials verlangt.

James Park, der das verhältnismäßige Scheitern der britischen Filmindustrie im Zusammenhang mit einem Mangel an guten Autoren analysiert hat, weist ebenfalls darauf hin, daß das Machtungleichgewicht zwischen Autor und Regisseur Teil des Problems ist.[5] »Kritische Ideologie«, sagte er, »hebt den Regisseur auf den Thron und läßt im Gegenzug viele Autoren im unklaren über ihre Rolle innerhalb des ganzes Prozesses. Regisseure haben meist nicht nur die stärkere, selbstsicherere Persönlichkeit, sondern außerdem die Macht, das Drehbuch zunichte zu machen, nachdem die Dreharbeiten begonnen haben. Regisseure können sich weigern, den ursprünglichen Autor mit Änderungen zu betrauen, was sie zuweilen auch tun. Hieraus resultiert, daß Änderungen aus den richtigen Gründen zu einem noch schlechteren Resultat führen können.«

Natürlich gibt es auch viele Regisseure, die die Fähigkeit haben, aus einem schwachen Drehbuch – oder einem Drehbuch mit schwachen Elementen – etwas zu machen, das die Zustimmung des Publikums findet. Solche Regisseure sind für einen Autor Gold wert. Allerdings wird nur sehr wenigen Autoren bei der Wahl des Regisseurs ein Mitspracherecht eingeräumt.

---

[1] Hrsg. von RL Gregory, 1987.
[2] *Negotiation*, Diana Tribe, Cavendish Publishing, 1993.
[3] Neuveröffentlicht in: *The Times*, 9. Juli 1982.
[4] Tatsächlich gibt es Agenten, die Verträge stellvertretend für ihre Klienten unterzeichnen, wenngleich ich dies vermeide, es sei denn, es handelt sich um einen Vertrag über die Folge einer Dauerserie, wie ihn der Klient vorher schon unterzeichnet hat. Wenn ich etwas unterschreibe, besitze ich hierzu gern die entsprechende Vollmacht.
[5] James Park, *Sight & Sound*, Sommer 1990.

Verträge

Realistisch verhandeln

Wenn man etwas geschrieben hat oder den Auftrag zum Schreiben eines Treatments oder Drehbuchs erhalten hat, wird einem in der Regel ein Vertrag zur Unterschrift vorgelegt. Akzeptieren Sie niemals das erste Angebot. Das erste Angebot eines Produzenten oder Senders ist selten das beste. Gegenangebote oder eigene Forderungen sollten selbstverständlich realistisch und konstruktiv sein.

Einige Grundkenntnisse des Vertragsrechts sind von größter Wichtigkeit. Einzelheiten und komplexe Verträge sollten Sie allerdings mit Ihrem Agenten oder Anwalt besprechen.

Autoren haben oft das Gefühl, über den Tisch gezogen zu werden, da sie ihre Verträge nicht verstehen. Die meisten Vertragspartner sind sicher ehrlich, versuchen aber verständlicherweise, ihre eigenen Interessen zu vertreten und das Produzentenbudget zu schonen. Es sollte immer eine absolute Offenheit herrschen, sämtliche Details eines Vertrages sollten von beiden Verhandlungspartnern verstanden werden. Dieses Verständnis herbeizuführen, ist eine der zeitraubenden, aber sehr sinnvollen Aufgaben eines Agenten.

Welche Punkte sollten in einem Options-, Exposé- oder Drehbuch-Vertrag enthalten sein?

Ein Vertrag besteht aus zwei übereinstimmenden Willenserklärungen. Bei den Verträgen, um die es Ihnen geht, wird es sich in der Regel um einen Auftrag handeln, zu bestimmten

Bedingungen ein Buch oder Manuskript zu verfassen. Dabei räumen Sie dem Auftraggeber bestimmte Nutzungsrechte an Ihrem Werk ein. Sie werden es aber auch mit Verträgen zu tun haben, bei denen es um eine reine Rechte- oder Lizenzübertragung geht, etwa beim Verkauf eines Romans oder eines schon bestehenden Manuskripts. Sie treten dann zumindest einen Teil der Ihnen zustehenden Rechte an Ihrem Werk an Ihren Vertragspartner ab. Schließlich haben Sie sicher gelegentlich mit Verträgen zu tun, bei denen der Schwerpunkt auf Ihrer Tätigkeit für einen Produzenten liegt, etwa, wenn Sie als Head-Autor eine Produktion betreuen. In solchen Fällen muß vertraglich geregelt werden, bei wem die während Ihrer Anstellung anfallenden Rechte liegen.

Bedenken Sie, daß ein Vertrag auch schon durch mündliche Erklärungen zustande kommen kann. Sie sollten einen Produzenten, der Ihnen verbindlich einen Auftrag oder eine Beschäftigung versprochen hat, also im Zweifelsfall durchaus beim Wort nehmen – umgekehrt gilt dies natürlich auch für einen Produzenten, dem Sie eine Zusage gemacht haben. Lernen Sie allerdings auch zwischen nichtssagenden Komplimenten, Absichtserklärungen und ehrlich gemeinten Äußerungen zu unterscheiden – die Branche ist eitel, und manchmal fällt es leichter, ein scheinbares Kompliment als eine Absage zu machen.

In der Regel muß ein schriftlicher Vertrag abgeschlossen werden, der die Bedingungen Ihrer Beschäftigung bzw. des Rechteübergangs regelt, schließlich auch Ihre Bezahlung. Nur mit einem schriftlichen und beidseitig unterschriebenen Vertrag können Sie im Zweifels- oder Streitfall Ihre Absprachen beweisen!

Grundvereinbarung

1 Im sogenannten Rubrum (das ist der Kopf des Vertrages) sollten die beiden Vertragsparteien möglichst genau beschrieben sein (Adresse, Geschäftsführung, Gesellschaftsform, z.B. GmbH, KG, Vertretungsberechtigung etc.). Es

sollte daraus auch hervorgehen, ob Sie selbst oder Ihr Agent bzw. Anwalt den Vertrag abschließt und in welchem Vertretungsverhältnis Sie zueinander stehen.
2 Der Vertragszweck sollte klar und eindeutig beschrieben sein: Beschäftigung, Drehbuch, Rechteübertragung, außerdem möglichst genauer Titel des Films oder der Serie, für die Sie schreiben.
3 Sie sollten einen Abgabetermin vereinbaren, der für Sie auch einzuhalten ist. Es kann unangenehm sein, diesen Termin verschieben zu müssen, aber manchmal ist es nicht zu umgehen. Sie sollten sich dann rechtzeitig mit Ihrem Auftraggeber in Verbindung setzen, denn Sie sollten Klarheit darüber haben, wie dringend er das Buch benötigt.
4 Der Vertrag enthält auch die vereinbarte Vergütung bzw. Ihr Honorar. Es sollten folgende Ratenzahlungen beachtet werden: bei Vertragsabschluß, bei Abgabe des Manuskripts, bei Abnahme der ersten bzw. zweiten Fassung. Bei Buy-out und bei Kinoverträgen wird die letzte Rate häufig erst zu Drehbeginn bezahlt. Sie können auch für die jeweiligen Raten und deren Zahlungen späteste Zahlungstermine setzen. Dann lautet die Formulierung beispielsweise »ist fällig bei Abnahme, spätestens jedoch am ...« Bis vor kurzem galt insbesondere bei den öffentlich-rechtlichen Sendeanstalten die sogenannte Drittelregelung, d.h., es wurde jeweils ein Drittel der Vertragssumme bei Vertragsabschluß, bei Abgabe und bei Abnahme gezahlt. Wenn möglich, vereinbaren Sie diesen Zahlungsmodus.

Achten Sie darauf, daß Ihr Auftraggeber für die Erklärung der Abnahme zuständig ist und somit auch für die Entscheidung über die Zahlung der entsprechenden Abnahmerate. Regeln Sie auch die maximale Anzahl der Fassungen, die Sie zu dem vereinbarten Preis liefern sollen, und bis wann und in welchem Umfang Sie für Änderungen und Ergänzungen zur Verfügung stehen sollen. Für den Fall einer endgültigen Nichtabnahme ist es wichtig, daß Sie vertraglich vereinbart haben, daß diese schriftlich mitgeteilt und detailliert begründet werden muß.

Lassen Sie sich Wiederholungshonorare und gegebenenfalls eine Erlösbeteiligung garantieren. Dafür sollte der Vertragspartner einstehen. Sie sollten die Fälligkeit von Verzugszinsen in den Vertrag aufnehmen (etwa zwei bis vier Prozent der fälligen Rate), wenn es zu einem Zahlungsverzug, sprich einer verspäteten Zahlung, durch den Produzenten kommt.

5 Bei Verträgen über Serienformate oder -folgen lassen Sie sich eine Mindestanzahl von Büchern garantieren, die Sie auf jeden Fall schreiben werden. Wenn die Format- oder Filmidee von Ihnen stammt, Sie aber nicht länger daran arbeiten wollen oder können, obwohl man Ihnen die Bücher angeboten hat, sollten Sie eine Beteiligung an der Weiterverwendung Ihrer Idee bzw. Ihres Konzeptes vereinbaren (eine sogenannte *Creative Buy-Out Fee*).

6 Bei Auftragsarbeiten ist es üblich, daß dem Auftraggeber sämtliche Rechte an Ihrem Werk übertragen werden, schließlich bezahlt er Ihre Arbeit. Meistens gibt es dennoch einen Verhandlungsspielraum, der fast immer von Ihrem »Marktwert«, der Bedeutung des Projekts, Ihrem Verhältnis zum Produzenten oder Redakteur und vom Gespür und Verhandlungsgeschick Ihres Agenten abhängt. Bei bereits existierenden Werken oder bei Büchern, die ausschließlich auf Ihren Ideen beruhen, ist es gewöhnlich leichter, einzelne Rechte zurückzubehalten. Sie können z.B. die Roman- oder »Buch zum Film«-Rechte, aber auch die Radio- und Bühnenrechte relativ problemlos zurückbehalten. Auch Pay-TV-Rechte können in einzelnen Fällen ausgeklammert werden. Versuchen Sie bei den einzelnen Auswertungsarten, wenn Sie dem Produzenten schon die Rechte einräumen müssen, eine angemessene Gewinnbeteiligung festzulegen, denn Sie können fast nie von vornherein wissen, wo und wie mit »Ihrem« Projekt Geld gemacht werden wird. Die Zweitverwertungs- oder »kleinen« Rechte sollten sie in jedem Fall aus der Vereinbarung herausnehmen. Anmeldungen

Ihrer Sendungen bei der VG Wort (siehe Hinweis Seite 262) nehmen Sie selbst oder Ihr Agent vor.

7 Lassen Sie sich immer Nachbesserungsmöglichkeiten einräumen. Sollte es sich um sehr zeitraubende und umfangreiche Umarbeitungen und Ergänzungen handeln, die sich der Produzent wünscht, oder verlangt man von Ihnen eine dritte oder vierte Fassung, muß eine angemessene Zusatzvergütung vereinbart werden.

8 Jeder Vertrag enthält für beide Seiten bestimmte Rechte und Verpflichtungen. Sie müssen z.B. garantieren, das Werk nicht abgeschrieben zu haben und mit Ihrem Werk und dessen Nutzung keine Rechte Dritter zu verletzen. Außerdem dürfen Sie mit Ihrem Werk nicht gegen geltende Gesetze verstoßen, es sei denn, solche Verstöße sind durch die grundgesetzlich garantierte Freiheit der Kunst geschützt.

9 Laufzeit des Vertrages: Bei Optionen sind Zeiträume von ein bis zwei Jahren üblich. Bei »brandheißen« Projekten, bei denen Sie sich mit einem Sender eine gute Realisierungschance ausrechnen, kann auch eine nur sechsmonatige Optionsdauer verabredet werden. Größere Filmprojekte benötigen häufig wegen aufwendiger Finanzierungsbeschaffung eine längere Optionszeit, die im Höchstfall 36 Monate nicht überschreiten sollte. Eine solche Option muß selbstverständlich gebührend bezahlt werden. Regeln Sie eindeutig, welche Rechte und Pflichten der Produzent während der Optionszeit hat. Gelegentlich wird die Optionszeit ausgeschöpft, obwohl die Entscheidung über die Produktion längst gefallen ist, Buch und Finanzierung vollständig vorliegen. Dann ist es höchste Zeit, einen kompletten Drehbuchvertrag abzuschließen.

10 Rechteübertragung auf Dritte: Hieraus dürfen dem Autor keine Nachteile erwachsen. Die Rechteübertragung auf neue Vertragspartner sollte seitens des Autors zustimmungspflichtig sein. Es sollte möglichst vermieden werden, daß dem Produzenten durch eine Rechteübertragung an Dritte unvorhergesehene (finanzielle) Vorteile erwach-

sen, an denen der Autor nicht beteiligt ist. Dies könnte z.B. bei einem Verkauf eines deutschen Drehbuches an einen amerikanischen Verleih oder Produzenten der Fall sein.

11 Vereinbaren Sie möglichst nur das Recht des Produzenten zur einmaligen Verfilmung. Wenn ein Stoff endgültig und für immer verkauft wird, muß sich das finanziell niederschlagen. Lassen Sie sich bei neuerlicher Nutzung (z.B. erst Film, dann Serie), ebenso für den Fall eines Remakes, Erlösbeteiligungen einräumen. Remake-Rechte möglichst zurückbehalten!

12 Versuchen Sie, die Laufzeit des Vertrages bzw. der Nutzung der von Ihnen eingeräumten Rechte zeitlich zu begrenzen. Zum Beispiel ist eine siebenjährige Laufzeit bei TV-Rechten durchaus sinnvoll, beim Kino kann z.B. eine zehn- bis 15jährige Vertragsdauer vereinbart werden.

13 Lassen Sie sich eine angemessene Nennung im Vor- oder Abspann garantieren, die bei Nichtbeachtung zu einem Schadensersatzanspruch führt.

14 Bearbeitungen Ihres Werkes durch den Produzenten oder einen dritten Autor müsen Sie sich nur in einem bestimmten Rahmen gefallen lassen. Achten Sie auf eine Klausel, die die Wahrung Ihres Urheberpersönlichkeitsrechtes garantiert.

15 Es gibt schließlich eine Reihe von Standardklauseln, auf die hier nicht näher eingegangen werden soll. Danach hat der Produzent z.B. das Recht, zwei- bis dreiminütige Ausschnitte für Werbezwecke und Programmankündigungen kostenlos zu nutzen. Außerdem darf er den Film, auf dem Ihr Buch beruht, kostenlos bei Festivals, Messen und Ausstellungen zeigen und zu Lehr-, Forschungs- und Anschauungszwecken nutzen. Schließlich darf er den Film auch archivieren.

16 Wenn möglich, lassen Sie sich vertraglich auch eine Zusage über den Ersatz von Spesen und Reisekosten, die im Rahmen Ihres Projektes anfallen, geben.

Noch ein abschließender Rat: Verhandeln Sie hart und offensiv, aber bleiben Sie auf dem berühmten Teppich, dann ist

Ihnen auch in Zukunft eine faire Behandlung durch Produzenten sicher, und man wird auf Sie zurückkommen. Denken Sie daran: der beste Vertrag ist der, dem noch ein weiterer folgt …

Wie Sie Ihre Arbeit schützen

Autoren befürchten, wenn sie über ihre Arbeit sprechen oder Kollegen oder Produzenten, manchmal gar ihren Verlagen oder Agenten, ihre Treatments oder Drehbücher zeigen, daß man ihnen ihre Ideen stehlen könnte. Das ist zwar unwahrscheinlich, aber nicht ausgeschlossen, und das sollten Sie sich auch vor Augen halten. Werden Sie aber nicht panisch, und hüten Sie sich vor übergroßer Ängstlichkeit, sonst macht diese Angst Sie noch ganz verrückt. Ich habe die Erfahrung gemacht, das der sogenannte Ideenklau extrem selten ist, und auch wenn manchmal der Verdacht aufkommt, gibt es dafür nur sehr selten Beweise.

Buchstäblich Tausende von Autoren arbeiten zeitgleich an Drehbüchern und Büchern und an der Ausgestaltung ihrer Ideen, und so ist anzunehmen, daß auch einige eine Idee umsetzen, die der Ihren sehr ähnlich ist. Nichts deutet darauf hin, daß Ideenklau – oder der Diebstahl ausgearbeiteter Storylines – von Seiten der Produzenten eine verbreitete Praxis im Film- oder Fernsehgeschäft wäre. Die Kosten für einen Film sind so immens, daß Produzenten, ob es sich um Hollywoodstudios handelt oder nicht, wohl kaum versuchen werden, die verhältnismäßig geringen Kosten für die Rechte an dem Material zu umgehen, und damit riskieren, die Produktion wegen rechtlicher Komplikationen zu gefährden. Und überhaupt können Sie ganz sicher sein, daß Ihre eigenen Ideen nie von etwas »stimuliert« worden sind, das jemand anders gesagt oder geschrieben hat?

Sie können nicht viel tun, um zu verhindern, daß Produzenten, denen Sie eine Idee oder ein Drehbuch gezeigt haben, damit »hausieren« gehen. Manchmal sprechen sie mit anderen Produzenten oder Sendern, um vorab zu klären, ob ein solches Projekt überhaupt Chancen hat, finanziert zu werden. Natürlich sollten die von Ihnen angesprochenen Produzenten über Ihren Stoff nicht mit Dritten reden, solange Sie nicht die Optionen daran erworben haben. Das mindert den Wert Ihrer Idee und schmälert Ihr Eigentum. Außerdem ist es weder gegenüber dem Autor noch dem Produzenten, der die Rechte zu einem späteren Zeitpunkt erwirbt, fair.

Solche Praktiken kommen auch bei potentiellen Bestsellerromanen vor. Während New Yorker Verleger und Literaturagenten noch um die Rechte an einem bestimmten Buch streiten, haben Hollywood-Bosse durchaus Möglichkeiten, das Manuskript einzusehen, noch bevor es als Buch in den Handel kommt. Scheinbar zahlen sie Angestellten von Verlagen Prämien dafür, daß sie ihnen solche Manuskripte kopieren und per Boten nach L.A. schicken. Es kann peinlich sein, wenn ein Produzent, der die Option auf einen Roman erworben hat, einem Studio in gutem Glauben das Manuskript anbietet, um dann zu hören, daß das Studio es bereits vor Monaten gelesen hat und nicht daran interessiert ist. Natürlich hatte man niemandem von der Ablehnung erzählt, da das Manuskript ja nicht offiziell eingereicht worden war.

Auch Drehbücher können inoffiziell im Umlauf sein, wenngleich es manchmal durchaus positiv sein kann, wenn ein Drehbuch von vielen gelesen wird. Wenn es gut geschrieben ist, besteht die Chance, daß der Autor einen Auftrag bekommt oder einen Käufer für das betreffende Buch findet.

Autoren müssen wohl vielmehr fürchten, daß ihre Ideen nicht von Produzenten, sondern von anderen Autoren geklaut werden, obgleich mir auch dies in 30 Jahren Zusammenarbeit mit Autoren nie als ernsthaftes Problem erschienen ist. Wenn Sie einer Autorenvereinigung angehören, sich von einer Agentur oder einem Verlag vertreten lassen, sollten Sie, wenn Sie mögen, übereinkommen, alles, was Sie über die Arbeit der anderen hören, vertraulich zu behandeln. Unterschreiben Sie eine entsprechende Vereinbarung, wenn Sie sich dann besser fühlen.

Welche vernünftigen Vorsichtsmaßnahmen können Sie ergreifen, um zu vermeiden, daß Ihre Ideen gestohlen werden? Ideen kann man nicht urheberrechtlich schützen, solange diese nicht in Materialform existieren (d.h. in geschriebener, gezeichneter, gemalter Form usw.). Ihre Ideen müssen also in schöpferischer Weise ausgestaltet und als Ihre erkennbar sein, damit sie vom deutschen Urheberrecht geschützt werden können. Auch dann ist nur das Material urheberrechtlich geschützt, nicht aber die Idee selbst. Handelt es sich nur um einen Satz oder einige Zeilen, ist beispielsweise der spezielle Satz geschützt, nicht aber die ihm zugrundeliegende Idee. Der Punkt ist also, daß Ideen an sich nicht geschützt sind, aber es gibt bestimmte Situationen, in denen per Vertrag oder Gesetz vertrauliche Mitteilungen und Informationen gegenüber Dritten geschützt werden können.

Wenn Sie jemandem eine Idee mündlich oder schriftlich mitteilen, sollten Sie in jedem Fall (möglichst schriftlich, also beweisbar) darauf hinweisen, daß Sie eine Weitergabe Ihrer Idee bzw. Ihrer Information nicht wünschen und ausdrücklich untersagen.

Darüber hinaus gibt es verschiedene Möglichkeiten, die Sie zum Schutz Ihrer Ideen ergreifen können:

1 Bringen Sie sie in Materialform. Dann genießen sie größeren Schutz. Je konkreter die Materialform, d.h. je länger und ausführlicher das Dokument, desto umfangreicher ist Ihr Urheberrecht geschützt. Sobald Ihre Idee in Form eines Exposés oder Treatments vorliegt, bemühen Sie sich so intensiv wie möglich (auch mit Hilfe Ihres Agenten), einen Vertrag darüber mit einem Produzenten oder Sender abzuschließen. In diesem Vertrag kann gegebenfalls eine Vertraulichkeitsklausel vereinbart werden. Allerdings wird der künftige Produzent Ihrer Idee selbst großes Interesse daran haben, daß sein »Projekt« Konkurrenten nicht bekannt wird.

2 Wenn Sie jemandem von Ihren Ideen erzählen, sollten Sie ausdrücklich darauf hinweisen, daß es sich um ein vertrauliches Gespräch handelt. Wenn Sie sich schriftlich an je-

manden wenden, können Sie das Schreiben mit dem Vermerk »vertraulich« versehen. Auch wenn dies darauf schließen läßt, daß Sie dem Empfänger mißtrauen, ist die betreffende Person zumindest eindeutig darüber informiert, daß es sich um einen Sonderfall handelt.

3 Ich würde Ihnen ferner empfehlen, das zu tun, was unsere Anwälte uns bei der Gründung unserer Agentur geraten haben: Führen Sie ein Telefonregister. Hierbei sollte es sich um ein gebundenes Buch handeln, in dem Sie sich bei jedem Meeting oder Telefonat Notizen zum Inhalt machen und aus dem Sie niemals eine Seite herausreißen. Wenn das Buch voll ist, stellen Sie es einfach in ein Regal.

Mehrere Klienten unserer Agentur haben Urheberrechtsprozesse gewonnen, weil wir beweisen konnten, daß bestimmte Gespräche stattgefunden hatten. Oder genauer, weil wir beweisen konnten, daß wir über sie Buch geführt hatten. Gerichte legen großen Wert auf systematische Datenerfassung. Bei jemandem, der detailliert und sorgfältig Buch führt, geht man eher davon aus, daß er die Wahrheit sagt – zumal der Anwalt der Gegenseite jede einzelne Person, von der Sie behaupten, an einem bestimmten Tag mit ihr gesprochen zu haben, anrufen kann, um Ihre Angaben zu prüfen. Darüber hinaus gewährleistet eine solche »Buchführung«, daß Sie sich für Ihren persönlichen Gebrauch jederzeit über geführte Gespräche informieren können.

In Deutschland gibt es zwei Rechtsstatute, die nicht nur Juristen bekannt sein sollten: »*culpa in contrahendo*« und die sogenannte »positive Vertragsverletzung«. Beide Regelungen beziehen sich auf eine Gesprächs- bzw. Verhandlungssituation, in der zwischen beiden Vertragspartnern noch kein schriftlicher Vertrag besteht. Der Gesetzgeber geht aber davon aus, daß es während der »vorvertraglichen« Gespräche bereits Rechte und Pflichten für beide Vertragsparteien gibt. Dazu gehört mit Sicherheit auch ein Mindestmaß an Vertraulichkeit, an das auch Sie sich halten sollten.

Häufig ist es für den Produzenten ein unerträglicher Gedanke, daß »Ihr gemeinsames« Projekt auch bei anderen Firmen liegt oder schon durch unzählige Hände gegangen ist. Bekommen Sie aber, noch während Sie die Idee weitergeben, zu hören: »Wir haben schon etwas ganz Ähnliches in Arbeit«, können Sie nicht mehr viel tun. Wenn Sie etwas neurotisch sind, können Sie um nähere Informationen bitten sowie um den Namen des Autors. Hat man Ihnen die Wahrheit gesagt, wird man Ihnen Ihre Fragen vermutlich auch beantworten. Aber es gibt immer diesen grauenhaften Moment, in dem man denkt, der Gesprächspartner hätte spontan die Brillanz der eigenen Idee erkannt und sei nun darauf aus, diese im Alleingang zu realisieren. Ich gehe aber davon aus, wenn jemand so etwas behauptet, daß dies auch in mindestens 99 Prozent der Fälle den Tatsachen entspricht.

4 Schließlich können Sie Ideen in ausgearbeiter Form natürlich zu Beweiszwecken bei einem Notar oder Rechtsanwalt hinterlegen. In einzelnen Fällen können bei einem Ideenklau auch zivil-, straf- oder wettbewerbsrechtliche Gesetzesvorschriften verletzt worden sein, eventuell haben Sie Ansprüche auf Schadensersatz. Beraten Sie sich in Zweifelsfällen mit Ihrem Rechtsanwalt oder Agenten.

Urheberrecht

Der urheberrechtliche Schutz besteht automatisch bei einer schöpferischen Arbeit von ausreichender Originalität und Abgrenzbarkeit zu anderen Werken. Das Gesetz verleiht dem Urheberrechtsinhaber das Recht, das Kopieren, die Adaptation oder Übersetzung der Arbeit zu verbieten und spricht dem Urheberrechtsinhaber im Falle eines Verstoßes gegen dieses Recht einen Anspruch auf Schadensersatz zu.

Das Urheberrecht ist komplex und sehr kompliziert, und wenn Sie im Zweifel über Ihre Rechte sind oder darüber, ob Sie vielleicht die Rechte eines anderen verletzen, informieren Sie sich bei einem Anwalt.

Es ist leicht, in Urheberrechtsfallen zu tappen. Hat ein Produzent beispielsweise eine Idee oder hat er die Rechte an einer Idee erworben, kann er verschiedene Autoren in Erwägung ziehen, bevor er sich schließlich für einen bestimmten entscheidet. Die Idee wird dem Autor mitgeteilt, der hierauf ein Treatment oder Skript anfertigt. Ist der Autor nicht vertraglich abgesichert und gefällt dem Produzenten das Treatment oder Drehbuch nicht, wird der Autor vermutlich gar nicht bezahlt. Der Produzent sollte das Treatment dieses Autors jedoch keinem anderen Autor zeigen, es sei denn, er hat für das Treatment gezahlt. Kopiert oder adaptiert ein anderer Autor das ursprüngliche Treatment oder Drehbuch, kann das als Verletzung des Urheberrechts gewertet werden.

Sofern der Produzent nicht die erforderlichen Rechte am Material des ersten Autors erworben hat, könnten Produzent und zweiter Autor das Urheberrecht des ersten Autors verletzen. Der Produzent darf wohl die Idee an den zweiten Autor weitergeben, da diese ihm gehört. Ein vernünftiger Produzent wird dem ersten Autor ein, wenn auch nur symbolisches Honorar zahlen, so daß das Geschriebene vom Produzenten und dem späteren Autor verwendet werden kann. Alternativ kann der Produzent auch zustimmen, dem ersten Autor einen Anteil am gesamten für das Drehbuch aufgewendeten Budget zu zahlen, je nachdem, in welchem Umfang die Arbeit jenes ersten Autors verwendet wird.

Es gibt verschiedene internationale Urheberrechtsabkommen oder -konventionen zur gegenseitigen Anerkennung der Urheberrechte jedes einzelnen Mitgliedsstaates. Wenn ein Urheberrecht in einem Land anerkannt wird, kann es ohne weitere Formalitäten auch als gültiges Urheberrecht automatisch in einem anderen Land anerkannt sein (sofern dieses das Abkommen unterzeichnet hat).

Tatsächlich ist das Gesetz in allen Staaten, die die *Universal Copyright Convention* unterzeichnet haben, bemüht, die Rechte von Autoren (oder Urheberrechtsinhabern) an literarischen, künstlerischen und wissenschaftlichen Werken zu schützen. Hierzu gehören Bücher, Musik, Drehbücher oder kinematographische Arbeiten, Zeichnungen, Gemälde, Skulpturen usw.

Das Urheberrecht verbietet Dritten verschiedene Nutzungsarten von Material eines anderen Urheberrechtsinhabers. Beispielsweise hat nur der Urheberrechtsinhaber das Recht, das Material zu vervielfältigen, Kopien zu veröffentlichen, das Material in der Öffentlichkeit vorzuführen, zu zeigen oder zu spielen, das Material zu senden (auch über Kabel) oder zu adaptieren (gleich, in welcher Form oder innerhalb welchen Mediums), wozu auch Übersetzungen gehören. Nur der Urheberrechtsinhaber kann jemanden lizensieren (ihm die Genehmigung erteilen), ein Urheberrecht (oder auch alle) an einer Arbeit zu verwerten oder einem anderen seine Rechte abtreten.

Das Urheberrecht schützt Ideen in Materialform. Allgemein gilt, wie oben bereits ausgeführt, daß die Idee hinter einer Geschichte für ein Drehbuch nicht urheberrechtlich geschützt ist, sondern erst das Drehbuch selbst sowie die schriftliche Beschreibung dramatischer Ereignisse in diesem Manuskript.

Das Urheberrecht ist zwar vererbbar, aber nicht übertragbar, d.h., es steht dem Urheber eines Werkes höchstpersönlich zu. Der Urheber kann allerdings Nutzungsrechte an seinem Werk übertragen und verkaufen, ähnlich wie man beispielsweise ein Grundstück verkaufen oder verpachten kann.

Vor allem hat der Urheberrechtsinhaber das Recht, das Kopieren – im weitesten Sinne – seiner Arbeit zu verbieten. Das bedeutet nicht, daß der Autor oder Urheberrechtsinhaber verbieten kann, daß jemand anders die gleiche oder eine ähnliche Arbeit veröffentlicht, solange es sich hierbei weder um eine Kopie noch um eine Adaptation des betreffenden Werkes handelt. Wird beispielsweise ohne Kenntnis der existierenden Arbeit zufällig ein Bericht geschrieben, der ersterer sehr ähnlich ist, würde das Urheberrechtsgesetz den Autor des ursprünglichen Werkes nicht befähigen, die Veröffentlichung des zweiten Werkes zu verbieten. Der Tatbestand des Kopierens muß gegeben sein, um den Vorwurf der Verletzung eines Urheberrechtes zu rechtfertigen.

Autoren schicken sich selbst oder ihrem Agenten manchmal eine Kopie ihres Drehbuches oder Manuskriptes in einem versiegelten Umschlag, den sie verschlossen lassen. Auf diese

Art soll bei einem Rechtsstreit darüber, ob der Autor ein anderes Werk kopiert hat (oder aus seinem eigenen etwas kopiert wurde), der Nachweis darüber erbracht werden, welche der beiden Arbeiten zuerst verfaßt wurde.

Kann der Beschuldigte nachweisen, daß sein Werk als erstes entstanden ist, ist es nicht möglich, daß er das Werk des Klägers kopiert hat. Es ist also wahrscheinlicher (wenn auch nicht notwendigerweise zwingend), daß die zweite, sehr ähnliche Arbeit, die zu einem späteren Zeitpunkt entstanden ist, das erste Werk kopiert hat.

Der Schutz des Urheberrechtsgesetzes ist in Deutschland und mittlerweile den meisten Staaten Europas auf eine Dauer von 70 Jahren nach dem Tod des Autors begrenzt. Im Zuge der Vereinheitlichung der Gesetze auf EU-Ebene wird es irgendwann eine Angleichung der Urheberrechtsgesetze innerhalb der EU geben.

Es gibt teilweise komplexe Übergangsregelungen, da manche Werke, bei denen die Frist von 70 Jahren bereits abgelaufen ist, rückwirkend wieder urheberrechtlich geschützt werden.

Nutzungsrechte

Die sogenannten Film- und Nebenrechte beinhalten gewöhnlich das Recht, das Buch zu adaptieren, Drehbücher zu schreiben (oder schreiben zu lassen) oder ein bestehendes Drehbuch zu überarbeiten. Sie schließen das Recht ein, einen oder mehrere Filme auf Grundlage des oder der Skripts zu drehen und diesen oder diese Filme auf alle erdenkliche Arten in sämtlichen Medien zu vermarkten (d.h. Video, Fernsehen, Kabel usw.). Darüber hinaus gibt es genehmigungsfähige Rechte wie das Recht, den Film in ein Radiohörspiel zu verwandeln, ihn durch Werbung zu promoten, was Zusammenschnitte der Geschichte beinhalten kann, oder aber Fortsetzungen und/oder Remakes zu drehen.

Der Käufer wird auch das Recht benötigen, Titel, Inhalt und Figuren zu Werbezwecken zu verwenden. Dazu gehört das Recht, den Namen und das Konterfei (Foto) für Werbezwecke zu nutzen.

Im Gegenzug wird es Verhandlungen über Preis und Einschränkungen geben. Mit anderen Worten, in dem Vertrag wird folgendes geregelt:

1 Dauer (für wie lange die Nutzungsrechte übertragen werden).
2 Ausdehnung (räumliche Einschränkung auf ein Gebiet oder Land).
3 Partielle oder vollständige Abtretung der Werknutzungsrechte.
4 Das für die Übertragung der Rechte vereinbarte Honorar.

Gewöhnlich muß ein Erwerb von Nutzungsrechten eine Zahlung beinhalten. Dies geschieht entweder in finanzieller Form oder auch in Form einer Zusage, wie beispielsweise Titelnennung und Mitspracherecht beim Drehbuch oder der Besetzung. Der Vertrag muß immer auf Gegenseitigkeit beruhen.

Die Person, die die Nutzungsrechte veräußert, muß klar darlegen, welche Rechte genau übertragen werden, für welche Länder, welche Rechte zurückbehalten werden und welche Kaufsumme zu entrichten ist. Der Käufer wird wissen wollen, welche Rechte er erwirbt, für wie lange, für welche Länder und zu welchem Preis.

Käufer und Verkäufer müssen wissen, was geschehen soll, wenn der Film nicht innerhalb einer vereinbarten Frist in die Produktion geht (erster Hauptdrehtag). Gewöhnlich beinhaltet der Vertrag eine Klausel, derzufolge die Rechte an den Autor zurückfallen oder die Genehmigung für die Realisierung und Vermarktung des Films entzogen wird.

Vertragsbruch

Es gibt mehrere Arten von Vertragsbruch. Bei kleineren Vertragsverstößen wie z.B. der verspäteten Zahlung einer vertraglich vereinbarten Rate, möglicherweise aber auch bei einer falschen Bezeichnung im Abspann o.ä., mahnen Sie den Produzenten. Bei ernsteren Vertragsverstößen nehmen Sie anwaltliche Hilfe in Anspruch bzw. beraten Sie sich mit Ihren Vertretern. Berücksichtigen Sie, daß die Film- und TV-Branche im allgemeinen nicht sehr prozeßfreudig ist. Suchen Sie deshalb zunächst das klärende Gespräch, um nicht als streitsüchtiger Autor, der sie ja gar nicht sind, in Verruf zu geraten und sich damit möglicherweise von weiteren Aufträgen abzuschneiden. Seien Sie aber notfalls auch zu einem juristischen Vorgehen bereit, wenn nicht vorher ein Aus- oder Vergleich gefunden werden kann. Sie müssen ihre Ihnen zustehenden Rechte nicht freiwillig abgeben – dies betrifft auch Ihre Zahlungsansprüche!

Weitere urheberrechtliche Aspekte

Urheberrechte an Titeln

Ein Titel muß, um überhaupt schutzfähig zu sein, eine besondere Hervorhebungs- und Unterscheidungskraft besitzen. Reine Gattungsbegriffe, aber auch Titel, die allgemeine Abläufe oder Handlungen beschreiben (wie z.B. *Das Leben*, oder *Essen*) haben keinen Anspruch auf Schutz. Um einen Titel schützen zu lassen, können Sie eine sogenannte Titelschutzanzeige aufgeben, die z.B. im *Börsenblatt des Deutschen Buchhandels* veröffentlicht wird.

Wenn der Autor nicht der Urheberrechtsinhaber ist

Bei manchen Arbeiten ist der Autor nicht automatisch der Urheberrechtsinhaber. Die Urheberrechte an Arbeiten von Angestellten können dem Arbeitgeber der betreffenden Personen gehören. Nach deutschem Recht kann als Autor eines

»Films« daher die Person oder Gesellschaft gelten, die die notwendigen Schritte für die Entstehung des Films unternommen hat.

Es ist wichtig, die Urheberrechte an einem Film von den völlig anders gelagerten Urheberrechten an einem Drehbuch oder an einem Buch zu unterscheiden. Auch ist es interessant anzumerken, daß der fertige Film ein ganzes Bündel verschiedener Urheberrechte umfaßt, die vom Drehbuch bis zur Filmmusik reichen.

Der Rechtevermerk

Der Rechtevermerk ist ein wichtiger Aspekt des urheberrechtlichen Schutzes einer Arbeit. Die *Universal Copyright Convention* sieht vor, daß Urheberrechtsinhaber den Schutz der *Convention* auch in anderen Ländern genießen, jedoch nur, wenn das Dokument mit einem solchen Vermerk versehen ist.

Um zu bekunden, daß Sie Urheberrechtsinhaber sind, versehen Sie Ihr Material mit dem Zusatz »Alle Rechte bei«, gefolgt von Ihrem Namen und dem Jahr der ersten Publikation. Das gilt auch, wenn Sie nur Kopien an einen kleinen Personenkreis verteilen. Es ist nicht empfehlenswert, diesen Vermerk oben oder unten auf jeder einzelnen Seite anzubringen. Das ist unnötig, lästig zu lesen und stempelt Sie als schwierig oder gar krankhaft ab. Vermerken Sie lediglich auf der Titelseite, daß es sich um ein urheberrechtlich geschütztes Dokument handelt.

Die Urheberrechte an nichtveröffentlichten oder posthumen Werken

Bei nichtveröffentlichten Arbeiten gilt in Deutschland folgende Regel: Wird ein nachgelassenes Werk nach Ablauf von 60, aber vor Ablauf von 70 Jahren nach dem Tode des Urhebers veröffentlicht, so erlischt das Urheberrecht erst zehn Jahre nach der Veröffentlichung (§ 64 Abs. 2 UrhG). Nach Ablauf dieser Frist verfällt der urheberrechtliche Schutz, d.h. das Material kann frei verwendet oder verwertet werden, ohne daß hierfür Zahlungen oder Genehmigungen fällig werden.

Ausnahmen von Urheberrechtsverletzungen

Es gibt mehrere Ausnahmen auf Urheberrechtsebene. Die meisten Gesetze erlauben in gewissem Umfang eine erlaubnisfreie Nutzung auch urheberrechtlich geschützter Werke. Dies beinhaltet – in angemessenem Rahmen – das Kopieren bestehender Arbeiten in der Forschung zu erzieherischen oder privaten Studienzwecken, für Kommentare zu aktuellen Themen sowie zu Berichterstattungs- oder Kritikzwecken. Tatsächlich handelt es sich um eine Art Schutz gegen Urheberrechtsverletzungen, und Auszüge aus Fremdwerken müssen entsprechend gekennzeichnet und zugeordnet sein.

Die Registrierung von Drehbüchern

Urheberrechte existieren erst dann, wenn etwas in schriftlicher Form festgehalten wird. Um Ihr Material urheberrechtlich zu schützen, brauchen Sie (außer in den USA) nicht mehr zu tun, als das Drehbuch zu schreiben. Die »Registrierung« des Skripts hat keinen Einfluß auf die Gültigkeit der Urheberrechte. Ihnen sollte bewußt sein, daß eine wie auch immer geartete Form der Registrierung lediglich eine Beweisfunktion haben kann, die Auskunft über den Zeitpunkt der Entstehung des Werks gibt und bestätigt, daß das Werk von Ihnen eingereicht wurde.

Sie können jedoch Ihre Arbeit auch in einem versiegelten Umschlag an sich selbst schicken, um zu beweisen, daß sie zu einem bestimmten Zeitpunkt bereits existierte. Das ist ein nur bescheidener Schutz und wird niemanden davon abhalten, eine ähnliche Idee zu verwerten. Es beweist lediglich, daß Sie zu einem bestimmten Zeitpunkt die gleiche Idee hatten.

Originalität

Damit ein Drehbuch urheberrechtlich geschützt ist, muß es gewöhnlich in irgendeiner Weise einzigartig sein. Das bedeutet nicht, daß eine Adaptation automatisch als nicht originell gilt. Aber um etwas zu adaptieren, müssen Sie die Rechte am Grundmaterial erwerben, weil Sie sonst die Urheberrechte eines anderen verletzen, es sei denn, das Material, auf dem Ihre Arbeit basiert, ist nicht mehr urheberrechtlich geschützt.

Wenn jemand ein Drehbuch oder Buch herausbringt, das Ähnlichkeiten mit Ihrer Arbeit aufweist, müssen Sie beweisen, daß der Betreffende Ihre Arbeit gekannt hat oder gekannt haben könnte. Jemand, der in einem anderen Land lebt und keinerlei Kontakt zu Ihnen oder Ihrem Umfeld hat, sagt vermutlich die Wahrheit, wenn er behauptet, Ihr Drehbuch nie gesehen zu haben, es sei denn, Sie können nachweisen, daß die Übereinstimmungen zwischen Ihrer eigenen und der Arbeit des Betreffenden zu umfangreich sind, um zufälliger Art zu sein.

Beispielsweise kann es sein, daß jemand Ihre Geschichte oder Ihr Drehbuch beschrieben hat, ohne darauf hinzuweisen, daß die Geschichte aus einem Drehbuch stammt. Sie müssen eine Verbindung zwischen dem Betreffenden und Ihrem Drehbuch nachweisen, um das Plagiat zu beweisen.

Was Sie tun und was Sie lassen sollten

Wenn es um das komplexe Feld von Urheberrechten und Verleumdung geht, gibt es einige Dinge, die Sie tun oder lassen sollten und die es sich lohnt, noch einmal aufzuführen:

Was Sie tun sollten

1 Überprüfen Sie Ihre Fakten.
2 Führen Sie Buch, um notfalls Behauptungen untermauern zu können. Bei telefonischen oder anderen mündlichen Verhandlungen sollten Sie sich Notizen machen.
3 Bestätigen Sie schriftlich, was mündlich vereinbart wurde. Das kann Ihnen unnötige Arbeit, Zeit und Ausgaben ersparen.
4 Teilen Sie den Personen, die Sie mündlich oder schriftlich über Ihre Ideen informieren, gegebenenfalls mit, daß Sie dies »vertraulich« tun.
5 Versuchen Sie, Ideen in materielle Form zu bringen, damit sie urheberrechtlich geschützt sind.
6 Vermerken Sie immer auf der Titelseite jeder Kopie des Skripts, Treatments oder Manuskripts Ihren Namen, Ihre Adresse mit Telefon/Faxnummer und den Rechtevermerk. Wenn Sie einen Agenten haben, geben Sie neben dem Rechtevermerk Ihren Namen an, aber anstelle Ihrer eigenen Anschrift Namen und Adresse des Agenten.

Was Sie lassen sollten

1 Verschicken Sie nicht die einzige Kopie Ihres Materials.
2 Lassen Sie Leute, denen Sie Ihre Arbeit schicken wollen, nicht vorab eine Vertraulichkeitserklärung unterzeichnen, es sei denn, daß Sie es für absolut unverzichtbar halten. Das würde nur den Eindruck erwecken, daß Sie an Verfolgungswahn leiden.
3 Stehlen und verwenden Sie nicht ohne Erlaubnis originelle Ideen, die Ihnen erzählt wurden. Das ist besonders dann wichtig, wenn die Ideen Ihnen ausdrücklich oder in gutem Glauben vertraulich mitgeteilt wurden.
4 Kopieren Sie nicht die Arbeit anderer Autoren, es sei denn, diese ist nicht länger urheberrechtlich geschützt. Und versuchen Sie immer, Bezugsquellen zu nennen. Vergessen Sie nicht, daß ein Werk möglicherweise in manchen Ländern

nicht mehr urheberrechtlich geschützt ist, sehr wohl aber in anderen. Seien Sie also vorsichtig.
5 Sorgen Sie sich nicht zu sehr, daß Ihre Ideen gestohlen werden könnten. Vielmehr sollten Sie sich darüber Gedanken machen, besser zu schreiben als andere.

Fazit

Es ist leicht, sich in Ängste hineinzusteigern, seine Ideen an andere zu verlieren, aber Plagiat läßt sich nur selten beweisen. Wenn Sie erfahren, daß eine Idee, an der Sie arbeiten, bereits von einem anderen geschrieben wurde, ist es meist das beste, sich einem anderen Projekt zuzuwenden und sich mit dem Gedanken zu trösten, daß Ihre Idee offenbar gut war. Sie müssen eben versuchen, beim nächsten Mal schneller zu sein.

Die beste Methode, Ihre Ideen zu schützen, besteht darin, sie in schriftlicher (materieller) Form festzuhalten. Und dann tun Sie alles in Ihrer Macht stehende, daß sie produziert werden. Machen Sie sich immer Notizen, und schicken Sie Bestätigungsschreiben. Machen Sie sich mit den Grundzügen des Urheberrechtsgesetzes vertraut. Immerhin haben Sie als Autor oder Produzent mit Urheberrechten zu tun. Wenn Sie über den grundlegenden Schutz, den Ihnen das Gesetz bietet, Bescheid wissen, haben Sie schon viel für den Schutz Ihrer Arbeit getan.

Finanziell überleben

Was können Autoren, die professionell schreiben wollen, tun, um finanziell zu überleben – unabhängig vom Annehmen irgendwelcher Jobs und Teilzeitbeschäftigungen? Nachfolgend finden Sie einige Möglichkeiten, wie Sie ins Geschäft kommen und gleichzeitig schon ein wenig Geld verdienen können.

Es kann für Sie von Vorteil sein, jede Möglichkeit zu ergreifen, überhaupt schreiben zu können. Diese kann sich auch durch journalistische Arbeit, Werbetexten oder das Schreiben von Kurzgeschichten bieten.

Besonders gute Chancen, ins Geschaft zu kommen und gleichzeitig Übung im Schreiben zu erlangen, sind Serien, die auch in Deutschland zahlreich produziert werden. Sie können versuchen, zunächst einen Auftrag für ein Probebuch oder eine der häufigen Umarbeitungen zu erhalten. Auch wenn Serien nicht das von Ihnen bevorzugte Genre oder Format sind, können Sie über sie den berühmten Fuß in die Tür bekommen und dabei auch viel lernen. Vielen Autoren garantieren Serien ein regelmäßiges Einkommen. Auch wenn Sie nicht lebenslänglich Serien schreiben wollen, hat es weitere Vorteile: Die Geschichten und Figuren sind vorgegeben, sie können die »Bibel« und Bücher einzelner Folgen einsehen. Wenn erst einmal ein Buch, das Sie für eine längere Serie geschrieben haben, akzeptiert worden ist, besteht eine große Wahrscheinlichkeit, daß weitere bei Ihnen in Auftrag gegeben werden, es sei denn, es gab persönliche Probleme zwischen Ihnen und dem Producer bzw. Produktionsteam.

Beim Serienschreiben können Sie viele Erfahrungen sammeln, auch weil der Abgabetermin meistens sehr kurzfristig gesetzt wird. Die Chance, bei Serien zum Einsatz zu kommen, ist größer als bei sogenannten Großprojekten, denn je höher das Budget, desto geringer die Chance, daß ein Anfänger engagiert wird. Außerdem spricht es in jedem Fall für Sie, wenn Sie bewiesen haben, daß Sie unter hohem Druck im Team arbeiten können. Soap-Episoden werden in einer Woche geschrieben – diese Arbeit erfordert Disziplin und Schnelligkeit.

Sobald Sie ein halbes Dutzend Episoden einer Serie im Kasten haben, wird es für Sie spürbar leichter sein, von Produzenten und Agenten ernst genommen zu werden, auch wenn es nach wie vor – gerade in Deutschland – Vorurteile gegen Soap-Autoren gibt. Ich würde Ihnen empfehlen, auch dann weiter für Serien zu schreiben, wenn Sie beginnen, sich auf einen Originalstoff zu konzentrieren. Es hält Sie in Bewegung, Sie bleiben mit der Branche in Kontakt, und es öffnet Ihnen letzlich mehr Möglichkeiten, als wenn Sie allein zu Hause vor Ihrem Computer sitzen.

Sicher gibt es noch andere Möglichkeiten, sich mit Schreiben den Lebensunterhalt zu sichern. Sie können journalistisch arbeiten, Sie können versuchen, als Übersetzer oder Lektor tätig zu sein, und schließlich können Sie Romane oder Kurzgeschichten verfassen. Vielleicht wird eines Ihrer Werke für eine Verfilmung vorgesehen, und Sie erhalten die Chance, zumindest am Drehbuch mitzuarbeiten.

Noch ein Hinweis: Als Autor sollten Sie in Deutschland unbedingt Mitglied der *Verwertungsgesellschaft (VG) Wort* sein. Die *VG Wort* erhält Gebühren für die »Zweitweitergabe« – oder »Kneipenrechte« –, die sie dann wiederum an die Autoren ausschüttet. Über die *VG Wort* werden auch Gebühren für die sogenannte Kabel- und Satellitenweiterleitung abgerechnet. Sie erhalten also Gelder, wenn Ihre Werke über Kabel und Satellit auch im Ausland zu empfangen sind, obwohl das Ihnen gezahlte Honorar nur TV-Sendungen im deutschsprachigen Raum abdeckte.

Recherche

Recherche ist fundamental wichtig: über das, worüber Sie schreiben, wo Sie es verkaufen können und wie Sie Ihre Schreiben verbessern können. Informationen, die Sie aus den wichtigsten Branchenblättern erhalten, helfen Ihnen, die ersten beiden Fragen zu beanworten. Wenn Sie eine Idee für einen Film haben, kann ein Blick in eine Liste der in Vorbereitung befindlichen Projekte Ihnen eine Menge Arbeit und Ärger ersparen. Aber der Bericht über eine langweilige Fernsehserie kann Ihnen auch die Idee zu einem neuen Ansatz für ein altes Sujet geben.

Es gibt mehrere Publikationen, die sich an professionelle Filmschaffende wenden. Wöchentlich erscheinen sowohl *Filmecho/Filmwoche* als auch *Blickpunkt Film*. Sie bieten einen sehr guten Überblick über das, was in der Branche passiert, sind allerdings nur im Abonnement zu beziehen. *Variety* ist, international betrachtet, sicher die wichtigste Quelle für das Filmgeschäft – sie ist eine Art Börsenblatt des Showbusiness. Monatlich erscheint *Professionell Production*. Zwar wendet sich das Magazin auch an Kameraleute und andere Techniker, aber es erscheinen bisweilen auch Artikel, die für Drehbuchautoren interessant sind. Ebenfalls monatlich und an ein breiteres Publikum gerichtet, erscheinen *epd Film* und der *Filmdienst*. Alle sechs Wochen erscheint der *Filmpolitische Informationsdienst* der Branche, *black box*. Hier sind die wichtigsten Informationen hauptsächlich über das Geschehen in der Kinobranche gesammelt. Das Informationsblatt ist ebenfalls nur im Abonnement zu beziehen. Viele dieser Publikationen finden Sie übrigens auch im Internet.

Wenn sie einmal Ihr Sujet gefunden haben, ist es im allgemeinen nicht schwierig, Informationen darüber zu bekommen. Über die Frage, wie Sie recherchieren können, sind auf dem deutschen Markt einige Bücher erschienen. Zwar sind diese hauptsächlich für Journalisten gedacht, aber das Handwerkszeug gilt natürlich genauso für Drehbuchautoren:

- Matthias Brendel, Frank Brendel, *Richtig Recherchieren. Wie die Profis Informationen suchen und besorgen*, IMK-Verlag (Institut für Medienentwicklung und Kommunikation), 2. aktual. Aufl. 1998.
- Michael Haller, *Recherchieren. Ein Handbuch für Journalisten*, UVK Medien, 5. Aufl. 1997.

Es gibt darüber hinaus Buchhandlungen, die sich auf das Thema »Film« spezialisiert haben. Im allgemeinen sind sie gut sortiert und bieten auch den Service, jedes nicht vorrätige Buch zu bestellen. Neuerdings gibt es auch die Möglichkeit, Bücher über das Internet zu beziehen.

In Berlin:
BÜCHERBOGEN AM TATTERSALL
Stadtbahnbogen 585, 10623 Berlin, Tel.: 030/3121932,
Fax: 030/3132215

KOMMEDIA BUCHHANDLUNG
Potsdamer Str. 131, 10783 Berlin, Tel./Fax: 0 30/2 16 13 69

In Köln:
BUCHHANDLUNG WALTHER KÖNIG
Ehrenstraße 4, 50672 Köln, Tel.: 02 21/20 59 60,
Fax: 02 21/2 05 96 40

In Hamburg:
SAUTER & LACKMANN
Admiralitätsstraße 71/72, 20459 Hamburg, Tel.: 0 40/37 31 96

In München:
FILMLAND PRESSE

Aventinstraße 4, 80469 München, Tel.: 0 89/22 01 09,
Fax: 0 89/22 23 64

Folgende Bibliographie enthält alle Bücher zum Drehbuchschreiben, die vor 1991 erschienen sind:
Sabine Jarothe: *Die Kunst des Drehbuchschreibens* (1991).
(eine internationale Bibliographie der Drehbuchliteratur)
Zu beziehen über die Bibliothek der Hochschule für Fernsehen und Film in München, Tel.: 0 89/68 95 71 60.

Autorenverbände

Autoren, die bereits verfilmte Drehbücher geschrieben haben, sollten sich im *Verband der Deutschen Drehbuchautoren* (VDD) organisieren.

VERBAND DEUTSCHER DREHBUCHAUTOREN E.V.
Rosenthaler Str. 39, 10178 Berlin,
Tel.: 0 30/2 82 42 05, Fax: 0 30/2 83 17 96,
http://www.drehbuchautoren.de

Der VDD vertritt die Interessen des Berufsstandes der Drehbuchautoren und seiner Mitglieder in unterschiedlichen Bereichen. Wo die Position des einzelnen Autors zu schwach sein kann, erfahren die Mitglieder des VDD Unterstützung in vertrags- und urheberrechtlichen Fragen sowie Hilfe und Beratung in strittigen Honorarangelegenheiten. Der VDD ist nicht nur eine Beratungsstelle und ein Austauschforum für seine Mitglieder, er ist auch in Gremien und Ausschüssen, zum Beispiel bei den Filmförderinstitutionen, aktiv an Entscheidungsfindungen beteiligt, die die Drehbuchautoren betreffen.

Seminare und Ausbildung

Seit einigen Jahren gibt es mehrere Möglichkeiten einer gezielten, langjährigen Ausbildung. Es sind jedoch schwierige

Bewerbungsverfahren zu überstehen, bevor man einen der wenigen Plätze bekommen kann.

FILMAKADEMIE BADEN-WÜRTTEMBERG
Mathildenstr. 20, 71683 Ludwigsburg, Tel.: 071 41/96 90,
Fax: 071 41/96 92 99

Die Studienrichtung »Film und Medien« bietet für Drehbuchautoren innerhalb des Grundstudiums einen fächerübergreifenden Unterricht in den Bereichen Dramaturgie, Stoffentwicklung und Sprache. Das sich daran anschließende Projektstudium orientiert sich an der Praxis der Filmproduktion. Zu der Grundkonzeption der Filmakademie gehört eine Ausbildung in projektspezifischer Teamarbeit. Die Studiendauer beträgt insgesamt acht Semester.

DREHBUCH-AKADEMIE
AN DER DEUTSCHEN
FILM- UND FERNSEHAKADEMIE
BERLIN (DFFB)
Heerstraße 18-20, 14052 Berlin, Tel.: 0 30/3 00 90 40,
Fax: 0 30/30 09 04 61

Ziel des Studiums ist das Erlernen des Drehbuchschreibens für kurze und lange Filme inklusive der wichtigsten Film- und Fernsehgenres. Das Ausbildungsangebot richtet sich an begabte junge Autoren. Durch die Anbindung an die DFFB ist eine fundierte künstlerische, handwerkliche und theoretische Ausbildung möglich. Die Studiengebühren betragen pro Jahr 1.500 Mark. Zweijähriges Studium bei international renommierten DozentInnen.

UNIVERSITÄT HAMBURG
Institut für Theater, Musiktheater und Film
Friedensallee 9, 22765 Hamburg, Tel.: 0 40/41 23 41 43,
Fax: 0 40/41 23 41 68,
E-Mail: sa6z001@public.uni-hamburg.de,
http://www.rrz.uni-hamburg.de/as-film

Der viersemestrige Aufbaustudiengang Film bietet auch einen eigenen Bereich Drehbuch. Das Aufbaustudium Film wurde in Anlehnung an Ausbildungskonzepte in Frankreich, Osteuropa und vor allem den USA entwickelt. Es ist ein projektorientiertes Studium für Absolventen von künstlerischen und wissenschaftlichen Hochschulen, das jedes gerade Jahr im Frühjahr beginnt (Deadline für die Bewerbung ist jedes ungerade Jahr im August). In Ausnahmefällen können auch Bewerber ohne Hochschulabschluß aufgenommen werden.

Während der zweijährigen Intensiv-Fortbildung können die Studentinnen und Studenten die Produktion eines Films von der Idee bis zur Vermarktung verfolgen. Das Studium soll sie zu berufsfähigen Praktikern ausbilden, die als Autor, Regisseur, Produzent oder Kameramann an der Herstellung von Spielfilmen und TV-Produktionen mitwirken.

HOCHSCHULE FÜR FILM UND FERNSEHEN
»KONRAD WOLF« POTSDAM-BABELSBERG
Studiengang Dramaturgie
Karl-Marx-Straße 33/34, 14482 Potsdam,
Tel.: 03 31/7 46 92 28, Fax: 03 31/7 46 92 02

Das Studium bietet eine künstlerisch-wissenschaftliche Ausbildung für verschiedene Berufsfelder in der Filmwirtschaft, in öffentlich-rechtlichen und privaten Fernsehanstalten, in staatlichen und kommunalen Medieninstituten an sowie für freie Berufe. Darunter können u.a. Tätigkeiten als Dramaturg oder Redakteur in der Film- und Fernsehproduktion, Autor und Bearbeiter von literarischen Vorlagen für Film- und Fernsehproduktionen, Film- und Fernsehkritiker und Medienberater verstanden werden. Das Studium verbindet künstlerische und wissenschaftliche sowie theoretische und praktische Ausbildungsinhalte dadurch, daß eine Teilnahme an den praktischen Übungen der Studiengänge Regie und Kamera an der HFF in Babelsberg möglich und Übungen in den künstlerisch-kreativen Fächern des Studiengangs bis hin zur selbständigen Erarbeitung von Filmszenarios Bestandteil des Studiums sind. Die Regelstudienzeit beträgt acht Semester.

Das Studium wird mit dem Grad Diplom-Film- und Fernsehdramaturg/in abgeschlossen.

Darüber hinaus gibt es die Möglichkeit, an einer der deutschen Drehbuchwerkstätten teilzunehmen. Sie arbeiten nach dem Prinzip »*learning by doing*«.

DREHBUCHWERKSTATT MÜNCHEN
Brecherspitzstr. 8, 81541 München, Tel.: 0 89/69 70 81 74,
Fax: 0 89/69 70 81 90

Innerhalb eines Jahres entwickeln die Teilnehmer ihr eigenes Drehbuch. Im Laufe dieses Jahres werden den Teilnehmern auch Grundkenntnisse der Dramaturgie, der Filmsprache, der Filmproduktion und des Medienrechts vermittelt. Jeder Teilnehmer hat seinen persönlichen professionellen Betreuer.

DREHBUCH-WERKSTATT NIEDERSACHSEN
(des Film- & Medienbüros Niedersachsen)
Gerberstraße 16, 30169 Hannover, Tel.: 05 11/1 34 80,
Fax: 05 11/701 15 54, E-Mail: fmbscript@t-online.de,
http://www.osnabrueck-net.de/fmb/

Das Workshop-Angebot gilt vorwiegend, aber nicht ausschließlich für AutorInnen und FilmemacherInnen, die von der niedersächsischen Filmförderung gefördert werden. In den *script & projekt developing workshops* entwickeln Autoren und Regisseure ihre Ideen bis zur Drehreife. Das *script consulting* ist für Autoren gedacht, die mit der Weiterentwicklung ihres Stoffes nach der ersten Arbeitsfassung Probleme haben. Darüber hinaus wird ein Präsentationstraining für die optimale Präsentation des Stoffes bei Produzenten und Redakteuren sowie eine Skript- und Projektbörse zur Vermittlung von Kontakten zwischen Autoren, Regisseuren und Produzenten veranstaltet.

FILMSCHULE NRW (VORMALS SCHREIBSCHULE KÖLN)
Peter-Welter-Platz 2, 50676 Köln,
Tel.: 02 21/2 40 80 32, Fax: 02 21/2 40 80 33,

E-Mail: storyline@khm.uni-koeln.de,
http://www.filmschule.de

Das einjährige Ausbildungsprogramm richtet sich an begabte Autoren, die sich auf das Drehbuchschreiben spezialisieren wollen. Die Autoren setzen sich während ihrer Ausbildung praktisch und theoretisch mit allen narrativen Genres des Films und des Fernsehens auseinander. Im Rahmen der praktischen Arbeit erstellen die Autoren bis zum Ende des Ausbildungsprogramms ein drehreifes Buch.

MASTER SCHOOL DREHBUCH,
August-Bebel-Str. 26-53, 14482 Potsdam-Babelsberg,
Tel.: 03 31/7 21 28 86, Fax: 03 31/7 21 28 48,
E-Mail: MasterSchool@compuserve.com,
http://www.filmboard.de

Die Master School Drehbuch ist eine Initiative der Filmboard Berlin-Brandenburg GmbH und bietet unter dem Titel *STEP by STEP* ein neunmonatiges Stoffentwicklungsprogramm für Drehbuchautoren an. Innerhalb dieser neun Monate finden vier einwöchige Center statt, in denen die Autoren mit professionellen deutschen und amerikanischen Dramaturgen an ihren Stoffen arbeiten. Neben *STEP by STEP* veranstaltet die Master School Drehbuch jährlich eine Reihe unterschiedlicher Seminare für Autoren, Redakteure, Produzenten und alle, die professionell mit Drehbüchern zu tun haben.

Andere Organisationen bieten kürzere Seminare, meist zu einem bestimmten Thema. Sie stehen in der Regel allen offen und bieten ebenfalls einen Weg, sich in das Handwerk des Drehbuchschreibens einzuarbeiten.

BERTELSMANN STIFTUNG
Postfach 103, (Carl-Bertelsmann-Straße 256),
33311 Gütersloh, Tel.: 0 52 41/81 70,
Fax: 0 52 41/81 66 77 + 81 60 99,
http://www.stiftung.bertelsmann.de/seminar/index.htm

Die Bertelsmann Stiftung bietet auch Fortbildungsseminare für Drehbuchautoren an.

BUNDESAKADEMIE FÜR KULTURELLE BILDUNG WOLFENBÜTTEL E.V.
Postfach 1140, 38281 Wolfenbüttel, Tel.: 05331/808411,
Fax: 05331/808413, E-Mail: prba@aol.com

Die Akademie bietet ein fünftägiges Seminar mit dem Titel »Drehbuchwerkstatt« an. Zielgruppe sind Autoren und Autorinnen, die ihr Repertoire auf den Bereich Drehbuch erweitern wollen. In praktischen Übungen werden die Grundvoraussetzungen des Drehbuchschreibens sowie der Filmanalyse und der Dramaturgie vermittelt. Besondere Teilnahmevoraussetzungen gibt es nicht.

FILMHAUS FRANKFURT E.V.
Hamburger Allee 45, 60486 Frankfurt, Tel.: 069/7078072,
Fax: 069/7078074

Das Filmhaus Frankfurt bietet ständig Seminare und Vorträge an, die sich speziell an Drehbuchautoren richten. Seit 1996 läuft die Initiative »Drehbuchwerkstatt«. Im ständigen Kontakt zu den Dozenten entwickeln die Autoren, ausgehend von ihrer Filmidee, zunächst ein Exposé, ein Treatment und zum Schluß ein fertiges Drehbuch. Das Filmhaus bietet dann den Autoren die Möglichkeit, ihre Drehbücher im Kreise von Produzenten und Redakteuren vorzustellen.

KATHOLISCHE MEDIENAKADEMIE (KMA)
Studio Ludwigshafen, Frankenthaler Str. 229,
67059 Ludwigshafen, Tel.: 0621/591720, Fax: 0621/516809,
E-Mail: kma.studio@ifp.gni.com

Im Rahmen der »Autoren-Werkstatt Talente« wird die Dramaturgie des filmischen Erzählen gelehrt. Im Verlauf von drei einwöchigen Seminaren wird, ausgehend von einem Exposé, ein fertiges Drehbuch geschrieben. Die Ausbildung wird durch zusätzliche Fortbildungsseminare ergänzt. Die Zugehörigkeit zur katholischen Kirche ist keine ausschließliche Bedingung, aber erwünscht.

MEDIEN UND KULTURARBEIT E.V.
Filmhaus, Friedensallee 7, 22765 Hamburg,
Tel.: 0 40/39 82 62 82, Fax: 0 40/3 90 95 00,
E-Mail: medienundkulturarbeit@t-online.de

Unter den zahlreichen Workshops, die dieser Verein anbietet, befinden sich auch Grund- und Aufbaukurse »Drehbuchschreiben«. Die Aufbaukurse sind für Autoren gedacht, die eine Beratung bei ihren aktuellen Projekten wünschen. Das Seminarangebot soll um Themen wie »Rechtsfragen« und »Begegnungen mit Produzenten und Regisseuren« erweitert werden.

MSH
Gesellschaft zur Förderung audiovisueller Werke
in Schleswig-Holstein mbH
Königstraße 21, 23552 Lübeck, Tel.: 04 51/1 22 41 09,
Fax: 04 51/7 19 78

Die MSH veranstaltete zusammen mit der *Drehbuch-Werkstatt Niedersachsen* und dem *Nordkolleg Rendsburg* bisher einmal jährlich ein Drehbuchseminar für Nachwuchsautoren. Auch für die kommenden Jahre sind wieder unterschiedliche Seminare zu Drehbuchthemen geplant.

KÖLNER FILMHAUS E.V.
Maibachstr. 111, 50670 Köln, Tel.: 02 21/2 22 71 00,
Fax: 02 21/22 27 10 99

Das Filmhaus bietet Seminare und Workshops für Mitarbeiter der Film- und Medienbranche. Für Drehbuchautoren werden unterschiedliche drei- bis fünftägige Seminare angeboten. Die Grundlagenseminare sind für Anfänger konzipiert, während für erfahrenere Autoren auch Veranstaltungen für eine erfolgreiche Treatment- oder Serienentwicklung angeboten werden. Die zusätzlich stattfindende Drehbuchwerkstatt ist darauf ausgelegt, innerhalb von sieben Monaten aus einer Filmidee ein gutes Treatment zu entwickeln.

DREHBUCHWERKSTATT RHEIN/RUHR E.V.
Fliednerstr. 32, 40489 Düsseldorf,
Tel.: 02 11/4 08 95 18, Fax: 02 11/4 08 99 03,
E-Mail: 101677.1543@compuserve.com

Die Drehbuchwerkstatt steht jedem Interessierten offen und bietet eine stufenweise Weiterbildung in den Bereichen Erzähltheorie und Strategien der Plotentwicklung, Szenendramaturgie, Charaktere und Dialog, Techniken des filmischen Erzählens sowie Intensivkurse zu genrespezifischen Erzählmotiven. Die praktische Umsetzung wird in kleinen Schreibgruppen durchgeführt.

FILMWERKSTATT ESSEN
Schloßstraße 101, 45355 Essen, Tel.: 02 01/68 40 97,
Fax: 02 01/67 95 04,
E-Mail: filmwerkstatt_essen@t-online.de

Die Filmwerkstatt Essen veranstaltet mehrere drei- bis viertägige Workshops. Das Seminarprogramm beinhaltet sowohl »Die Grundlagen des Drehbuchschreibens für Anfänger«, als auch Workshops für Autoren, die an eigenen Projekten in unterschiedlichen Entwicklungsstadien arbeiten.

FILMWERKSTATT MÜNSTER
Gartenstraße 123, 48147 Münster,
Tel.: 02 51/2 30 36 21, Fax: 02 51/2 30 36 09,
E-Mail: filmwkst@muenster.de,
http://www.buergernetz.muenster.de/filmwkst.html

Die Filmwerkstatt hat auch ständig zwei- bis dreitägige Seminare zu Drehbuchthemen in ihrem Propgramm.

DREHBUCHWERKSTATT NÜRNBERG
Rietstraße 4, 90419 Nürnberg, Tel.: 09 11 / 39 73 43,
Fax: 09 11 / 33 38 25

Von der Drehbuchwerkstatt Nürnberg werden zwei- bis dreimal jährlich Drehbuchseminare für Anfänger durchgeführt. Darüber hinaus verleiht die Drehbuchwerkstatt Nürnberg, zusammen mit dem Bayerischen Rundfunk, alle zwei Jahre den Drehbuch-Förderpreis. Hier erhalten ausgewählte Nachwuchsautoren dramaturgische Betreuung bei der Entwicklung ihrer Stoffe.

ZFP Zentrale Fortbildung der Programmitarbeiter
Unter den Eichen 5, 65195 Wiesbaden, Tel.: 06 11 / 59 05 44,
Fax: 06 11 / 52 08 53

Diese Gemeinschaftseinrichtung der ARD und des ZDF bietet Seminare für Drehbuchautoren und Serienautoren in den Bereichen Dramaturgie, Comedy und Serie an.

Agenturen

Hier folgen die Anschriften einiger Agenturen und Verlage, die Autoren (darüber hinaus z.T. auch Regisseure und Schauspieler) vertreten.

ABOVE THE LINE
Goethestr. 17, 80336 München, Tel.: 0 89 / 59 57 75,
Fax: 0 89 / 5 50 38 55

HARTMANN & STAUFFACHER
Bismarckstr. 36, 50672 Köln, Tel.: 02 21 / 51 30 79,
Fax: 02 21 / 51 54 02

DR. MARLIES HEPPELER
Steinstr. 54, 81667 München, Tel.: 0 89 / 4 48 84 84,
Fax: 0 89 / 4 47 09 95

GUSTAV KIEPENHEUER
BÜHNENVERTRIEBSGESELLSCHAFT
Schweinfurtstr. 60, 14195 Berlin, Tel.: 0 30/8 23 10 66,
Fax: 0 30/8 23 30 11

PEGASUS, A LITERARY AND TALENT AGENCY
Neue Promenade 6, 10178 Berlin, Tel.: 0 30/2 84 97 60,
Fax: 0 30/28 49 76 76

ROWOHLT MEDIENAGENTUR
Hamburgerstr. 17, 21465 Reinbek, Tel.: 0 40/7 27 22 72,
Fax: 0 40/7 27 22 76

MEDIENAGENTUR PETER STERTZ
Friedensallee 7-9, 22765 Hamburg, Tel.: 0 40/39 82 62 85/6,
Fax: 0 40/39 82 61 10

VERLAG DER AUTOREN
Schleusenstr. 15, 60327 Frankfurt/Main, Tel.: 0 69/2 38 57 40,
Fax: 0 69/24 27 76 44

Development-Agenturen

Eine weitere Möglichkeit, sich professioneller Hilfe zu versichern, sind Development-Agenturen. Sie bieten Lektorate, kurze oder längere Analysen sowohl für Produzenten und Sender als auch für Autoren. Im Gegensatz zu Agenturen bindet sich der Autor nicht längerfristig.

SCRIPT HOUSE
Rosenthalerstr. 34/35, 10178 Berlin, Tel.: 0 30/28 39 02 46,
Fax: 0 30/28 39 02 47

Als Dienstleistungsunternehmen bietet die Firma professionelle Beratung bei der Entwicklung von Exposés, Treatments, Drehbüchern und Serienkonzepten. Im Gegensatz zu der bisher geleisteten Arbeit von einzelnen Dramaturgen kann die

Firma auf ein Team von international erfahrenen Script Consultants zurückgreifen.

International arbeitende Institutionen

MEDIA DESK DEUTSCHLAND
Friedensallee 14-16, 22765 Hamburg,
Tel.: 0 40/3 90 65 85, Fax: 0 40/3 90 86 32,
E-Mail: 106237.1014@compuserve.com

Im Rahmen des Programms Media II der Europäischen Union werden im Bereich Aus- und Fortbildung Seminare zu den Techniken des Drehbuchschreibens angeboten. Diese Seminare und Workshops, die von verschiedenen europäischen Einrichtungen veranstaltet werden, richten sich an professionelle Drehbuchautoren.

Österreich:
DREHBUCHFORUM WIEN
A-1070 Wien, Stiftgasse 6, Tel.: 0 04 31/5 26 85 03-5 00,
Fax: 0 04 31/5 26 85 03-5 50,
E-Mail: sabine.perthold@wu-wien.ac.at

Das Drehbuchforum Wien hat es sich zum Ziel gesetzt, die Qualität des österreichischen Films durch professionelle Aus- und Weiterbildung zu optimieren. Die Organisation besteht aus österreichischen DrehbuchautorInnen, wird geleitet von einem Vorstand; Geschäftsführerin ist Dr. Sabine Perthold.

Das Drehbuchforum Wien ist Österreichs zentrale Anlaufstelle für alle Belange, die das Drehbuch betreffen: dramaturgische Begleitung, Script-Doctoring, Rechtsberatung, Schreib-Workshops, Thomas-Pluch-Drehbuch-Preis für das beste realisierte Drehbuch etc.

Neben den drei Angeboten zur Buchentwicklung und -betreuung (Dramaturgie, Script Forum und Drehbuchbörse) führt das Drehbuchforum Österreichs einzige Drehbuchakademie durch.

Im Zentrum dieses Projektes steht die Stoffindung, Stoffentwicklung und -vertiefung unter der fachkundigen Anleitung von Drehbuchautoren, Dramaturgen, Schriftstellern, Regisseuren, internationalen Script-Consultants und Dozenten. Am Ende steht ein realisierbares Drehbuch.

Schweiz:
FOCAL
Stiftung Weiterbildung Film und Audiovision
CH-1003 Lausanne, rue St. Laurent 33,
Tel. 00 41/21-312.68.17, Fax 00 41/21-323.59.45,
E-Mail: info@focal.ch,
http://www.focal.ch

Die Stiftung FOCAL wurde 1990 von den Filmfachverbänden gegründet und ist seither der Motor der Weiterbildung für Film- und Audiovisionsschaffende in der Schweiz. Ihr Programm gestaltet sich nach den Bedürfnissen der Branche und umfaßt alle traditionellen sowie neu aufkommenden Bereiche der Audiovision. Das Kursprogramm bietet Themenseminare, Workshops und Begegnungen, aber auch Langzeitkurse an, die die Kompetenzen und das Know-how der Berufsleute aus Film, Video, Fernsehen und Trickfilm vertiefen. Die Stiftung FOCAL wird von der öffentlichen Hand subventioniert und organisiert ihre Programme in Zusammenarbeit mit Partnern aus dem In- und Ausland, mit Filminstitutionen, Bildungszentren, Schulen, Fernsehstationen usw. Das Angebot von FOCAL steht sowohl Schweizern als auch Teilnehmern aus dem Ausland offen, die bereits im Film- und Audiovisionsbereich tätig sind oder sich zum Filmtechniker ausbilden wollen.

Filmförderung
(Drehbuchförderung, Stoffentwicklung)

Viele der Filmförderungen bieten eine Förderung eigens für Drehbuchautoren an. Informationen über die neusten Richtlinien können bei den Institutionen direkt erfragt werden.

FILMFÖRDERUNGSANSTALT (FFA)
Budapester Straße 41, 10787 Berlin, Tel.: 0 30/2 54 09 00,
Fax: 0 30/25 40 90 57

BUNDESMINISTER DES INNERN (BMI)
Graurheindorfer Str. 198, 53117 Bonn, Tel.: 02 28/6 81 55 66,
Fax: 02 28/6 81 55 04

KURATORIUM JUNGER DEUTSCHER FILM
Postfach 120428, 65082 Wiesbaden, Tel.: 06 11/60 23 12,
Fax: 06 11/69 24 09

FILM FERNSEH FONDS BAYERN GMBH
Schwanthaler Str. 69, 80336 München, Tel.: 0 89/5 44 60 20,
Fax: 0 89/54 46 02 21

FILMBOARD BERLIN
BRANDENBURG GMBH
August-Bebel-Straße 26-53, 14482 Potsdam-Babelsberg,
Tel.: 03 31/7 21 28 59, Fax: 03 31/7 21 28 48

FILMBÜRO BREMEN
Waller Heerstr. 46, 28217 Bremen, Tel.: 04 21/3 87 67 40,
Fax: 04 21/3 87 67 42

MEDIEN- UND FILMGESELLSCHAFT
BADEN WÜRTTEMBERG MBH
Friedrichstraße 24, 70174 Stuttgart, Tel.: 07 11/1 22 28 33,
Fax: 07 11/1 22 28 34

FILMFÖRDERUNG GMBH
HAMBURG
Friedensallee 14-16, 22765 Hamburg, Tel.: 0 40/39 83 70,
Fax: 0 40/3 98 37 10

FILMBÜRO HESSEN E.V.
Schweizer Straße 6, 60594 Frankfurt, Tel.: 0 69/1 55 45 16,
Fax: 0 69/1 55 45 14

VEREIN
MECKLENBURG-VORPOMMERN-FILM E.V.
Röntgenstraße 22, 19055 Schwerin, 03 85/55 50 77,
03 85/51 27 71

MSH GESELLSCHAFT ZUR FÖRDERUNG
AUDIOVISUELLER WERKE SCHLESWIG-HOLSTEIN
Königstraße 21, 23552 Lübeck, Tel.: 04 51/1 22 41 09,
Fax: 04 51/7 19 78

FILMFÖRDERUNG SCHLESWIG-HOLSTEIN
Königstraße 21, 23552 Lübeck, Tel.: 04 51/7 16 49,
Fax: 04 51/7 53 74

NIEDERSÄCHSISCHE LANDESTREUHANDSTELLE
BEREICH FILMFÖRDERUNG
Hamburger Allee 4, 30161 Hannover, Tel.: 05 11/3 61 57 78,
Fax: 05 11/3 61 57 06

FILMSTIFTUNG NRW GMBH
Kaistraße 14, 40221 Düsseldorf, Tel.: 02 11/93 05 00,
Fax: 02 11/93 05 05

FILMBÜRO NRW E.V.
Leineweberstraße 1, 45468 Mülheim a. d. Ruhr,
Tel.: 02 08/44 98 41, Fax: 02 08/47 41 13

SAARLÄNDISCHES FILMBÜRO E.V.
Nauwiesenstraße 19, 66111 Saarbrücken, Tel.: 06 81/3 60 47,
Fax: 06 81/37 46 68

Anhang

Bei den im Anhang angeführten Beispielen handelt es sich um exemplarische Muster, die der Anregung und Information dienen sollen. Es ist davon abzuraten, die Texte unbesehen zu übernehmen, da es unzählige unterschiedliche Situationen gibt.
Zunächst einige Beispiele von handelsüblichen Verträgen.

Vereinbarung über eine eingeschränkte Option

17.09.97

Liebe/r Frau/Herr _____

wie telefonisch besprochen, nachfolgend auf der Basis meines Faxes vom 05.09.___ unsere kleine Vereinbarung:

1 Die [Firma XY] wird das Spielfilmvorhaben, [Titel], Autor [Name], unter Regie von [Name] realisieren.

2 Dafür reicht die _____ zunächst das Treatment zur Förderung von Stoff und Projektentwicklung in der Filmförderung _____ (Termin 08.09.___) ein, mit dem Ziel, eine Förderung zu erhalten, mit deren Hilfe der Autor das Drehbuch erstellen kann.

3 Der Förderbetrag (abzüglich der Handlungskosten der _____ in Höhe von pauschal DM _____) steht dem Autor zur Verfügung.

4 Zusätzlich erhält der Autor ein symbolisches Honorar in Höhe von DM _____ zzgl. ges. MwSt. in Unterzeichnung dieser Vereinbarung.

5 Der Autor gibt für die Einreichung eine Rechteerklärung ab, in der er versichert, der alleinige Inhaber der Rechte an seinem Drehbuch und Urheber des Werkes zu sein und der _____ die für die Einreichung nötigen Rechte uneingeschränkt überträgt. Außerdem gibt der Autor eine Rückstellungserklärung ab über sein Honorar für die Drehbucherstellung bis hin zur Finanzierung der Produktion.

6 Diese Vereinbarung gilt zunächst für den Zeitraum von einem Jahr, verlängert sich jedoch um ein Jahr, wenn bis zu diesem Zeitpunkt bereits Produktionsmittel zugesagt sind. Die Gültigkeit der Vereinbarung verlängert sich erneut, wenn nach einem Zeitraum von zwei Jahren bereits ein angemessener Anteil der Finanzierung des Vorhabens gesichert ist. (Die dann zu beschließende Vereinbarung sollte zwischen _____ und dem Autor nach dem zu diesem Zeitpunkt vorliegenden Sachstand abgestimmt werden.)

Bitte unterzeichnen Sie zum Zeichen Ihres Einverständnisses eines der beiden Exemplare dieses Schreibens und reichen es an uns zurück.

Mit freundlichen Grüßen

Einverstanden:

                                                Berlin, _____

Optionsvertrag auf Basis eines Exposés

Zwischen der _____

Berlin

und _____

vertreten durch den _____ Verlag,

wird folgender Optionsvertrag geschlossen:

1 _____ bzw. der _____ Verlag erklären, Urheber des Exposés »_____« (Sendelänge ca. 90 min.) zu sein.

2 Die _____ zahlt für die Einräumung der Option, Laufzeit 24 Monate, ein Honorar in Höhe von DM _____ zzgl. MwSt., zahlbar bei Vertragsabschluß.

3 Die _____ ist innerhalb dieser Laufzeit berechtigt, Verhandlungen mit Fernsehanstalten, Finanz- und Coproduktionspartnern sowie Förderungsgremien zu führen.

4 Für den Fall, daß die _____ die Option ausübt, ist mit _____ ein Werknutzungsvertrag (Drehbuch) zu schließen, in dem Art und Umfang der Nutzungsrechte, sowie die Abgeltung dieser Rechte geregelt wird. Das in Ziffer 2 genannte Honorar ist in voller Höhe anrechenbar.

5 Für den Fall daß die _____ die Option nicht ausübt, fallen sämtliche Rechte an den Autor _____ bzw. dem _____ Verlag zurück.

Berlin, den _____

Optionsvereinbarung über den Abschluß eines Verfilmungsvertrages

Optionsvereinbarung über den Abschluß eines Verfilmungsvertrages
(Fassung vom _____)

Zwischen _____

– nachstehend »Produzent« genannt –

und _____

vertreten durch: _____

– im folgenden »Agentur« genannt –

wird folgendes vereinbart:

I OPTION

1.1 Die Agentur räumt dem Produzenten eine exklusive Option auf den Erwerb der Verfilmungsrechte an dem Werk

   Titel: _____
   Autor: _____
   Art des Werkes: _____
   Erscheinungsjahr: _____ im Verlag _____

   – im folgenden »Werk« genannt –

   nach Maßgabe der nachfolgenden Bestimmungen ein.
1.2 Die Agentur räumt dem Produzenten hiermit – aufschiebend bedingt durch die Ausübung der Option – die Verfilmungsrechte an dem Werk zu den Bedingungen des nachstehenden Verfilmungsvertrages ein, der Bestandteil der vorliegenden Optionsvereinbarung ist.
2. Die Option ist befristet bis zum 31.12.____.
3. Der Produzent ist berechtigt, auf dem Werk basierende

	Drehbücher schon während der Optionsfrist anfertigen zu lassen.
4.	Der Produzent ist berechtigt, jedoch nicht verpflichtet, zu jedem Zeitpunkt innerhalb der Optionsfrist die ihm eingeräumte Option auszuüben. Dabei gilt die Frist als eingehalten, wenn der Produzent die Erklärung, daß er die Option auübe, am letzten Tag der Frist zur Post gibt.
5.1	Für die Einräumung der Option zahlt der Produzent an die Agentur als Optionsentgelt zunächst einen Betrag in Höhe von

DM _____
(in Worten: Deutsche Mark _____)

zuzüglich Mehrwertsteuer in gesetzlich vorgeschriebener Höhe. Für die Einräumung der Option bzw. der Höhe des Optionsentgeltes gilt folgende Regelung:
Der Produzent wird der Agentur jeweils zum 1. Januar jeden Jahres während der Dauer der Optionszeit einen aussagekräftigen schriftlichen Zwischenbericht über den Stand der Vorbereitungen der Verfilmung des Werkes geben.
Bei Bedarf kann die Optionszeit gegen ein Entgelt in Höhe von DM _____ um ein weiteres Jahr bis maximal 31.12.____ verlängert werden.

5.2	Das Optionsentgelt ist innerhalb von 4 (vier) Wochen nach Unterzeichnung der vorliegenden Optionsvereinbarung zur Zahlung fällig.
6.	Die Agentur erklärt und garantiert, daß sie hinsichtlich der den Gegenstand der vorliegenden Optionsvereinbarung bildenden Rechte uneingeschränkt verfügungsbefugt ist und daß der Einräumung dieser Rechte nach Maßgabe der vorliegenden Optionsvereinbarung nichts entgegensteht.
7.1	Übt der Produzent innerhalb der Optionsfrist die Option nicht aus, so hat der Produzent keinen Anspruch auf Rückzahlung des Optionsentgeltes gemäß Ziffer 5.1. Im Falle der Optionsausübung durch den Produzenten wird das Optionsentgelt nicht auf die gemäß dem Verfilmungsvertrag geschuldete Vergütung angerechnet.
7.2	Durch die Ausübung der Option wird der nachstehende Verfilmungsvertrag abgeschlossen.

II. VERFILMUNGSVERTRAG

1. Vertragsgegenstand

1.1	Die Agentur verfügt über die vertragsgegenständlichen Rechte an folgendem Werk:

Titel: _____
Autor: _____
Art des Werkes: _____
Erscheinungsjahr: _____ im Verlag _____

– im folgenden »Werk« genannt –.

1.2 Der Produzent beabsichtigt, das Werk zu verfilmen oder verfilmen zu lassen und erwirbt zu diesem Zweck nach Maßgabe dieses Vertrages Rechte an dem Werk.

1.3 Der Autor möchte das Drehbuch nicht selbst schreiben (siehe 7.).

2. Rechteeinräumung (Verfilmung)

Die Agentur überträgt dem Produzenten das ausschließliche, örtlich unbegrenzte Verfilmungsrecht für die Dauer von 25 Jahren. Insbesondere werden dem Produzenten durch die Agentur folgende Rechte übertragen:

2.1 Das Werkbearbeitungs- und Übersetzungsrecht,
d.h. das Recht, das Werk zum Zwecke der Verfilmung unter Wahrung des droit moral des Autors und im Hinblick auf die Einrichtung als Filmwerk zu bearbeiten.

2.2 Das Filmherstellungsrecht,
d.h. das Recht, das Werk bzw. dessen Teile unverändert oder bearbeitet ein- oder mehrmalig zur Herstellung eines beliebigen Spielfilms und einer Miniserie in einer beliebigen Sprachfassung zu verwenden.
Unter dem nachstehend verwendeten Begriff der »Produktion« ist jede nach Maßgabe dieses Vertrages zulässige Verfilmung zu verstehen.

2.3 Das Titelverwendungsrecht,
d.h. das Recht, jedoch nicht die Verpflichtung, den Titel des Werkes zur Bezeichnung der Produktion zu verwenden. Beabsichtigt der Produzent für die Produktion einen anderen Titel als den des Werkes zu verwenden, so stimmt er diesen mit dem Autor ab.

3. Rechteeinräumung (Auswertung)

Die Agentur überträgt dem Produzenten sämtliche ausschließlichen, inhaltlich, zeitlich und örtlich unbeschränkten Nutzungsrechte an der Produktion nach Maßgabe dieses Vertrages. Insbesondere werden dem Produzenten durch die Agentur folgende Nutzungsrechte übertragen:

3.1 Die Theaterrechte (Kino-/Vorführungsrecht),
d.h. das Recht, die Produktion durch technische Einrichtungen unabhängig von der technischen Ausgestaltung des Vorführsystems und der verwandten Bild-/Tonträger in Filmtheatern oder sonstigen dafür geeigneten Orten (z.B.

Autokinos, Gaststätten, Diskotheken, Vereins- und Altersheimen, Schiffen, Flugzeugen, Krankenhäusern etc.) ganz oder in Teilen öffentlich wahrnehmbar zu machen. Die Theaterrechte beziehen sich insbesondere auf alle Film- und Schmalfilmformate (70, 35, 16, 8 mm), alle elektromagnetischen (Video-) Systeme sowie die Fernübertragung der Vorführsignale und umfassen die gewerbliche und nichtgewerbliche Filmvorführung. Eingeschlossen ist das Recht, die Produktion auf Messen, Verkaufsausstellungen, Festivals und ähnlichen Veranstaltungen öffentlich wahrnehmbar zu machen.

3.2 Das Senderecht,
d.h. das Recht, die Produktion durch Ton- und Fernsehrundfunk, Drahtfunk, Hertzsche Wellen, Laser, Mikrowellen oder ähnliche technische Einrichtungen der Öffentlichkeit ganz oder in Teilen durch analoge, digitale oder sonstige Übertragungstechniken beliebig häufig zugänglich zu machen. Dies gilt für alle möglichen Sendeverfahren (z.b. terrestrische Sender, Kabelfernsehen (auch über Telefonnetz), Kabelweitersendung, Satellitenfernsehen unter Einschluß von Direktsatelliten, On-Demand-Dienste (auch in der Form des Einzelabrufes), Interaktives Fernsehen (Fernsehen mit Rückkanal), sämtliche Sendeformate und unabhängig von der Rechtsform (öffentlich-rechtliches oder privates Fernsehen) oder der Finanzierungsweise der Fernsehanstalt (kommerzielles oder nicht kommerzielles Fernsehen) oder der Gestaltung des Rechtsverhältnisses zwischen Sender und Empfänger (Free-TV, Pay-TV, Pay-Per-View, Pay-Per-Channel, Abruf-Fernsehen etc.). Eingeschlossen sind das Recht, die Sendungen einem begrenzten Empfängerkreis (z.B. in Krankenhäusern, Hotels, Flugzeugen, Schiffen, Schulen etc.) über Verteilanlagen (Closed Circuit-TV) oder in sonstiger Form zugänglich zu machen, das Recht der öffentlichen Wiedergabe von Funksendungen sowie die sich aus der Möglichkeit privater Aufzeichnungen der Fernsehsendungen und der Kabelweitersendung ergebenden Entgeltansprüche.

3.3 Die Videogrammrechte,
d.h. das Recht zur Vervielfältigung und/oder Verbreitung (Verkauf, Vermietung, Leihe etc.) der Produktion auf Bild-/Tonträgern aller Art (Videoprogramme) zum Zwecke der nicht öffentlichen Wiedergabe. Dieses Recht umfaßt sämtliche audiovisuellen Systeme und alle analogen und digitalen Speichermedien, unabhängig von der technischen Ausgestaltung des einzelnen Systems, wie z.B. Schmalfilm, Schmalfilmkassetten, Videokassetten, Videobänder, Videoplatten, Disketten, Chips etc., sowie insbesondere alle CD-Formate (z.B. CD-Rom, CD-1, CD-Recordable, MOCD usw.). Mitumfaßt sind auch die Überspielung der Produktion auf externe Datenträger sowie eine interaktive Nutzung der vorstehend aufgeführten Systeme.

3.4 Die Onlinerechte,
d.h. die Rechte für Online-Dienste (z.B. Internet, Compuserve etc.).

3.5 Das Vervielfältigungs- und Verbreitungsrecht,
d.h. das Recht, die Produktion im Rahmen der mit diesem Vertrag dem Produzenten eingeräumten Nutzungsarten beliebig – auch auf anderen als den ursprünglich verwendeten Bild-/Ton- und Datenträgern – zu vervielfältigen und zu verbreiten.

3.6 Das Recht zur Werbung und Klammerteilauswertung,
d.h. die Befugnis, Ausschnitte aus der Produktion für Werbezwecke (z.B. Programmvorschauen, Tie-in-Werbung) zu nutzen oder innerhalb anderer Produktionen auszuwerten. Eingeschlossen ist das Recht, in brachenüblicher Weise (z.B. im Fernsehen, im Kino, auf Videogrammen oder in Druckschriften) für die Produktion und deren umfassende Auswertung zu werben.

3.7 Das Merchandising-Recht,
d.h. das Recht zur kommerziellen Auswertung des Werkes und der Produktion durch Herstellung und Vertrieb von Waren aller Art unter Verwendung von Vorkommnissen, Namen, Titeln, Figuren, Abbildungen oder sonstigen in einer Beziehung zu dem Werk oder der Produktion für Waren und Dienstleistungen jeder Art zu werben. Eingeschlossen sind die sogenannte Theme-Park-Rechte sowie das Recht, die Produktion durch Herstellung und Vertrieb von Spielen, Computerspielen und sonstiger Multimedia-Produktionen auszuwerten.

3.8 Das Tonträgerrecht,
d.h. das Recht zur Herstellung, Vervielfältigung und Verbreitung von Schallplatten, Bandkassetten oder sonstigen analogen und digitalen Tonträgern (wie z.B. CD, DCC, Mini-Disk, Disketten, Chips etc.) oder von sonstigen analogen oder digitalen Ton-/Text- oder Ton-/Bildträgern, die unter vollständiger oder teilweiser Verwendung des Soundtracks der Produktion gestaltet werden, sowie das Recht, derartige Tonträger im gleichen Umfang wie die Produktion selbst zu verwerten und sie insbesondere durch Funk zu senden oder öffentlich wahrnehmbar zu machen.

3.9 Die Bühnenrechte sind aus dem vorliegenden Vertrag ausdrücklich ausgenommen. Eine Aufzeichnung des Bühnenstücks und dessen Auswertung bedarf der Zustimmung und Erlösbeteiligung des Produzenten.

3.10 Das Drucknebenrecht,
d.h. das Recht zur Herstellung, Vervielfältigung und Verbreitung von Inhaltsdarstellungen oder sonstiger kurzer Druckwerke von bis zu 10.000 Worten, sowie von eigens dafür verfaßten Werbeschriften im üblichen Umfang zum Zwecke der Werbung und Öffentlichkeitsarbeit für die Herstellung und Auswertung der Produktion in Presse, Rund-

funk, Programmheften und dergleichen. Dieses Recht umfaßt auch die Befugnis, Abbildungen des Autors im Rahmen dieser Druckschriften und Werbemaßnahmen zu vervielfältigen und zu verbreiten. Der Produzent räumt der Agentur eine Option auf die Publikation eines »Buches zum Film« (z.B. in Form eines bebilderten Drehbuches) ein. Sollte ein entsprechendes »Buch zum Film« durch die Agentur herausgebracht werden, wird der Produzent bemüht sein, der Agentur alle hierzu erforderlichen Rechte an Wort- und Bildmaterialien, die in ein solches Buch Eingang finden sollen, zu übertragen. Der Produzent ist an der Verwertung eines entsprechenden »Buches zum Film« mit 5 % des Netto-Ladenverkaufspreises sowie mit 50 % sämtlicher Erlöse aus buchüblichen Nebenrechtsverwertungen beteiligt. Für den Fall, daß Dritten (z.B. Drehbuchautoren) eine Beteiligung an einem »Buch zum Film« zusteht, werden der Produzent und die Agentur jeweils proportional zu den von Dritten zu erbringenden Leistungen von den ihnen zustehenden Erlösen an Dritte abtreten. Über die genaue Verteilung werden der Produzent und die Agentur im konkreten Fall einvernehmlich verhandeln und einen Agenturvertrag schließen, der den üblichen Vertragsmustern, die von der Agentur verwendet werden, entsprechen soll. Erträge des Produzenten aus der Auswertung »Buch zum Film« sind in die Ermittlung des Nettoerlöses des Produzenten nur dann einzubeziehen, wenn dieses Buch nicht bei der Agentur erscheint.

4. Lizenzzeit

4.1 Die dem Produzenten mit Ausübung der Option eingeräumten ausschließlichen Rechte werden für einen Zeitraum von 25 Jahren, beginnend mit dem Tag der Optionsausübung, eingeräumt. Der Produzent hat das Recht, eine Verlängerung der Lizenzzeit auf die Dauer von weiteren 15 Jahren zu fordern. Dieses Recht muß spätestens ein Jahr vor Ende der regulären Lizenzzeit schriftlich gegenüber der Agentur geltend gemacht werden. Für die Ausübung der Option auf Vertragsverlängerung schuldet der Produzent der Agentur ein zusätzliches, angemessenes Entgelt, bei dessen Bemessung zu berücksichtigen ist, wie hoch die Erlöse des Produzenten während der ersten Lizenzzeit von 25 Jahren waren. Im Zweifelsfall ist die Höhe des zusätzlichen Entgelts durch einen öffentlich bestellten und vereidigten Sachverständigen verbindlich für beide Parteien festzustellen. Die zusätzliche Vergütung ist zu Beginn der zweiten Lizenzzeit fällig.

4.2 Nach Ablauf der exklusiven Lizenzzeit verbleibt dem Produzenten jedoch das Recht zur Auswertung der auf der Grundlage dieser Vereinbarung während der exklusiven Lizenzzeit hergestellten Produktion und Produkten in allen Medien, jedoch nur auf nichtausschließlicher Basis. Nach Ablauf der exklusiven Lizenzzeit hat der Produzent jedoch in keinem Fall das Recht, auf der Grundlage des Werkes neue Verfilmungen des Werkes herzustellen. Mit Ablauf der exklusiven Lizenzzeit endet auch das Recht des Produzenten zur Herstellung und/oder Lizensierung weiterer Produkte auf Grundlage der Produktion und zur erstmaligen Herausbringung eines bis dahin noch nicht erschienen »Buches zum Film« gem. Ziff. 3.10.

5. Vergütung

5.1 Als Vergütung erhält die Agentur einen Betrag in Höhe von

DM _____
(in Worten: Deutsche Mark _____)

zuzüglich Mehrwertsteuer in gesetzlich vorgeschriebener Höhe, soweit Mehrwertsteuer anfällt.

5.2 Die Vergütung wird zuzüglich Mehrwertsteuer (soweit Mehrwertsteuer anfällt) nach entsprechender Rechnungstellung fällig wie folgt:
– DM _____ (zzgl. MwSt.) bei Ausübung der Option
– DM _____ (zzgl. MwSt.) bei Beginn der Dreharbeiten, spätestens jedoch 12 Monate nach Ausübung der Option
– DM _____ (zzgl. MwSt.) bei Fertigstellung der Produktion, spätestens jedoch 18 Monate nach Ausübung der Option

5.3 Darüber hinaus erhält die Agentur aus der Gesamtverwertung des Films nach Rückzahlung aller Eigenmittel und Fördergelder eine Erlösbeteiligung von 3,0 % des Produzentennettoerlöses (siehe Anlage).

5.4 Der Produzent wird sich dafür einsetzen, daß _____ für TV-Ausstrahlungen des Films in Deutschland, Frankreich, Großbritannien und Italien Wiederholungshonorare durch die jeweils ausstrahlenden Sendeanstalten nach den landesüblichen Gepflogenheiten erhält.

5.5 Die Ansprüche der Agentur auf Erlösbeteiligung gemäß Ziff. 5.3 und 5.4 sind bis 2 Jahre nach Kinostart halbjährlich und zwar zum 30.06. und 31.12. eines jeden Jahres unter Beifügung einer nachprüfbaren Berechnung abzurechnen und innerhalb der darauffolgenden 90 Tage an den Verlag zu zahlen. Ab 25 Monate nach Kinostart können die so zu erstellenden Abrechnungen des Produzenten einmal jährlich zum 31.12. abgerechnet werden und innerhalb der darauffolgenden 90 Tage gezahlt werden. Die Agentur ist dazu berechtigt, die Berechnung durch einen zur Verschwiegenheit verpflichteten Fachmann unter Einsicht in die Bücher des Produzenten überprüfen zu lassen. Die Kosten für eine solche Buchprüfung trägt der Produzent, falls sich dessen Abrechnungen als fehlerhaft erweisen. Die gleiche Regelung findet umgekehrt Anwendung für die Ansprüche des Produzenten gem. Ziff. 3.10, sofern die Agentur die ihm eingeräumte Option ausübt.

6. Rechtegarantie

6.1 Die Agentur steht dafür ein, daß ihr sämtliche mit diesem Vertrag dem Produzenten eingeräumten Rechte an dem Werk einschließlich des Titels uneingeschränkt zur Verfügung stehen und daß der unbelasteten Übertragung der Rechte auf den Produzenten nach Maßgabe dieses Vertrages nichts entgegensteht.

6.2 Übertragung der Rechte
Der Produzent ist ohne Zustimmung, aber erst nach vorheriger schriftlicher Information der Agentur berechtigt, die ihm eingeräumten Rechte ganz oder teilweise zu übertragen oder diese Rechte ganz oder teilweise durch Dritte ausüben zu lassen. Der Produzent haftet in einem solchen Fall der Agentur gegenüber für die Erfüllung der mit diesem Vertrag eingegangenen Pflichten weiterhin in vollem Umfang.

6.3 Ausgenommen davon sind diejenigen Rechte, die für den Verfasser aufgrund eines bestehenden Berechtigungsvertrages ausschließlich von einer Verwertungsgesellschaft wahrgenommen werden, soweit sie nicht an den Vertragspartner zur Erfüllung des Vertragszweckes zurückübertragen werden oder der Vertragspartner sonst darüber verfügen kann. Der Autor ist verpflichtet, soweit der Wahrnehmungsvertrag der Verwertungsgesellschaft dies zuläßt, von der Verwertungsgesellschaft zu verlangen, daß diese ihm die zur Erfüllung seiner vertraglichen Verpflichtungen notwendigen Nutzungsrechte zurücküberträgt. Der Autor ist Mitglied der VG Wort.

7. Zusammenarbeit

7.1 Der Produzent verpflichtet sich, bei der Herstellung des Drehbuches und bei der Vorbereitung des Films eng mit dem Autor zusammenzuarbeiten.

7.2 Belegexemplare
Agentur und Autor erhalten jeweils 5 Exemplare aller Produkte, die durch die Ausübung der Videogramm-, Tonträger-, CD-Rom-, Merchandisingrechte, Werbebroschüren etc. entstehen.

8. Ausschluß einer Produktionsverpflichtung

8.1 Der Produzent ist zur Herstellung der Produktion nicht verpflichtet. Darüber hinaus steht es dem Produzenten frei, ob und in welcher Weise nach Maßgabe dieses Vertrages er die Produktion jeweils auswerten will.

8.2 Sollte mit der Herstellung der Produktion (erster Drehtag) nicht innerhalb einer Frist von 4 (vier) Jahren nach Abschluß dieser Vereinbarung begonnen worden sein, so ist die Agentur berechtigt, die dem Produzenten eingeräumten Rechte nach Setzung einer Nachfrist von zwei Monaten zur Herstellung der Produktion zurückzurufen. Durch den Rückruf fallen alle Rechte wieder an die Agentur zurück. Im Falle eines Rückrufes gilt folgende Regelung: Kann die Agentur innerhalb von 5 Jahren nach Rückfall der Rechte das Werk an einen Dritten verkaufen, sind 50 % der vom Produzenten bezahlten Honorare an den Produzenten zurückzuleisten.

9. Nennung

Der Produzent wird den Autor des Werkes im Vorspann bzw. Nachspann der Produktion in branchenüblicher Weise nennen. Der Produzent haftet nur für grob fahrlässige und vorsätzliche Verstöße gegen diese Nennungsverpflichtung. Der Produzent haftet nicht für versehentliche oder durch Dritte begangene Verstöße gegen diese Nennungsverpflichtung.

10. Schlußvereinbarungen

10.1 Sind oder werden einzelne Bestimmungen dieses Vertrages unwirksam, so bleibt die Gültigkeit des Vertrages im übrigen unberührt. Ungültige Bestimmungen sind einvernehmlich durch solche zu ersetzen, die unter Berücksichtigung der Interessenlage beider Parteien den gewünschten wirtschaftlichen Zweck zu erreichen geeignet sind. Entsprechendes gilt für die Ausfüllung von Lücken, die sich im Vertrag etwa herausstellen könnten.

10.2 Änderungen und Ergänzungen dieses Vertrages bedürfen zu ihrer Rechtswirksamkeit der Schriftform. Das gleiche gilt für eine Abbedingung dieser Schriftformklausel.

10.3 Der Vertrag unterliegt, soweit nicht ausdrücklich anders bestimmt, dem Recht der Bundesrepublik Deutschland.

10.4 Ausschließlicher Gerichtsstand ist Berlin.

München, den

Anlage: Nettoerlöse des Produzenten

Nettoerlöse des Produzenten

Die Nettoerlöse errechnen sich wie folgt:

Bruttoerlöse abzüglich

- Mehrwertsteuer
- Herausbringungs-, Vertriebs- und Verleihkosten inklusive Vorkosten sowie Rechtekosten.
- Rückzahlung von in Anspruch genommenen Fördermitteln.
- Kosten, die dem Produzenten beim Vertrieb durch die Einschaltung Dritter (z.b. Agenturen, Vertretern etc.) einschl. Unterprovisionen entstehen. Zur Einschaltung Dritter ist der Produzent berechtigt, soweit er deren Einschaltung für notwendig erachtet, wobei die Höhe 35 % nicht überschreiten darf.
- Im Falle der Herstellung einer fremdsprachigen Fassung deren nachgewiesene Kosten einschl. einer allgemeinen Kostenpauschale in Höhe von _____ der Kosten der Herstellung der fremdsprachigen Fassung.
- Kosten für die Instandhaltung und Regenerierung von Kopien des Werkes.
- Im Ausland an der Quelle einbehaltene, auf Vertriebserlöse entfallene Steuern.
- Transport-, Lager-, Versicherungs- und Zollkosten sowie sonstige Abgaben.

Berechnungsbeispiel:

1 Ausgangspunkt ist die Höhe der Produktionskosten und inwieweit diese bereits zu Beginn gedeckt sind. Sind z.B. bei Produktionskosten in Höhe von DM _____ durch Vorverträge mit Vertriebsgarantien im Kino oder Verträge mit Sendern und DM _____ über Filmfördermittel abgedeckt, müssen die Filmfördermittel in Höhe von DM _____ vorrangig aus allen Erlösen zurückbezahlt werden.
2 Wenn der Film im Kino _____ Besucher hat und man von einem Durchschnittspreis von DM _____ für die Kinokarte ausgeht, kommen beim Vertrieb DM _____ an, DM _____ verbleiben beim Kinobesitzer. Dies würden Einnahmen in Höhe von DM _____ bedeuten. Von diesem Betrag sind zunächst einmal die Kosten für die Herausbringung des Films und Promotionmaßnahmen abzuziehen. Wenn diese rd. DM _____ geschätzt werden (z.B. ein Werbebudget von DM _____, welches zu _____ % durch Vertriebsförderungen finanziert wird), dann verbleiben zur Verteilung noch DM _____. Dieser Betrag müßte entsprechend

den Förderrichtlinien zumindest in Teilbereichen für die Rückführung der Darlehen verwendet werden, so daß beispielsweise zur Verteilung beim Produzenten DM _____ übrig bleiben. Hieran partizipiert die Agentur nun mit _____ %, d.h. DM _____.

Wenn der Film für das Kino ins Ausland verkauft wird und dort im Kino aufgeführt wird und insoweit die Herstellung einer Synchronfassung notwendig ist, müßten von den Erlösen aus der Kinovermarktung auch die Kosten für die Herstellung der Synchronisation abgezogen werden.

3 Wenn nun eine Vereinbarung mit einem Videounternehmen gelingt, das eine Garantiesumme von DM _____ bezahlt, wären 3 % an die Agentur zu bezahlen, d.h. DM _____.

Wenn der Videogrammverkauf allerdings über Einzelabrechnung läuft, werden zunächst alle Kosten, die für die Herausbringung des Videos erforderlich sind, abgezogen. Je nach Anzahl der verkauften Videokassetten würde die Agentur dann am Nettoerlös mit 3 % beteiligt sein.

Autorenvertrag über eine Serie

Zwischen _____

– nachstehend »_____« genannt –

und _____

vertreten durch: _____

– im folgenden »Autoren« genannt –

wird folgender

AUTORENVERTRAG
– Konzeptsvertrag –

geschlossen:

1 Die Autoren verfassen im Auftrag und in Abstimmung mit _____ nach einer Idee von _____ für eine geplante Fernsehserie/-reihe mit dem Arbeitstitel

_____

(13 x 45 Minuten)

    die Grundkonzeption (Präsentation), bestehend aus
1.1 der »Serienbibel« mit der Gesamtkonzeption der geplanten Serie, in der die Grundkonstellation und die Hauptfiguren beschrieben sind,
1.2 der Beschreibung der Charaktere der einzelnen Hauptdarsteller, der wesentlichen Nebendarsteller und eventuell sich stets wiederholender kleiner Rollen und/oder Elemente (sog. »Figurenbibel«),
1.3 einem ausführlichen Exposé für die Pilotfolge sowie mehreren Kurzexposés für die Serienfolgen,
    – nachfolgend als »Werk« bezeichnet –.
2 Die Ablieferung erfolgt bis zum 10. Januar _____.
3 Inhalt und Dramaturgie der Werke haben den voraussichtli-

chen Sendeplatz, die vorgesehene Sendelänge sowie die Unterbrechung durch Werbung an den festgelegten/festzulegenden Stellen zu berücksichtigen.

4 Die Autoren versichern, mit Ausnahme der Figur des »_____« und der Grundkonstellation, die den Werken von Chesterton entnommen ist, alleinige Urheber des Werkes zu sein. Sie halten _____ von allen Ansprüchen frei, die sich aus einer Verletzung von Urheber-/Urheberpersönlichkeitsrechten Dritter durch die Autoren ergeben könnten. Eine Urhebernennung erfolgt nach Rundfunküblichkeit.

5 Die Autoren räumen _____ hiermit an dem Werk Urhebernutzungsrechte nach Maßgabe der anliegenden »Allgemeinen Bedingungen zum Autorenvertrag« vom Juni 1995 ein.

6 Zur Abgeltung aller nach diesem Vertrag erbrachten/zu erbringenden Leistungen zahlt _____ ein Pauschal-Honorar von

DM _____ (zzgl. MwSt.)
(i.W. _____)

7 Das Honorar ist bei Abnahme fällig und wird wie folgt gezahlt:

50 % im voraus bei Lieferung
50 % bei Abnahme.

8 Die Autoren erteilen über die Honorare eine Rechnung, die – soweit Umsatzsteuerpflicht besteht – die Mehrwertsteuer gesondert ausweist und geleistete à-conto-Zahlungen berücksichtigt. Die Autoren sind zur Abfuhr der Mehrwertsteuer an das zuständige Finanzamt verpflichtet. Sie halten _____ insoweit von etwaigen Steuer(haftungs)ansprüchen frei.

9 Die Grundsätze der Sendeanstalten zur Trennung von Werbung und Programm werden von den Autoren beachtet. Unzulässig ist danach insbesondere die Annahme finanzieller Gegenleistungen im Zusammenhang mit der Präsentation von Produkten, Requisiten oder Dienstleistungen in den Sendungen.

10 Leistungen an einen Autor erfolgen mit befreiender Wirkung gegenüber dem anderen. Interne Aufteilungen der Autoren werden nach Möglichkeit beachtet, sind aber auch bei einer vorherigen Beachtung nicht bindend. Erklärungen eines Autors gegenüber _____ sowie Erklärungen von _____ gegenüber einem Autoren wirken jeweils für und gegen beide Autoren.

Leistungen gegenüber der Agentur erfolgen mit befreiender Wirkung gegenüber den Autoren. Erklärungen der Agentur gegenüber _____ sowie Erklärungen von _____ gegenüber der Agentur wirken bis zur schriftlichen Bekanntgabe durch die Autoren, daß das Vertragsverhältnis beendet ist, jeweils für und gegen die Autoren.

11 Die Autoren werden im Falle der Erstellung von Drehbüchern auf Grundlage des Werkes vorrangig vor Dritten zu branchenüblichen Konditionen beauftragt.

12 Erfolgt innerhalb von 2 Jahren ab Lieferung des Werkes kein Angebot zur Drehbucherstellung an die Autoren, sind diese berechtigt, Zug um Zug gegen Rückerstattng von 50 % des Honorares die nach diesem Vertrag übertragenen Rechte zurückübertragen zu lassen.

13 Diesen Vertrag ergänzen, soweit vorstehend keine anderweitige Regelung getroffen ist, die »Allgemeinen Bedingungen zum Autorenvertrag« vom Juni 1995.

Hamburg,

Die Autoren

Allgemeine Bedingungen zum Autorenvertrag

**Allgemeine Bedingungen
zum Autorenvertrag (Juni 1995)**

1 Der Autor überträgt dem Produzenten an dem Werk sämtliche mit dessen Entstehung inhaltlich verbundenen Vorarbeiten die zeitlich, örtlich und inhaltlich uneingeschränkten ausschließlichen Nutzungsrechte für eine Verwendung und Auswertung in allen bekannten Medien in allen bekannten Nutzungsformen, auch wenn diese im Zeitpunkt des Vertragsschlusses noch nicht marktüblich sein sollten.

2 Die Rechtsübertragung erfaßt insbesondere folgende Rechte:
2.1 Das Werkbearbeitungs- und Übersetzungsrecht, d.h. das Recht, unter Wahrung des Urheberpersönlichkeitsrechts das Werk und dessen Teile wie z.B. Titel, Charaktere, Handlungselemente, Dialoge, Szenen etc. abzuändern, neue oder geänderte Teile hinzuzufügen, Teile herauszunehmen, zu kürzen oder in der Abfolge umzustellen, weitere Autoren mit der Bearbeitung zu beauftragen und dieses Werk in sämtliche Sprachen übersetzen zu lassen. Eingeschlossen ist das Recht zur Umgestaltung des Werks bzw. der daraus entstehenden Produktion ganz oder in Teilen im Rahmen interaktiver Nutzungen.
2.2 Das Verfilmungs- und Vertonungsrecht, d.h. das Recht, das Werk insgesamt oder in Teilen, bearbeitet oder unbearbeitet als Vorlage für die Herstellung von beliebig häufigen Vertonungen und Verfilmungen in allen bekannten technischen Verfahren (Film-, Fernseh-, Video-, Foto-, Tonaufnahmen etc. in digitaler und nichtdigitaler Form), in allen Sprachfassungen (auch in untertitelter oder kommentierter Fassung – auch ohne Originalsprache) sowie in bebilderter Form zu verwenden.
2.3. Das Weiterentwicklungsrecht, d.h. das Recht, das Werk sowie dessen Teile, wie Handlungs- und Stilelemente, Personen und deren Charakteristika, besondere Fallgestaltungen oder Szenarien sowie sonstige Ideen uneingeschränkt auch für Folgeproduktionen (Serien, Mehrteiler), Ableger der Produktion oder im Zusammenhang mit anderen Produktionen zu verwenden, auch wenn die Erstellung dieser weiteren Produktionen ohne Mitwirkung des Autors erfolgt.
2.4 Das Titelrecht, d.h. das Recht, den Titel des Werkes oder dessen Teile in gleichem Umfang wie das Werk auszuwerten,

insbesondere diesen – auch nach Veröffentlichung des Werkes – auszutauschen und zu verändern sowie für andere Produktionen und Produkte zu verwenden.
2.5 Das Druckrecht, d.h. das Recht, das Werk in jedweder gestalteten Form im ganzen oder in Teilen, in bearbeiteter oder unbearbeiteter Form, entgeltlich und unentgeltlich, zu gewerblichen und nichtgewerblichen Zwecken als Druckerzeugnis zu veröffentlichen, vervielfältigen, verbreiten und auszustellen sowie auf der Grundlage des Werkes oder dessen Teilen neue Druckerzeugnisse auch ohne Mitwirkung des Autors herzustellen und auszuwerten.
2.6 Das Aufführungsrecht, d.h. das Recht, das Werk ganz oder in Teilen, bearbeitet oder unbearbeitet zu gewerblichen und nichtgewerblichen Zwecken öffentlich in allen bekannten Formen (z.B. Vortrag, szenische Aufführung) darzustellen und auszuwerten.

3 Weiter überträgt der Autor dem Produzenten sämtliche im Zusammenhang mit der Verwirklichung der Produktion entstandenen, entstehenden oder hierfür erworbenen oder zu erwerbenden Nutzungs- und Leistungsschutzrechte sowie alle sonstigen Rechte. Die Rechtsübertragung erfaßt daher u.a. auch:
3.1 Das Sende- und Verbreitungsrecht, d.h. das Recht, die Produktion beliebig oft durch digitale und analoge Sendungen/Verbreitungen, wie Ton- und Fernsehrundfunk, Drahtfunk (Hertzsche Wellen, Laser, Mikrowellen usw.) inkl. sog. Kabelfernsehen, Satellitenfunk o.ä. technische Einrichtungen ganz oder in Teilen der Öffentlichkeit zugänglich zu machen. Dies gilt für alle technisch bekannten – auch noch nicht praktizierten – Sendeverfahren wie z.B. terrestrische Funksender, Kabelverbreitung unter Einschluß sog. Kabelweitersendung, Satellitenabstrahlungen unter Einschluß von Direktsatellitenempfang (DBS) unabhängig von der Ausgestaltung der Rechtsform des Senders oder des Rechtsverhältnisses zum Empfänger der Sendung (mit oder ohne Zahlung eines Entgelts wie z.B. Pay-TV, Free-TV, Pay-Per-View, Pay-Per-Channel etc.) und unabhängig von der technischen Ausgestaltung der Sendung/Verbreitung unter Einschluß der Verfügungstellung der Produktion in jedweder Weise auf digitalen und nichtdigitalen Speicher- und Übertragungsmedien für einen individuellen Abruf durch eine Vielzahl von Nutzern (z.B. TV- und Video-On-Demand). Eingeschlossen ist das Recht der öffentlichen Wiedergabe von Sendungen sowie das Recht, die Produktion einem abgegrenzten Empfängerkreis z.B. in Hotels, Krankenhäusern, Kliniken, Heimen, Schulen, auf Schiffen, Flugzeugen und anderen Verkehrsmitteln etc. (sog. Closed-Circuit-Nutzung) zugänglich zu machen. Das Recht umfaßt auch die Befugnis der Sendung mittels Videotext.

3.2 Das Archivierungsrecht, d.h. das Recht, die Produktion ganz oder in Teilen in allen bekannten technischen Verfahren zeitlich uneingeschränkt zu archivieren.
3.3 Das Bearbeitungsrecht, d.h. das Recht, die Produktion oder Teile davon unter Wahrung des Urheberpersönlichkeitsrechts unter Verwendung analoger, digitaler und sonstiger Bildbearbeitungsmethoden umzugestalten, zu kürzen, zu teilen, auszuschneiden, mit anderen Produktionen oder Produktionsteilen oder sonstigen Werken oder Leistungen zu verbinden oder innerhalb anderer Bild- und/oder Tonträger zu verwenden sowie die Produktion mitzuschneiden und – auch zu Werbezwecken – zu unterbrechen und den Titel zu ändern, die Musik auszutauschen oder die Produktion in sonstiger Weise zu bearbeiten.
3.4 Das Synchronisationsrecht, d.h. das Recht, die Produktion ganz oder in Teilen beliebig oft – auch in andere Sprachen – zu synchronisieren und nachzusynchronisieren sowie untertitelte, kommentierte oder sog. Voice-Over-Fassungen herzustellen und so bearbeitete Fassungen im gleichen Umfang wie die Produktion selbst auszuwerten. Eingeschlossen ist die Befugnis, die Filmmusik und den Filmton in demselben Umfang wie die Produktion auszuwerten.
3.5 Das Recht zur Werbung und Klammerteilauswertung, d.h. das Recht, die Produktion ganz oder in Teilen, bearbeitet oder unbearbeitet, mit oder ohne Filmmusik oder Ton beliebig oft in Ausschnitten innerhalb anderer Bild-/Tonträger zu nutzen, insbesondere Ausschnitte der Produktion zu Werbezwecken (Programmvorschauen in Fernsehen, Kino, Druckerzeugnissen, etc.) zu nutzen und im gleichen Umfang wie die Produktion auszuwerten.
3.6 Das Bild-/Tonträgerrecht, d.h. das Recht, zur Auswertung der Produktion ganz oder in Teilen, bearbeitet oder unbearbeitet, zu gewerblichen und nichtgewerblichen Zwecken durch Veröffentlichung, Vervielfältigung und Verbreitung (einschließlich Vertrieb, Verkauf, Vermietung und Verleih etc.) der Produktion ganz oder in Teilen in/auf allen bekannten technischen, digitalen und analogen, optischen, audiovisuellen und Audio-Systemen wie Foto, Schmalfilmformate, Filmformate (z.B. 70, 35, 16, Super-16, 8 und Super-8-mm, EVR), Videobänder und -kassetten, Bild- und Videoplatten, CD-ROM, Video-CD, CDi, CDi-Music, 3D0, CD-DA, EBG (Electric Book Graphik), EBXA, CD, MD, Laserdisk, DAT, DCC, Foto-CD, CD-ROM-XA, CD-Recordable, MO-CD (Multi-Optical-CD), Mini-Disk, Disketten, Speicherchips und andere optischen, magnetischen, magnetooptischen, digitalen und analogen Speichermedien etc., einschließlich des Rechts, die digitalen Verwertungsrechte mit sonstigen Nutzungsrechten in beliebiger Weise zu kombinieren.
3.7 Das Vorführungsrecht, d.h. das Recht, die Produktion beliebig oft, ganz oder in Teilen, bearbeitet oder unbearbeitet

in/auf allen bekannten technischen Systemen gem. Ziff. 3.6 durch öffentliche Vorführung – auch live – z.b. in Filmtheatern und anderen geeigneten Örtlichkeiten (z.b. Freilicht- und Autokinos, Gaststätten, Diskotheken etc.), im Rahmen von Closed-Circuit-Nutzungen usw. zu gewerblichen und nichtgewerblichen Zwecken auszuwerten.

3.8 Das Festival- und Messerecht, d.h. das Recht, die Produktion ganz oder ausschnittsweise zur Teilnahme an Festivals, Wettbewerben, Ausstellungen etc. anzumelden sowie dort und auf (Verkaufs-)Messen und ähnlichen Veranstaltungen öffentlich vorzuführen.

3.9 Das Veröffentlichungs-, Vervielfältigungs- und Verbreitungsrecht, d.h. das Recht, die Produktion ganz oder in Teilen im Rahmen der angeführten Nutzungsarten beliebig oft – auch auf anderen als den ursprünglich verwendeten Bild-/Tonträgern – zu veröffentlichen, vervielfältigen und verbreiten.

3.10 Das Datenbank- und Telekommunikationsrecht, d.h. das Recht, die Produktion ganz oder in Teilen, bearbeitet oder unbearbeitet in elektronische Datenbanken, elektronische Datennetze und Telefondienste zum Zwecke der entgeltlichen und unentgeltlichen Nutzung für beschränkte und unbeschränkte Nutzerkreise durch individuellen Abruf über Daten- und Telefonleitungen zu gewerblichen und nichtgewerblichen Zwecken einzuspeisen.

3.11 Das Merchandisingrecht, d.h. das Recht zur kommerziellen Auswertung der Produktion durch Herstellung und Vertrieb von Waren aller Art (z.B. Spielzeuge, Puppen, Stofftiere, Sportartikel, Haushalts-, Bad- und Küchenartikel, Kleidungsstücke, Druckschriften etc.) und Vermarktung von Dienstleistungen aller Art unter Verwendung von Vorkommnissen, Namen, Titeln, Figuren, Abbildungen oder sonstigen Inhalten der Produktion. Eingeschlossen ist die Befugnis zur Auswertung durch Herstellung und Vertrieb von (Computer-)Spielen und sonstigen Multimedia-Anwendungen.

3.12 Das Drucknebenrecht, d.h. das Recht zur Herstellung, Veröffentlichung, Vervielfältigung und Verbreitung von bebilderten und nichtbebilderten Druckerzeugnissen wie z.B. Büchern, Zeitschriften, (Comic-)Heften, Broschüren, Postern usw. sowie digitalen und analogen Bild-/Tonträgern einschließlich Audio- und Videotext, die durch Wiedergabe oder Nacherzählung von Inhalten der Produktion ganz oder in Teilen einschließlich von Zusammenfassungen – auch in abgewandelter oder neugestalteter Form – oder durch fotografische, gemalte Abbildungen o.ä. abgeleitet sind.

3.13 Das Tonträgerrecht, d.h. das Recht zur Verwertung der Produktion durch Herstellung, Veröffentlichung, Vervielfältigung und Verbreitung von Tonträgern in/auf allen bekannten technischen System gem. Ziff. 3.6 in allen bekannten Konfigurationen (LP, EP, Single, Maxi, CD, DAT, MC etc.), die unter Verwendung der Produktion, ganz oder in Teilen, bearbeitet oder unbearbeitet, unter Nacherzählung oder Neugestaltung oder sonstiger Bearbeitung der Inhalte gestaltet werden, sowie das Recht, derartige Tonträger durch Funk zu senden oder öffentlich aufzuführen. Eingeschlossen sind die Rechte für die Herstellung von Hörspielen sowie Musikvideos oder sonstigen filmischen Bearbeitungen der Produktion unter teilweiser oder vollständiger Verwendung des Soundtracks oder des Originaltons der Produktion, einschließlich dem Recht, diese Informationsträger gem. den angeführten Nutzungsarten auszuwerten.

4   Ansprüche aus § 25 UrhG in bezug auf die Produktion sind abbedungen.

5   Bereits bei Vertragsschluß bestehende Rechte, einschließlich bestehender Anwartschaften und ähnlicher Rechte werden mit Vertragsschluß übertragen. Zukünftige Rechte werden im Zeitpunkt ihrer Entstehung, Rechte, die der Autor noch erwirbt, im Zeitpunkt des Erwerbens übertragen. Der Produzent ist berechtigt, die ihm eingeräumten Rechte ganz oder teilweise – auch als nicht ausschließliche Rechte – auf Dritte zu übertragen und eine Weiterübertragung einzuräumen, ohne daß es einer Zustimmung des Autors bedarf.

6   Eine Verpflichtung des Produzenten, das Werk für die vertraglich vorgesehenen Zwecke zu nutzen, wird durch diesen Vertrag nicht begründet. Der Autor kann gegen Rückerstattung des erhaltenen Honorars die dem Produzenten eingeräumten Rechte zurückfordern, falls innerhalb von fünf Jahren nach Ablieferung des Werkes ein Bild-/Tonträger unter Benutzung des Werkes nicht hergestellt oder eine sonstige vertragsgemäße Nutzung nicht erfolgt ist und dadurch berechtigte Interessen des Autors erheblich verletzt werden. Bei Werken mit vorwiegend tagesaktuellem Charakter für Produktionen mit einer Länge unter 40 Minuten, beträgt die Frist 6 Monate. Im übrigen gilt § 41 UrhG. Der Produzent ist bereit, über eine vorzeitige Freigabe zu verhandeln.

7.1 Der Autor hat seine Leistung persönlich zu erbringen.
7.2 Er versichert, ausschließlicher Inhaber der übertragenen Rechte und Ansprüche zu sein und daß Dritte ohne Zustimmung des Produzenten nicht mitgewirkt haben. Er steht dafür ein, daß das Werk, dessen Teile oder Inhalt nicht widerrechtlich urheberrechtlich geschützten Werken anderer Urheber entnommen sind.
7.3 Besteht das Werk des Autors in der Bearbeitung eines anderen urheberrechtlich geschützten Werkes oder verwendet der Autor in seinem Werk in anderer Weise urheberrechtlich geschützte Beiträge anderer Urheber, ist der Autor verpflichtet, die entsprechenden Rechte einschließlich des Rechts zur

Weiterübertragung auf den Produzenten und Dritte von den Urhebern zu erwerben und auf den Produzenten zu übertragen, es sei denn, der Produzent oder von ihm benannte Dritte erwerben diese Rechte unmittelbar. Die Verpflichtung des Autors besteht auch dann nicht, wenn und soweit die Bearbeitung oder Verwendung auf ausdrückliche Veranlassung des Produzenten erfolgt.

7.4 In jedem Falle hat der Autor dem Produzenten das bearbeitete Werk sowie die in das Werk aufgenommenen Beiträge in einer genauen Aufstellung mitzuteilen. Die Aufstellung muß folgende Angaben enthalten: Vor- und Zuname des betreffenden Urhebers (z.B. Übersetzer, Komponist), Titel der verwendeten Beiträge bzw. der Arbeit oder des Buches, dem sie entnommen sind, genaue Vers- und Prosazeilenzahl, bei gedruckten Werken Verlag und genaue Fundstelle.

7.5 Die schriftliche Zustimmung der Urheber, deren Werke benutzt worden sind und sonstiger Berechtigter, ist auf Verlangen des Produzenten beizubringen.

7.6 Der Autor stellt den Produzenten und Dritte, die Nutzungsrechte von diesem herleiten (Drittberechtigte), von Ansprüchen frei, die infolge einer Nicht- oder Schlechterfüllung der Verpflichtungen des Autors aus diesem Vertrag von Dritten/Drittberechtigten gegen den Produzenten oder gegen Drittberechtigte erhoben werden. Weitergehende Ansprüche des Produzenten (z.B. Schadenersatz, Bereicherungsausgleich, Gewährleistung etc.) gegen den Autor werden hiervon nicht berührt.

8 Der Autor gewährleistet, die Rechte und deren Nutzung nicht Dritten eingeräumt oder Dritte mit der Wahrnehmung beauftragt zu haben. Der Autor hat den Produzenten bei Vertragsschluß zu unterrichten, ob und in welchem Umfang Nutzungsrechte einer Verwertungsgesellschaft eingeräumt werden. Der Autor ist verpflichtet, soweit zulässig, von der Verwertungsgesellschaft zu verlangen, daß diese ihm die zur Erfüllung seiner vertraglichen Verpflichtungen notwendigen Nutzungsrechte zurücküberträgt. In jedem Falle steht der Autor dafür ein, daß die Rechte nicht mit dem Recht eines Dritten belastet, insbesondere nicht verpfändet sind.

9 Der Autor steht dafür ein, daß das Werk einschl. des Titels keine Anspielungen auf Personen und/oder Ereignisse enthält, die dem Produzenten nicht schriftlich bekanntgegeben und von ihm schriftlich genehmigt wurden.

10 Manuskripte sind maschinengeschrieben oder gedruckt in deutscher Sprache abzuliefern. Mit Ablieferung der Manuskripte überträgt der Autor dem Produzenten das Eigentum daran.

11 Der Autor hat Form und Inhalt des Werkes den Wünschen des Produzenten entsprechend zu gestalten. Der Autor kommt Wünschen nach Änderungen und Ergänzungen im angemessenen Umfang nach. Bei Meinungsverschiedenheiten über die inhaltliche, dramaturgische oder sonstige Gestaltung des Werkes entscheidet der Produzent nach eigenem und freiem Ermessen.

12.1 Das Werk bedarf der Abnahme. Die Entscheidung über die Abnahme als vertragsgemäßes Werk trifft der Produzent nach eigenem und freiem Ermessen.
12.2 Bei Nichtabnahme hat der Autor Anspruch auf einmalige Nachbesserung. Der Autor kann auch mehrfach zur Nachbesserung aufgefordert werden; ein Anspruch des Autors darauf besteht nicht.
12.3 Kommt der Autor der Nachbesserung nicht (fristgerecht) nach, kann der Produzent die Abnahme endgültig verweigern und – unter Wahrung weitergehender Ansprüche – wahlweise die Wandelung bzw. den Rücktritt vom Vertrag erklären oder Minderung verlangen. Einer vorherigen Ablehnungsandrohung bedarf es außer einer Fristsetzung zur Vornahme der Nachbesserung nicht. Der Produzent ist in jedem Fall berechtigt, ein Werk unter Verwendung der vorliegenden Fassung herstellen zu lassen.

13.1 Mit dem vereinbarten Honorar sind alle vertraglichen Vergütungsansprüche des Autors abgegolten. Jegliche Zahlungsansprüche enden mit Ablauf der Schutzfrist. Neue Zahlungsansprüche nach dem Ablauf können nicht entstehen.
13.2 Der Anspruch auf das vereinbarte Honorar entsteht nach Ablieferung und Abnahme des Werkes. Abweichend vereinbarte Zahlungsmodalitäten lassen die Fälligkeit des Honoraranspruchs unberührt.
13.3 Ist das Werk nach Auffassung des Produzenten für den vorgesehenen Zweck ungeeignet und wird nicht abgenommen, hat der Autor Anspruch auf ein angemessenes Ausarbeitungshonorar. Die Rechte fallen in diesem Fall an den Autor zurück.
13.4 Nimmt der Produzent das Werk nicht ab, verwendet es jedoch weiter, erhält der Autor ein angemessenes Honorar, das die erbrachten Leistungen sowie deren Umfang im Verhältnis zu den neugeschaffenen Teilen berücksichtigt. In diesem Fall verbleiben die Rechte beim Produzenten.

14 Der Autor hat über interne Angelegenheiten des Produzenten und über den Inhalt des Werkes gegenüber allen Stillschweigen zu bewahren, denen dieser nicht ohnehin bekannt ist. Bei Zuwiderhandlungen hat der Autor eine Vertragsstrafe in Höhe des erhaltenen Honorars, mindestens jedoch DM 1.000,– zu zahlen. Weitergehende Ansprüche des Produzenten bleiben hiervon berührt.

15 Eine Urhebernennung erfolgt nach Rundfunküblichkeit. Bei Nichtabnahme des Werkes erfolgt keine Nennung.

16 Mündliche Nebenabreden gelten nur nach schriftlicher Bestätigung durch den Produzenten. Änderungen des Vertrages – inkl. dieser Schriftformklausel – bedürfen der Schriftform.

17 Die etwaige Unwirksamkeit einzelner Bestimmungen dieses Vertrages berührt dessen Wirksamkeit im übrigen nicht. Die Vertragspartner verpflichten sich vielmehr in diesem Falle, die ungültigen oder nichtigen Bestimmungen durch solche zu ersetzen oder in solche umzudeuten, die dem vertraglich Gewollten am nächsten kommen.

18 Es gilt das Recht der Bundesrepublik Deutschland. Erfüllungsort und Gerichtsstand ist – soweit gesetzlich zugelassen – Hamburg.

Mit den Bedingungen einverstanden

Unterschrift des/der Autors/in

Ein Drehbuch zu *schreiben* ist eine Sache – ein Drehbuch zu *lesen* eine ganz andere ...

Immer mehr setzt sich die Erkenntnis durch, daß zu einem erfolgreichen Film auch ein gut ausgearbeitetes Drehbuch gehört. Aber die Stärken und Schwächen einer ersten, zweiten oder gar zehnten Fassung zu erkennen und zu benennen ist eine Kunst für sich. Um ein Drehbuch analysieren und beurteilen zu können, bedarf es eingehender dramaturgischer Kenntnisse. Oliver Schütte bietet eine Einführung in die Analyse und Bewertung von Drehbüchern. Er vermittelt u.a. Kenntnisse über dreidimensionale Figuren und die Struktur eines Drehbuchs anhand von Beispielanalysen erfolgreicher deutscher Kinofilme. Dabei wendet sich das Buch an Dramaturgen, Produzenten, Lektoren und Redakteure. Aber auch Drehbuchautoren profitieren von dem Wissen, indem sie lernen, ihre eigenen Bücher besser beurteilen zu können.

Mit anschaulichen Beispielen illustriert das Buch die dramaturgischen Elemente eines Films. Dabei greift Schütte ausschließlich auf deutschsprachige Filme zurück – von *Schtonk!* bis *Mephisto* –, auch um zu zeigen, daß diese Elemente nicht nur für das große Hollywoodkino gelten.

Oliver Schütte ist Autor für Kino und Fernsehen, Leiter der *Master School Drehbuch* und Gründer der Development-Agentur *Script House*.

Band 94003